Steuer-erklärung

2020 / 2021

für Rentner und Pensionäre

GABRIELE WALDAU-CHEEMA

verbraucherzentrale

25
Wie hoch
sind Ihre
Gewinne?

31 Sie arbeit(et)en weisungsgebunden

Inhalt

59 Sie sind ernsthafter Vermieter?

99 § 3 EStG – Ihr neuer Lieblingsparagraph?

151 Haushaltsnahe Aufwendungen und mehr

2020

Über dieses Buch

Müssen Sie in diesem Jahr erstmalig eine Steuererklärung abgeben? Sind sich vielleicht nicht ganz sicher, ob Ihre Rente oder Pension überhaupt steuerpflichtig ist? Oder geben Sie bereits Jahr für Jahr eine Steuererklärung ab und möchten das ganze Prozedere schnell und korrekt erledigen und dabei möglichst viel Steuern sparen?

Dieser Ratgeber hilft allen Rentnern und Pensionären. Unsere Autorin, Gabriele Waldau-Cheema (oben im Bild), ist Betriebswirtin und Bilanzbuchhalterin. Sie arbeitet seit vielen Jahren für Steuerberater und Lohnsteuerhilfevereine und führt Sie in diesem Ratgeber durch Ihre Steuererklärung 2020.

Zunächst klären wir, welche Einkunftsarten es gibt (→ Seite 18) und wie Sie Ihr zu versteuerndes Einkommen berechnen. Dabei hilft Ihnen unsere Übersicht auf den Seiten 20/21. Jede der sieben Einkunftsarten hat ihre Besonderheiten – wir zeigen, worauf es ankommt, geben praktische Tipps und helfen mit gut nachvollziehbaren Beispielen. Möglicherweise liegt Ihr Einkommen ja unter dem Grundfreibetrag und Sie müssen gar keine Steuern zahlen (→ Seite 16).

Im zweiten Teil (ab Seite 90) zeigen wir dann, wie Sie Ihre Steuerlast ganz legal reduzieren können: zum Beispiel durch besondere Entlastungsbeträge, wenn Sie bestimmte Bedingungen erfüllen (→ Seite 91), durch steuerfreie Einnahmen, die der Gesetzgeber vorsieht (→ Seite 98), durch Werbungskosten und Sonderausgaben (→ Seite 105), durch außergewöhnliche Belastungen (→ Seite 126), durch haushaltsnahe Aufwendungen (→ Seite 150) oder – ganz neu – durch energetische Maßnahmen (→ S. 160).

Im Anhang finden Sie die nötigen Steuerformulare für eine klassische Steuererklärung im Überblick (→ Seite 184). Sollten Sie zusätzliche Formulare benötigen, so können sie diese im Internet herunterladen: **www.formulare-bfinv.de**.

Wir wünschen Ihnen gutes Gelingen und viel Erfolg mit Ihrer Steuererklärung 2020.

Die wichtigsten Fragen und Antworten

→ Wer als Rentner oder Pensionär seine Steuererklärung erstellen muss, steht vor vielen Fragen – insbesondere, wenn diese Aufgabe zum ersten Mal auf ihn zukommt. Zehn wichtige Fragen und Antworten haben wir hier knapp zusammengefasst – jeweils mit Seitenangaben, die zu den ausführlichen Erläuterungen im Buch führen.

Alle Fragen stammen aus der Beratungspraxis unserer Autorin Gabriele Waldau-Cheema und wurden ihr schon viele Male in ihrer langjährigen Arbeit sowie bei den Vorträgen der Verbraucherzentrale gestellt. Profitieren auch Sie von ihrer Beratungskompetenz.

Wir wünschen Ihnen viel Erfolg bei der Erstellung Ihrer Steuererklärung.

www.verbraucherzentrale.de

Immer aktuell
Wir informieren Sie über wichtige Aktualisierungen zu diesem Ratgeber. Wenn sich zum Beispiel die Rechtslage ändert, neue Gesetze oder Verordnungen in Kraft treten, erfahren Sie das unter
www.vz-ratgeber.de/aktualisierungsservice

Wie kann ich meine Steuer beim Fiskus einreichen?

Sie können nach wie vor Ihre Steuererklärung in Papierform beim Finanzamt einreichen. Allerdings ist bei einigen Formularen wie L für Land- und Forstwirtschaft, G für Gewerbebetrieb und S für selbstständige Tätigkeit seit einigen Jahren eine elektronische Übermittlung zwingend vorgeschrieben. Dazu zählen auch die sogenannten Übungsleiter- und Ehrenamtspauschalen (→ Seite 99 ff.) Sie können die elektronische Abgabe mithilfe eines Steuerprogramms Ihrer Wahl oder dem vom Finanzamt zur Verfügung gestellten ELSTER-Programm übermitteln. Sie benötigen auf jeden Fall ein „Zertifikat" und müssen je nach Übermittlungsart auch weiterhin ein unterschriebenes Exemplar der Erklärung und bei Bedarf Belege in Papierform dem Finanzamt nachreichen.
→ **Seite 185**

Muss ich in meinen Steuerangelegenheiten auch „Corona" beachten?

Grundsätzlich hat die Corona-Pandemie auf Ihre Steuererklärung als Rentner/Pensionär wenig bis gar keine Auswirkung. Wenn Sie jedoch noch berufstätig sind, könnten Sie veränderte Werbungskosten (→ Seite 105 ff.) haben. Wer von Kurzarbeit betroffen ist oder Leistungen nach dem Infektionsschutzgesetz erhalten hat, muss „Progressionseinkünfte" (→ Seiten 17, 39 ff. und 102 ff.) angeben und die Abgabe der Steuererklärung ist auf jeden Fall eine Pflicht. Steuerfrei bleiben die Übungsleiterpauschalen, die während der Pandemie weitergezahlt werden (→ Seite 102). Kleine „Steuergeschenke" gibt es in Form von einmalig gezahltem Kindergeld (→ Seite 95 ff.) und der befristeten Neuauflage der „degressiven AfA" (→ Seite 183).

Was muss ich an Nachweisen und Belegen dem Finanzamt zuschicken und was bedeutet „Vorhaltepflicht"?

Mitunter schickt Ihnen das Finanzamt Ihre Belege kurz nachdem Sie Ihre Erklärung eingereicht haben mit einem Hinweis auf die „Belegvorhaltepflicht" wieder zurück. Sie werden aufgefordert, künftig keine Belege mehr einzureichen. Das bedeutet nicht, dass Sie keine Belege mehr benötigen, sondern lediglich, dass das Finanzamt zurzeit darauf verzichtet diese einzusehen. Sie als Steuerzahler sollen die Belege „vorhalten", also aufbewahren, bis diese eventuell vom Finanzamt angefordert werden. Die Finanzämter legen regelmäßig neu fest, welche Belege intensiv geprüft werden, und dies variiert regional und sogar von Finanzamt zu Finanzamt.
→ **Seite 167**

Wieso sind wir plötzlich aufgefordert, eine Steuererklärung abzugeben – auch für zurückliegende Jahre?

Es gibt die sogenannte Antragsveranlagung und die sogenannte Pflichtveranlagung.
→ Seite 164 ff. Wer zur Abgabe einer Steuererklärung verpflichtet ist, kann bis zu sieben Jahre später noch an seine Pflicht erinnert werden. Allein die Nichtabgabe der Steuererklärung kann bereits eine Straftat darstellen. Meist kommen dann außer den Steuernachzahlungen noch Zinsen und Verspätungszuschläge auf Sie zu. Dem Finanzamt werden automatisch elektronisch Ihre Einnahmen aus Lohn, Rente, Lohnersatz-, Versicherungsleistungen usw. mitgeteilt. In regelmäßigen Abständen werden diese abgeglichen und spätestens kurz vor der Verfristung werden die Steuerpflichtigen vom Finanzamt zur Abgabe der Erklärungen aufgefordert. Mehr zur Pflichtveranlagung:
→ **Seite 164 ff.**

Weshalb muss ich jedes Jahr mehr Steuern bezahlen?

Die Höhe der zu zahlenden Steuer ist abhängig von Ihrem zu versteuerndem Einkommen (ZVE → Seite 17 ff.); also letztendlich von der Höhe Ihrer Einnahmen und Ihrer Ausgaben. Es kommt auch darauf an, ob und in welcher Höhe bereits Steuern für Sie beziehungsweise von Ihnen an das Finanzamt abgeführt wurden. Für die gesetzlichen Renten gibt es einen steuerfreien Betrag. Dieser wächst allerdings nicht mit, sodass Ihre Rentenerhöhungen in der Regel voll steuerpflichtig werden. → **Seite 65**

Warum zahlt meine Nachbarin keine Steuern, obwohl ihre Rente gleich hoch ist?

Dafür kann es natürlich verschiedene Gründe geben. Je nach Art der Rente und Rentenbeginn (Kohortentabelle), werden diese unterschiedlich besteuert. → Seite 65 ff.
Möglicherweise hat die Nachbarin auch mehr Belege, die sie steuermindernd absetzen kann; beispielsweise weil sie clever ihre außergewöhnlichen Belastungen geltend macht (→ Seite 127 f.), ihre Putzhilfe über die Minijob-Zentrale offiziell angemeldet ist und sie die anfallenden Handwerkerleistungen stets ordnungsgemäß mit Rechnung unbar zahlt. → **Seite 151**

Wann muss ich meine Steuererklärung beim Finanzamt abgeben?

Steuererklärungen (Pflichtveranlagungen) müssen bis spätestens 31. Juli des Folgejahres beim Finanzamt eingereicht werden. Seit 2019 gelten diese verlängerten Fristen für die Steuererklärungen ab 2018 (bisher 31. Mai). Fristverlängerungen darüber hinaus gewährt Ihnen das Finanzamt nur im Einzelfall. Werden Sie von einem Steuerberater oder Lohnsteuerhilfeverein bei der Erstellung Ihrer Einkommenssteuer betreut, gilt eine verlängerte Abgabefrist bis Jahresende beziehungsweise ab Einkommensteuererklärung 2018 bis Ende Februar des übernächsten Jahres.
→ Seite 166 ff.

Womit muss ich rechnen, wenn ich einfach nichts mache?

Die Kaninchen-Duck-Haltung hilft Ihnen leider gar nicht. Wenn Sie auf eine Benachrichtigung oder Aufforderung des Finanzamtes zur Abgabe der Steuer warten, wird es meist teuer, weil neben der Steuer auch Zinsen und Verspätungszuschläge anfallen. Je mehr Zeit vergangen ist, desto schwieriger wird es für Sie, entsprechende steuermindernde Belege beizubringen. Wenn Sie nicht zur Abgabe der Erklärung verpflichtet sind, kann Ihnen auf der anderen Seite auch eine mögliche Steuererstattung entgehen. Es lohnt sich für Sie auf jeden Fall, genau zu rechnen. Auch bei den Kapitalerträgen (zum Beispiel Zinserträgen) sind unter Umständen bereits Steuern von Ihnen bezahlt worden, die Sie sich vielleicht erstatten lassen können.
→ Seite 47

Wo trage ich meinen Nebenjob ein?

Ein Minijob muss grundsätzlich gar nicht in der Steuererklärung eingetragen werden, vorausgesetzt er wurde vom Arbeitgeber mit 2 % Pauschalsteuer bereits der Steuer unterworfen. Andererseits können Sie dann auch keine Werbungskosten aus diesem Minijob geltend machen → Seite 101. Sollten Sie über den Minijob in die Rentenversicherung einzahlen, sind diese Beträge als Sonderausgaben (Vorsorgeaufwand) zu erfassen. → Seite 108. Oft verbirgt sich hinter dem vermeintlichen Nebenjob jedoch eine gewerbliche oder freiberufliche Tätigkeit. Die ist dann sehr wohl steuerpflichtig, und zwar auch dann, wenn Sie beispielsweise mit eBay®-Handel, als Tagesmutter oder Musiklehrer monatlich weniger als 450 € einnehmen. → Seite 25. Wenn Sie unsicher sind, sollten Sie sich fachkundig beraten lassen. Ihr Steuerberater oder Beratungsstellenleiter vom Lohnsteuerhilfeverein verschafft sich einen Überblick und benötigt zunächst all Ihre Einnahmen. Erst wenn geklärt ist, ob überhaupt eine Steuerpflicht besteht, macht es Sinn, die relevanten Ausgaben zusammenzutragen.
→ Seite 168

Woraus errechnet das Finanzamt meine Steuervorauszahlungen?

Das Wort Einkommensteuer**voraus**zahlung ist ein wenig unglücklich gewählt. Denn Sie zahlen eigentlich vierteljährlich für das jeweilige Quartal im Nachhinein. (10.3.; 10.6.; 10.9.; 10.12.). Vorauszahlungen setzt das Finanzamt aufgrund der Erkenntnisse und Zahlen Ihrer letzten Steuererklärung fest. Dabei findet die jeweils gültige Steuerabzugtabelle Anwendung. Vorauszahlungen sind keineswegs in Stein gemeißelt. Sie können jederzeit beim Finanzamt einen Antrag auf Anpassung der Vorauszahlungen stellen, wenn sich etwas geändert hat, beispielsweise durch Änderung der Steuerklassen. → Seite 143

Die endgültige „Abrechnung" erfolgt dann mit Ihrer Steuererklärung beziehungsweise dem Steuerbescheid.

Die sieben Einkunftsarten
im Überblick

Dieses Kapitel zeigt, dass es ein „zu versteuerndes Einkommen" gibt, kurz ZVE. Das deutsche Steuerrecht unterscheidet sieben Einkunftsarten. Wir hangeln uns nun mit Ihnen Schritt für Schritt durch das Einkommensteuerrecht und erklären Grundbegriffe.

Der Weg zur Einkommensteuer

Bereits in der Antike wurden die Bürger mit einer „Kopfsteuer" zur Kasse gebeten. Jeder Einwohner war verpflichtet, an seinen Landesherrn pro Kopf eine bestimmte Summe als Steuer abzuführen – Tribut zu zollen. Dem lag eine Berechnungsmethode zugrunde, die ganz gewiss auf einen Bierdeckel gepasst hätte – nur wurde sie vor allem von den armen und kinderreichen Familien als ungerecht empfunden.

In Preußen gab es dann im 17. Jahrhundert eine je nach persönlichem Stand unterschiedlich hohe Kopfsteuer. Daraus entwickelte der preußische Staat eine Fünf-Klassen-Besteuerung. Ab 1841 verlangte er von den wohlhabenden Bürgern zusätzlich eine einkommensabhängige Steuerabgabe. Fünfzig Jahre später wurde eine einheitliche, klassenunabhängige Einkommensteuer eingeführt.

Im Wesentlichen sind die Grundlagen unserer heutigen Einkommensteuer seit 1891 unverändert: Es gab und gibt einen unversteuerten Grundbedarf (Existenzminimum) und die progressiv gestaffelte Steuerabgabe – wer mehr verdient, muss auch prozentual mehr abgeben (Steuerprogression).

Bis heute dreht sich bei der Steuerberechnung aus Sicht der Bürger nun alles um den Ärger – kein Auskommen mit dem Einkommen. Gefühlt ist die Steuerbelastung viel zu hoch und die Steuererstattung zu niedrig. Rein steuerlich möchte jeder arm sein, also wenig Einkommen haben und möglichst viel

„absteuern". Die Progression soll nicht so arg greifen, also ein möglichst niedriger Steuersatz in Prozent bitte –, besser noch: gar keine Steuer.

Die Finanzverwaltung hingegen hat die Aufgabe, die Steuern nach Höhe der Leistungsfähigkeit, einkommensabhängig zu berechnen. Möglichst gerecht und gleich soll es sein. Es existiert eine Vielzahl von Gesetzen, Verordnungen, Richtlinien, Erlassen und Urteilen, die sich noch dazu regelmäßig ändern. Fast täglich werden neue Urteile gesprochen, die es zu berücksichtigen gilt.

Der ehemalige bayerische Finanzminister Erwin Huber äußerte sich einst:

> **„Der Satz des Pythagoras umfasst 24 Worte, das Archimedische Prinzip 67, die Zehn Gebote 179, die amerikanische Unabhängigkeitserklärung 300 – und allein Paragraph 19a des deutschen Einkommensteuergesetzes 1.862 Worte."**

Zwar ist der § 19a weggefallen, doch an der Botschaft hat sich nichts geändert.

Wen bittet Vater Staat zur Kasse?

In § 1 des Einkommensteuergesetzes (EStG) regelt der Gesetzgeber:

> *„Natürliche Personen, die im Inland einen Wohnsitz oder ihren gewöhnlichen Aufenthalt haben, sind unbeschränkt einkommensteuerpflichtig."*

Ganz einfach gesagt: Jeder, der in Deutschland wohnt, ist hier unbeschränkt steuerpflichtig. Das betrifft also auch Babys und Senioren – unabhängig von ihrer Staatsangehörigkeit. Auch wenn Sie beispielsweise mehrere Monate auf Mallorca „überwintern" und Ihren Wohnsitz in Deutschland beibehalten, unterliegen Sie der deutschen Besteuerung – und zwar unbeschränkt.

 ACHTUNG

Einwanderer und Auswanderer

Für Fälle der Ein- oder Auswanderung gibt es gesonderte Regelungen – die sogenannte Zuzugs- beziehungsweise Wegzugsbesteuerung. Sollten Sie also tatsächlich eine Auswanderung planen, informieren Sie sich rechtzeitig.

Wie groß ist der Kuchen?

Im Hinweis H1a zu § 1 des EStG erläutert der Gesetzgeber die unbeschränkte Steuerpflicht:

> *„Die unbeschränkte Einkommensteuerpflicht erstreckt sich auf sämtliche inländische und ausländische Einkünfte."*

Das bedeutet: Ganz gleichgültig, wo in der Welt Sie Ihre Einkünfte erwirtschaften: Es besteht grundsätzlich zunächst einmal Steuerpflicht in Deutschland mit dem „Welteinkommen". Ihre kleine Rente aus Österreich gehört ebenso dazu wie die Vermietung der Ferienwohnung in Spanien oder die Zinsen auf dem Schweizer Bankkonto. Der deutsche Fiskus verlangt seinen Teil des Kuchens.

Allerdings gibt es mit vielen Staaten besondere Regelungen. Denn auch alle anderen Staaten haben Steuergesetze und verlangen ihren Obolus. Um eine doppelte Besteuerung zu vermeiden, gibt es die **Doppelbesteuerungsabkommen** – kurz DBAs genannt. Diese hat die Bundesrepublik inzwischen mit sehr vielen Staaten vereinbart.

Die DBAs werden auch regelmäßig neu verhandelt und geändert. Dort ist vereinbart, welcher Staat für welche Einkunftsart die Steuern erhebt und wie die Verrechnung erfolgt. Es gibt häufig eine Berechnung als sogenannte Progressionseinkunft oder eine Anrechnung der bereits im Ausland gezahlten Steuer. Bitte prüfen Sie das stets im Einzelfall. Nehmen Sie im Zweifel fachmännische Hilfe in Anspruch. Bedenken Sie, DBAs verändern sich!

Heißt Steuerpflicht immer Portemonnaie auf?

Wie einst in Preußen bleibt auch heute noch das Existenzminimum unversteuert – die Steuerlast sinkt auf null. In der Fachsprache ausgedrückt: steuerpflichtig, jedoch steuerfrei. Unter dem höchstpersönlichen Existenzminimum verstehen vermutlich viele erst einmal etwas ganz anderes als das Einkommensteuergesetz. Der Gesetzgeber meint damit einen **Grundfreibetrag** und legt die Höhe dieses Betrages in der Regel jährlich neu fest. Er beträgt für 2020 bei einer Einzelveranlagung 9.408 €. Werden Sie mit Ihrem Ehepartner gemeinsam zur Steuer veranlagt, so verdoppelt sich der Betrag auf 18.816 €. (2019 waren es 9.168 € beziehungsweise 18.336 €, → Tabelle Seite 17.)

Die nachfolgende Tabelle verschafft Ihnen einen kleinen Überblick über die Entwicklung der letzten Jahre. Sie sehen, der Grundfreibetrag steigt stetig.

→ **TIPP Keine Sorge**
Haben Sie aktuell errechnet, dass Sie mit Ihrem zu versteuerndem Einkommen unter dem Grundfreibetrag liegen? Sie dürfen dann getrost davon ausgehen, dass sich auch nach der nächsten Rentenerhöhung für Sie nichts ändert. Die Abzüge für Kranken- und Pflegeversicherung werden sich wahrscheinlich ebenso erhöhen wie auch der Grundfreibetrag. Damit wird vermutlich auch künftig keine Steuer für Sie anfallen.

 HINTERGRUND

Ehepaare & Co.

Wenn wir in diesem Buch von Ehepartnern schreiben, sind damit auch die eingetragenen Lebenspartner gemeint. Das schließt selbstverständlich auch die neue gesetzliche Regelung „Ehe für alle" ein. Sie ermöglicht es gleichgeschlechtlichen Paaren seit Oktober 2017, standesamtlich zu heiraten.

Grundfreibeträge der letzten Jahre

JAHR	GRUND-FREIBETRAG	GRUNDFREIBETRAG EHEPAARE BEI GEMEINSAMER VERANLAGUNG
2020	9.408 €	18.816 €
2019	9.168 €	18.336 €
2018	9.000 €	18.000 €
2017	8.820 €	17.640 €
2016	8.652 €	17.304 €
2015	8.472 €	16.944 €
2014	8.354 €	16.708 €
2013	8.130 €	16.260 €
2012	8.004 €	16.008 €
2011	8.004 €	16.008 €
2010	8.004 €	16.008 €
2009	7.834 €	15.668 €

Wie progressiv sind Sie?

In Paragraph 32a Einkommensteuergesetz heißt es:

> *„Die tarifliche Einkommensteuer im Veranlagungszeitraum [...] bemisst sich nach dem zu versteuernden Einkommen."*

Der **Veranlagungszeitraum** (VZ) ist in der Regel das Kalenderjahr – also 1. Januar bis 31. Dezember eines Jahres. Die Fachleute sprechen beispielsweise von Einkommensteuererklärung „VZ 2020" und meinen damit die Veranlagung zur Steuer für das Kalenderjahr 2020. (Für Land- und Forstwirte gelten andere Vorschriften.)

Kennen Sie Ihr ZVE?

Lange bevor „Gute Zeiten, schlechte Zeiten" kurz „GZSZ", TV-Zuschauer vor die Mattscheibe lockte oder Dieter Bohlen mit „DSDS" in Deutschland den Superstar suchte, gab es steuerrechtlich eine wichtige Abkürzung: das **ZVE** – das **zu versteuernde Einkommen**.

Um zu berechnen, wie hoch Ihre mögliche Steuernachzahlung, noch besser Steuererstattung, sein wird, müssen Sie zunächst einmal Ihr zu versteuerndes Einkommen kennen. Auch wenn Sie jetzt bereits innerlich jubeln, weil Sie mit Ihrer jährlichen Rente vermeintlich unterhalb des Grundfreibetrages liegen – das Finanzamt rechnet all Ihre Einkünfte zusammen. Bei der steuerlichen Zusammenveranlagung von Ehepartnern wird das gemeinsame ZVE ermittelt. Und jeder Rentner kann mehrere steuerpflichtige Einkunftsquellen haben. Prüfen Sie für sich selbst. § 2 des Einkommensteuergesetzes zählt diese Einkunftsarten auf:

→ **Einkünfte aus Land- und Forstwirtschaft** (LuF, ab Seite 25)
→ **Einkünfte aus Gewerbebetrieb** (Seite 25)
→ **Einkünfte aus selbstständiger Arbeit** (Seite 28)
→ **Einkünfte aus nichtselbstständiger Arbeit** (ab Seite 31)
→ **Einkünfte aus Kapitalvermögen** (ab Seite 47)
→ **Einkünfte aus Vermietung und Verpachtung** (Seite 59)
→ **sonstige Einkünfte** (ab Seite 61)

Versprochen, es gibt zwar nur diese sieben Einkunftsarten – aber der Teufel steckt wie immer im Detail. Auf den folgenden Seiten lesen Sie Erläuterungen zu jeder Einkunftsart. Auf den Seiten 20/21 sollten Sie Ihre persönlichen Zwischenergebnisse in die ZVE-Tabelle eintragen, um stets die Übersicht zu behalten.

 GUT ZU WISSEN

Hinter dem Begriff „Einkommensteuer" verbergen sich sämtliche Steuern, die auf das Einkommen natürlicher Personen erhoben werden. Darunter fallen auch Quellensteuern, wie die Lohnsteuer oder die Kapitalertragssteuer. Quellensteuern werden sofort an der Einkunftsquelle einbehalten, also noch bevor der Empfänger sein Geld erhält (zum Beispiel Lohn/Gehalt, Pensionen, Betriebsrenten). Von den gesetzlichen Renten werden jedoch von den Rententrägern **keine** Steuern vorab einbehalten.

Die ersten drei Einkunftsarten (Land- und Forstwirtschaft, Gewerbebetrieb und selbstständige Arbeit) nennen Steuerfachleute **Gewinneinkunftsarten**; die verbleibenden vier sind die sogenannten **Überschuss-Einkunftsarten** (nichtselbstständige Arbeit, Kapitalvermögen, Vermietung und Verpachtung, sonstige Einkünfte).

Auch die Progressionsstufen sind ebenso wie der Grundfreibetrag in § 32a des Einkommensteuergesetzes geregelt. Noch heute soll der Steuerpflichtige mit hohem Einkommen prozentual stärker belastet werden als der Kleinverdiener. Der Volksmund redet von Steuerprogression. Es gibt 5 Stufen, die zu einer progressiv ansteigenden Steuerbelastung bis zu 45 % führen. Das ist der derzeitige Spitzensteuersatz für „Reiche" in Deutschland.

ab 14 % = Eingangssteuersatz
ab 42 % = Spitzensteuersatz
ab 45 % = Reichensteuer

Zu versteuerndes Jahreseinkommen 2020
Stufe 1: bis zu 9.408 €
(Grundfreibetrag 2020 steuerfrei)
Stufe 2: bis zu 14.532 €
Stufe 3: bis zu 57.051 €
Stufe 4: bis zu 270.500 €
Stufe 5: mehr als 270.500 €

Zugegeben – keine ganz einfache Berechnung. Annäherungswerte bietet die Einkommensteuertabelle. Mathematisch Begabte kennen die Begriffe „Grenzwert" und „Durchschnittswert" und können mit der Formel im Gesetzestext ihre Steuer exakt berechnen. Wenn Sie weniger mathematisch bewandert sind, hilft Ihnen bei der Berechnung ein elektronisches Berechnungsprogramm. Die meisten Steuerprogramme bieten einen Steuerrechner an. Im Internet sind unendlich viele kostenlose Tarifrechner hinterlegt. Auch das Bundesministerium für Finanzen (BmF) ermöglicht auf seiner Internetseite ganz unkompliziert eine Berechnung: www.bmf-steuerrechner.de. Wenn es Sie interessiert: Sie können dort sogar die Entwicklung seit 1958 berechnen.

Die Berechnung Ihres persönlichen ZVE
Hier können Sie Ihre persönlichen Eintragungen vornehmen:

PERSON A		PERSON B	

1. Land- und Forstwirtschaft – Formular L

Einnahmen	€	Einnahmen	€
./. Betriebsausgaben	€	./. Betriebsausgaben	€
Gewinn =	€	Gewinn =	€

2. Gewerbebetrieb – Formular G

Einnahmen	€	Einnahmen	€
./. Betriebsausgaben	€	./. Betriebsausgaben	€
Gewinn =	€	Gewinn =	€

3. selbstständige Arbeit – Formular S

Einnahmen	€	Einnahmen	€
./. Betriebsausgaben	€	./. Betriebsausgaben	€
Gewinn =	€	Gewinn =	€

4. nichtselbstständige Arbeit – Formular N

Einnahmen	€	Einnahmen	€
./. Werbungskosten	€	./. Werbungskosten	€
Überschuss =	€	Überschuss =	€

5. Kapitalvermögen – Formular KAP *)

Einnahmen	€	Einnahmen	€
./. Werbungskosten	€	./. Werbungskosten	€
Überschuss =	€	Überschuss =	€

6. Vermietung und Verpachtung (V + V) – Formular V

Einnahmen	€	Einnahmen	€
./. Werbungskosten	€	./. Werbungskosten	€
Überschuss =	€	Überschuss =	€

*) nur in Ausnahmefällen

→ Fortsetzung

PERSON A		PERSON B	

7. sonstige Einkünfte – Renten Formular R
Unterhaltsleistungen; private Veräußerungsgeschäfte – Formular SO

Einnahmen	€	Einnahmen	€
./. Werbungskosten	€	./. Werbungskosten	€
Überschuss =	€	Überschuss =	€

Summe der Einkünfte (SdE) 1 bis 7:

SdE 1 Person A	€	SdE 2 Person B	€

Person A und B gemeinsam	=	€
./. Altersentlastungsbetrag		€
./. Alleinerziehungsfreibetrag		€
./. Freibetrag für Landwirte		€
Gesamtbetrag der Einkünfte (GdE)		€
./. Sonderausgaben		€
./. außergewöhnliche Belastungen		€
./. Steuerbegünstigungen		€
./. Verlustabzug		€
./. Kinderfreibeträge		€
./. Härteausgleich		€
zu versteuerndes Einkommen (ZvE)	=	€

Notizen: _____

_____

Sprechen Sie Steuerrecht?

Wie in jedem Beruf gibt es auch für Steuerrechtprofis mehr oder weniger notwendige Fachausdrücke. Meist merken sie selbst nicht einmal, wenn sie im Gespräch mit Branchenfremden diese Wörter benutzen, und so oft für Unverständnis sorgen. Scheuen Sie sich also nicht, einfach nachzufragen. Es ist keine Schande, nicht alles zu wissen. Aufgabe der Fachleute ist es, seien es nun Steuerberater oder Sachbearbeiter im Finanzamt, sich allgemeinverständlich auszudrücken. Es „menschelt" eben an so mancher Stelle.

Verwirrender wird es allerdings für den Steuerprofi, wenn Sie als Laie fälschlich gewählte Fachausdrücke verwenden, weil eben diese auch im allgemeinen Sprachgebrauch geläufig sind. Es entstehen Missverständnisse, die Sie mit ein paar „Vokabelkenntnissen" vermeiden können. Ein paar Beispiele:

Der Begriff **Gewinn** ist steuerrechtlich eindeutig definiert: Der Gewinn ist ganz einfach das Ergebnis der Betriebseinnahmen abzüglich der Betriebsausgaben. Die eigentliche Schwierigkeit liegt darin, zu erkennen, was genau zu den Betriebseinnahmen zählt. Häufig und noch viel schwieriger ist die Frage: Was sind meine Betriebsausgaben (betrieblichen Ausgaben) und wie kann ich sie nachweisen?

Bei den letzten vier Einkunftsarten (→ Seite 18) wird der Überschuss ermittelt. Die Rechenaufgabe lautet: Einnahmen abzüglich **Werbungskosten** ergeben den jeweiligen Überschuss; eine ebenso einfache Rechenaufgabe. Aber auch hier besteht die Herausforderung darin, zu ermitteln, was genau Ihre Werbungskosten sind.

Auch die Werbungskosten sind ein Fachbegriff (→ Seite 105), der von Laien häufig falsch benutzt wird. Bitte verwechseln Sie nicht Werbungskosten mit Werb**e**kosten oder Werb**ung** – diese sind meist Betriebsausgaben, weil eben Werbung für den Betrieb gemacht wurde. **Be**werbungskosten sind hingegen häufig Werbungskosten, weil Sie sich für einen Arbeitnehmer-Job beworben haben und dafür zum Beispiel Bewerbungsmappen, Papier, Umschläge und Briefmarken gekauft haben.

Ihre Einkünfte bestehen also aus **Gewinnen** und **Überschüssen**. Alle zusammengerechnet ergeben die **Summe der Einkünfte** (= SdE). Davon werden dann noch eventuell mögliche Freibeträge (→ Seite 91) abgezogen und ergeben dann den **Gesamtbetrag der Einkünfte** (= GdE).

Einkommen, Einkünfte und Einnahmen sind für Steuerrechtler völlig unterschiedliche Begriffe, die es unbedingt auseinanderzuhalten gilt.

In Paragraph 8 Einkommensteuergesetz heißt es:

> *„Einnahmen sind alle Güter, die in Geld oder Geldeswert bestehen und dem Steuerpflichtigen im Rahmen einer der Einkunftsarten des § 2 [...] zufließen."*

Einfach übersetzt bedeutet das: Alles was Sie aus einer Einkunftsart bekommen – und es sind ja sieben an der Zahl –, sei es in Geld oder Naturalien, stellt steuerrechtlich eine **Einnahme** dar. Wenn Sie jetzt vielleicht denken, Zeiten des Tauschhandels sind vorbei, irren Sie. Im aktiven Arbeitsverhältnis gibt es so manche Sachbezüge wie etwa privat genutzten Betriebs-Pkw, hohe Personalrabatte der Möbel- und Automobilindustrie, Kost und Logis in der Gastronomie. Beispielsweise kommt es heute noch recht häufig vor, dass sogar ehemalige Betriebsangehörige sogenannte Deputate erhalten. Das sind zum Beispiel Kohlen für Bergleute, Bier für Brauerei-Mitarbeiter oder verbilligter Strom für Mitarbeiter der Stromerzeugerindustrie. Bei Forstwirten würde das selbst genutzte Brennholz für den Kamin genauso dazu zählen wie der Eigenverbrauch der Gastwirtsfamilie.

Die sieben Einkunftsarten

| Land- und Forstwirtschaft | Gewerbebetrieb | selbstständige Arbeit | nichtselbstständige Arbeit | Kapitalvermögen | Vermietung und Verpachtung | sonstige Einkünfte | §3 EStG steuerfreie Einnahmen |

Wie hoch sind Ihre Gewinne?

In diesem Kapitel lernen Sie die drei Gewinneinkunfts-arten kennen und unterscheiden. Wir reißen Land- und Forstwirtschaft, Gewerbe und freiberufliche Tätig-keit an, damit Sie prüfen können, ob es Sie betrifft.

Sie sind Land- oder Forstwirt geworden?

Jeder haupt- oder nebenberuflich tätige Land- und Forstwirt wird sich der Steuerproble-matik bewusst sein. Er wird in der Regel auch steuerlich beraten – häufig von den landwirt-schaftlichen Buchstellen – und das ist auch gut so! Land- und Forstwirte haben mehrere Möglichkeiten der Gewinnermittlung zur Auswahl. Es gibt viele Spezialvorschriften und **die Inanspruchnahme eines Steuer-profis ist sehr zu empfehlen.**

Es ist in ländlichen Gemeinden gar nicht selten, dass Rentner auch Einkünfte aus Land- und Forstwirtschaft (LuF) haben.

Weniger bekannt ist, dass auch Nicht-Landwirte beispielsweise als Erben zu land-wirtschaftlichen Einnahmen kommen, die steuerrelevant werden können.

Die Gewinne der Einkunftsart Land- und Forstwirtschaft (LuF) werden bei der Erstel-lung in das Steuerformular **Anlage L** einge-tragen. Für jeden einzelnen Betrieb müssen Sie ein separates Formular ausfüllen. Ehe-paare kreuzen darin auch jeweils an, wem der Betrieb gehört: Ehemann oder Ehefrau beziehungsweise Person A und Person B. Die elektronische Übermittlung ist notwendig.

Sie haben Ihr Gewerbe nicht angemeldet?

Auch wenn Sie niemals bei der Gemeinde-verwaltung einen Gewerbeschein beantragt haben, könnten Sie Einkünfte aus einem **Ge-werbebetrieb** haben (Einkunftsart 2).

Wenn Sie zum Beispiel auf Internet-Plattformen wie eBay® regelmäßig und in größerem Umfang mit Waren handeln, Schrott einsammeln, Brennholz, Näh- und Strickarbeiten, Pflanzen oder Obst und Gemüse verkaufen, kann die **Gewerbsmäßigkeit** vermutet werden. Wenn Sie nur einmal im Jahr Ihr Grundstück, Garage, Keller und Dachboden aufräumen, sind Sie gewiss nicht betroffen. Die Häufigkeit, die eigene Darstellung in der Öffentlichkeit und die Tatsache, ob Sie damit „verdienen" wollen, werden betrachtet. Die Grenzen sind fließend und es kommt auf den jeweiligen Einzelfall an.

Betreiber von **Photovoltaikanlagen** oder **Blockheizkraftwerken** (BHKW) sind ebenso Gewerbetreibende wie die Tagesmütter, die gerade in den letzten Jahren von vielen Städten und Gemeinden ausgebildet wurden. Aber nicht allein diese offiziellen Kinderbetreuer werden zur Steuerabrechnung gebeten.

Nicht selten kommt es vor, dass Oma und Opa die Enkel bei sich zu Hause hüten. Wenn die Eltern dann die Kinderbetreuungskosten ihrerseits von den Steuern absetzen möchten, sind sie sogar bereit, dafür zu zahlen. Es bleibt ja in der Familie – so denkt man. Arglos wird von den Großeltern und Eltern ein Betreuungsvertrag unterschrieben und fix ein Dauer-Überweisungsauftrag eingerichtet. Das ausgezahlte Betreuungsgeld legen die Großeltern für die Enkel langfristig an –

und schon ist eine gewerbliche Tätigkeit geboren. Alles was bei den Eltern der Kinder als steuerliche Ausgabe (= Kinderbetreuung) zählt, ist im Umkehrschluss bei den Großeltern eine gewerbliche Einnahme. Es ist wichtig, dass Sie genau rechnen, ob Sie mit den eventuellen gewerblichen Einkünften als **Tageseltern** in den Bereich der Steuerzahlung geraten.

> → **TIPP Vorteil oder Nachteil?**
> Prüfen Sie besser vor einem Vertragsabschluss, ob der Steuervorteil bei den Kindeseltern den Steuernachteil bei Ihnen persönlich wirklich deutlich übersteigt.

Bei der Berechnung der Gewinne dürfen natürlich Betriebsausgaben abgezogen werden: Einnahmen als Tageseltern abzüglich Betriebsausgaben ist gleich der Gewinn. Weil der Nachweis von tatsächlichen Betriebsausgaben bei Kinderbetreuung im eigenen Haushalt schwierig ist, hat der Gesetzgeber hier ausnahmsweise einen pauschalen Ansatz von Betriebsausgaben zugelassen, und zwar in Höhe von 300 € pro Monat je Kind. Dabei wird von einer 40-Stunden-Woche ausgegangen.

Anders sieht es aus, wenn Sie im Haushalt der Kindeseltern die Betreuung übernehmen und eventuell sogar noch einige kleine haus-

Umsatzsteuer

Birgit Köpke ist Diplom-Finanzwirtin (FH) und Steuerberaterin: „Sie werden steuerlich zum Unternehmer, wenn Sie eine Photovoltaikanlage auf Ihrem Haus errichten und den dort erzeugten Strom ins öffentliche Netz einspeisen. Unternehmer im Sinne des Umsatzsteuergesetzes (UStG) ist, wer eine gewerbliche oder berufliche Tätigkeit selbstständig ausübt. Gewerblich oder beruflich ist jede nachhaltige Tätigkeit zur Erzielung von Einnahmen, auch wenn die Absicht, Gewinn zu erzielen, fehlt, gemäß § 2 Abs. 1 UStG.

Eine Photovoltaikanlage muss dem umsatzsteuerlichen Unternehmen zugeordnet sein, damit der Vorsteuerabzug laut Rechnungsausweisen beansprucht werden kann. Diese Zuordnung muss bis spätestens zum 31.5. des auf den Leistungsbezug folgenden Jahres erfolgen, wenn die Photovoltaikanlage sowohl unternehmerisch (Stromverkauf) als auch nicht unternehmerisch (Eigenverbrauch) genutzt wird. Diese Entscheidung kann grundsätzlich gegenüber dem Finanzamt mit Abgabe von Umsatzsteuervoranmeldungen oder einer entsprechenden Umsatzsteuererklärung kundgetan werden."

wirtschaftliche Aufgaben wie Bügeln, Kochen, Spülen erledigen. In diesem Fall kann sozialversicherungsrechtlich ein Arbeitsverhältnis bestehen. Dieses muss dann bei der Minijob-Zentrale in Essen (www.minijob.zentrale.de) über das sogenannte Haushalts-Scheckverfahren angemeldet werden. Als „Tageseltern" sind Sie nun nicht mehr gewerblich tätig, sondern als Arbeitnehmer (nicht selbstständige Tätigkeit, Einkunftsart Nr. 4 → Seite 31). Übrigens können die Kindeseltern dann als Ausgaben sowohl Ihren Lohn als auch die Lohnnebenkosten (= Sozialversicherung) von den Steuern absetzen.

→ TIPP Aufwand entschädigen

Sollten Sie als Großeltern nur eine angemessene Aufwandsentschädigung, zum Beispiel Fahrtkostenersatz, erhalten, so ist diese bei Ihnen steuerlich keine gewerbliche Einnahme. Gleichwohl ist es aber eine Ausgabe bei den Kindeseltern. Sie holen und bringen Ihr Enkelkind beispielsweise an 20 Tagen je Monat und legen dabei jeweils 10 Kilometer mit dem Auto zurück. Dann können Sie den Eltern einen Fahrtkostenersatz in Rechnung stellen: 10 Kilometer hin + 10 Kilometer zurück x 20 Tage à 0,30 €/km = 120 € je Monat.

Wenn Sie bei Ihrem Nachbarn während dessen Urlaub einige Male den Rasen mähen und dafür ein kleines Urlaubsmitbringsel bekommen, sind Sie sicherlich im Bereich der **steuerfreien Nachbarschaftshilfe**. Sollten Sie allerdings regelmäßig im gesamten Ort und darüber hinaus tätig werden, womöglich sogar Zeitungsanzeigen mit Ihren Hilfsangeboten geschaltet haben und die „Geschenke" fallen größer aus – melden Sie schnell Ihr Gewerbe an und versteuern Sie Ihre Gewinne.

Mitunter werden besonders Rentnern Hinzuverdienste im Bereich Marktforschung, Vertrieb, Kurierfahrer, Pizza-Taxi, Flughafentransfers und Ähnliches auf „selbstständiger Basis" angeboten. Prüfen Sie die Vertragsbedingungen genau. Wenn Sie keine Lohnabrechnung, sondern eine „Gutschrift" erhalten oder gar selbst Rechnungen schreiben sollen, liegen sehr wahrscheinlich gewerbliche Einnahmen vor.

Gewinne aus gewerblicher Tätigkeit werden bei der Steuererklärung in **Anlage G** eingetragen. Wie bei allen Gewinneinkunftsarten füllen Sie je Unternehmen pro Person ein Formblatt aus, also für Ehemann und Ehefrau oder Person A und Person B. Auch hier ist die elektronische Übermittlung vom Finanzamt vorgeschrieben.

Selbst und ständig – Selbstständige Arbeit

Genau wie die „richtigen" Land- und Forstwirte oder Gewerbetreibenden ihre Gewinne im Auge behalten, tun dieses sicher auch diejenigen, die bewusst ihre selbstständige Tätigkeit ausüben. Hier kommt wieder ein steuerlicher Fachausdruck – **selbstständig** – ins Spiel, der sich vom umgangssprachlichen Gebrauch deutlich unterscheidet. § 18 des EStG zählt die Berufe auf, die eine selbstständige Arbeit ausüben und grenzt diese sozusagen von den „Gewerbetreibenden" ab. Erste Voraussetzung ist, dass die Tätigkeit selbstständig (also **nicht** im Angestelltenverhältnis) ausgeübt wird. Aufgezählt werden:

→ *„wissenschaftliche, künstlerische, schriftstellerische, unterrichtende oder erzieherische Tätigkeiten."*

Auch die sogenannten Freiberufler gehören zu dieser Gruppe:

→ *„Ärzte, Zahnärzte, Tierärzte, Rechtsanwälte, Notare, Patentanwälte, Vermessungsingenieure, Ingenieure, Architekten, Handelschemiker, Wirtschaftsprüfer, Steuerberater, beratende Volks- und Betriebswirte, vereidigte Buchprüfer, Steuerbevollmächtigte, Heilpraktiker, Dentisten, Krankengymnasten, Journalisten, Bildberichterstatter, Dolmetscher, Übersetzer, Lotsen und ähnliche Berufe."*

Egal ob Sie beispielsweise als Rentner Fachartikel schreiben, Ihre selbst gemalten Bilder verkaufen, Übersetzungen anfertigen, für den Lokalteil der Zeitung Fotos machen, Sportkurse, Klavierstunden oder Konzerte geben: Sobald Sie Einnahmen daraus erzielen, haben Sie Einnahmen aus selbstständiger Tätigkeit. Auch Aufsichtsratsvergütungen

zählen hierzu. Die Berechnungsmethode kennen Sie nun schon: Einnahmen aus der selbstständigen Tätigkeit abzüglich Betriebsausgaben (wie zum Beispiel für PC-Hardware, Software, Reisekosten, Kamera, Raummieten, Materialien, Telefon- und Internetkosten) ergeben den steuerlichen Gewinn aus der dritten Einkunftsart. Sollte sich über mehrere Jahre hinweg ein Verlust ergeben, wird das Finanzamt prüfen, ob es sich um „Liebhaberei" handelt und dann gegebenenfalls den sogenannten Verlustabzug versagen.

Bei der Steuererklärung tragen Sie die Angaben hierzu in der **Anlage S** ein. Sie füllen für jede selbstständige Tätigkeit jeweils ein Formblatt aus und markieren, ob der Ehemann oder die Ehefrau die Einkünfte erzielt hat. Das Finanzamt verlangt die elektronische Übermittlung (ELSTER → Seite 178).

Wenn Sie nun die Erkenntnis gewonnen haben, dass Sie steuerlich Gewinne aus den ersten drei Einkunftsarten machen, berechnen Sie diese am einfachsten in einer separaten „Nebenrechnung" und tragen Sie Ihre persönlichen Ergebnisse – getrennt für beide Ehepartner – in Ihrer Berechnung auf Seite 20/21 zur Ermittlung Ihres ZVE ein. Die negativen Gewinne, also Verluste, mit Minus. Sollten Sie mehrere Betriebe einer Einkunftsart haben, können Sie die Ergebnisse saldieren (zusammen abrechnen).

Sie arbeit(et)en
weisungsgebunden

In diesem Kapitel dreht sich alles um die nicht-
selbstständige Tätigkeit. Dazu gehören nicht nur
Lohn und Gehalt, sondern auch Betriebsrenten,
Beamtenpensionen und mehr.

Wenn Sie bei einem Arbeitgeber oder Dienstherren in Lohn und Brot stehen oder standen, haben Sie steuerrechtlich Einkünfte aus „Nichtselbstständiger Arbeit" wie es in § 19 EStG beschrieben steht. Übrigens tragen Sie bei einer Steuererklärung in Papierform alle Angaben in **Anlage N** (Musterformular, → Formularübersicht Seite 187) jeweils getrennt für beide Ehepartner ein.

*„Zu den Einkünften aus nichtselb-
ständiger Tätigkeit gehören:
1. Gehälter, Löhne, [...] für eine
Beschäftigung im öffentlichen
oder privaten Dienst.
2. Wartegelder, Ruhegelder, Witwen-
und Waisengelder und andere Bezüge und Vorteile aus früheren
Dienstleistungen [...]
3. laufende Beiträge und laufende*

*Zuwendungen des Arbeitgebers aus
einem bestehenden Dienstverhältnis
an einen Pensionsfonds [...] für eine
betriebliche Altersversorgung. Zu den
Einkünften aus nichtselbständiger
Arbeit gehören auch Sonderzahlungen,
die der Arbeitgeber [...] an eine solche
Versorgungseinrichtung leistet [...]."*

Kurz: Alles, was Sie von Ihrem Arbeitgeber oder Dienstherrn – wie die Beamten sagen – bekommen, gehört zu dieser vierten Einkunftsart „Nichtselbstständiger Arbeit". Dabei ist es zunächst unerheblich, ob Sie noch im aktiven Erwerbsleben stehen oder schon Ihren Ruhestand genießen. Sowohl Ihre Betriebsrenten und Pensionen, als auch die Hinterbliebenenrenten oder -pensionen gehören dazu. Ausschlaggebend ist der enge Zusammenhang Ihrer beruflichen Tätigkeit bei dem jeweiligen Arbeitgeber und der Betriebsrente, die Ihr Arbeitgeber an Sie zahlt.

Es sind durchaus auch mehrere Betriebsrenten von verschiedenen Arbeitgebern, bei denen Sie während Ihres langen Arbeitslebens tätig waren, denkbar. Diese werden dann unabhängig voneinander an Sie ausgezahlt. Es ist sogar möglich, dass Sie zusätzlich zu der oder den Betriebsrenten noch parallel Einkünfte aus einer aktiven Berufstätigkeit haben, ob in Vollzeit oder Teilzeit.

Weil Beamte während ihres Dienstverhältnisses nicht in die gesetzliche Rentenkasse einzahlen, können sie daraus auch keine Rente beziehen. Sie erhalten eine Beamtenpension, und diese ist immer eine Einkunft aus „nichtselbstständiger Tätigkeit". Wenn Sie als Beamter aus einem anderen Arbeitsverhältnis, beispielsweise aus Zeiten **vor** der Verbeamtung, Rentenansprüche erworben haben und daraus eine gesetzliche Rente zusätzlich erhalten, wird diese genau wie bei den Betriebsrentnern unter „Sonstige Einkunft" erfasst (→ Seite 61).

Steuerkarten und eTIN-ELStAM

Die Berechnung der Einkünfte aus nichtselbstständiger Arbeit ist recht einfach, denn Sie bekommen alle Jahre wieder im Februar/ März von Ihrem (ehemaligen) Arbeitgeber oder/und Dienstherren eine Bescheinigung über Ihr Jahreseinkommen – häufig im Volksmund nicht ganz korrekt „eTIN" genannt.

eTIN ist die offizielle Abkürzung für „elektronische Transfer-Identifikationsnummer". Sie hat seit der Einführung der persönlichen Steueridentifikationsnummer (kurz Steuer-ID) ihre Bedeutung verloren. Seit 2010 soll grundsätzlich nur noch die Steuer-ID für elektronische Übermittlungen verwendet werden. Diese Steuer-ID wurde Ihnen vom Bundesministerium für Finanzen seit 2003 einmalig zugeschickt und gilt ein Leben lang. Selbst Neugeborenen wird kurz nach der Anmeldung beim Standesamt eine solche ID-Nummer zugewiesen. Sie brauchen diese Nummer künftig zunehmend häufiger. Fehlt Ihnen diese Nummer in Ihren Unterlagen, dann fragen Sie einfach bei Ihrem Einwohnermeldeamt oder Finanzamt nach.

Dieser „Ausdruck der elektronischen Lohnsteuerbescheinigung" ersetzt im Grunde genommen die altbekannte Lohnsteuerkarte, die zuletzt für 2010 in Papierform ausgegeben wurde. Mit der Umstellung auf ELStAM (**E**lektronische **L**ohn**st**euer**a**bzugs**m**erkmale) sollten ab 2011 die persönlichen Steuerabzugsmerkmale über eine elektronische Datenbank abgewickelt werden. Das System konnte technisch erst ab 2013 angewendet werden. So wurde einfach die Gültigkeit der Steuerkarte 2010 auch für die Jahre 2011 und 2012 verlängert.

HINTERGRUND

Die gute alte Steuerkarte

Als Ruheständler kennen Sie noch das Prozedere: Die Steuerkarte wurde damals von den Kommunen im Herbst verschickt. Sie konnten die Angaben wie zum Beispiel Steuerklasse, Konfession, Anzahl der Kinder, Freibeträge usw. überprüfen und bei Bedarf ändern lassen. Dann haben Sie die Steuerkarte bei Ihrem Arbeitgeber eingereicht. Dieser hat dann anhand der Angaben auf der Steuerkarte Ihre Lohnabzüge vorgenommen. Bei Arbeitgeberwechsel im Laufe eines Jahres wurden Ihre jeweiligen Einnahmen und Abzüge vom Arbeitgeber auf der Rückseite eingetragen und Ihnen zur Vorlage beim nächsten Arbeitgeber (oder auch „Arbeitsamt") ausgehändigt.

Die Steuerkarte galt jeweils für ein Kalenderjahr und wurde Ihnen mit der Dezember-Abrechnung oder kurz danach ausgehändigt als Lohn- und Steuernachweis für Zwecke der Einkommensteuererklärung. Sie haben diese dann zusammen mit der Erklärung beim Finanzamt eingereicht.

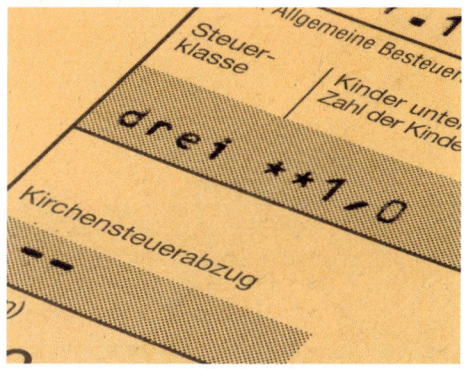

Muster einer alten Steuerkarte.

Im Prinzip hat sich durch die endgültige Umstellung nichts für Sie geändert. Mit EL-StAM werden Ihre persönlichen Daten wie Familienstand, Anzahl der Kinder, Konfession einschließlich aller Änderungen von den Meldebehörden elektronisch eingespeist und von Ihrem Arbeitgeber allmonatlich automatisch abgerufen. Freibeträge und eventuelle Änderungen der Steuerklassen (→ Seite 144) beantragen Sie beim Finanzamt. Diese stets aktuellen Daten werden dann über die ELStAM-Datenbank wie eine elektronische Steuerkarte an den Arbeitgeber oder Dienstherrn übermittelt.

Wie zu Zeiten der alten Papier-Lohnsteuerkarte können Sie auch heute noch auf Ihrer Lohn- und Gehaltsabrechnung beziehungsweise der Bezügemitteilung ersehen, welche Angaben von Ihrem Arbeitgeber berücksichtigt wurden.

Finanzverwaltung NRW 59491 Soest

Finanzamt
Soest

Frau

Auskunft erteilt
Frau ▮▮▮▮▮

Durchwahl-Nr.
02921

Zimmer

IdNr.

Datum
13.09.2019

Elektronische Lohnsteuerabzugsmerkmale (ELStAM)
Mitteilung der aktuell gespeicherten Daten

(Dieser Ausdruck ist für Ihre Unterlagen und nicht zur Vorlage beim Arbeitgeber bestimmt.)

Sehr geehrte Frau ▮▮▮▮▮

für Sie sind zum 01.10.2019 die folgenden Lohnsteuerabzugsmerkmale in der ELStAM-Datenbank gespeichert:

Geburtsdatum	▮▮▮ 1960
Steuerklasse	3
Faktor bei **Steuerklasse** vier	
Kirchensteuerabzug des **Steuerpflichtigen**	Römisch-katholisch
Kirchensteuerabzug des **Ehegatten/Lebenspartners**	
Zahl der **Kinderfreibeträge**	0
Jahres-Freibetrag in Euro	
monatlicher, wöchentlicher, täglicher Freibetrag in Euro	
Jahres-Hinzurechnungsbetrag in Euro	
monatlicher, wöchentlicher, täglicher Hinzurechnungsbetrag in Euro	

Iz:ELStAM_Datenabrufe_Aktuell

Seite 1

Abb. 1: ELStaM-Mitteilung eines Musterehepaars – hier Ehefrau, Seite 35 Ehemann.

Finanzverwaltung NRW 59491 Soest

**Finanzamt
Soest**

Herrn

Auskunft erteilt

Frau

Durchwahl-Nr.

02921

Zimmer

IdNr.

Datum
13.09.2019

Elektronische Lohnsteuerabzugsmerkmale (ELStAM)
Mitteilung der aktuell gespeicherten Daten

(Dieser Ausdruck ist für Ihre Unterlagen und nicht zur Vorlage beim Arbeitgeber bestimmt.)

Sehr geehrter Herr

für Sie sind zum 01.10.2019 die **folgenden Lohnsteuerabzugsmerkmale** in der ELStAM-
Datenbank gespeichert:

Geburtsdatum	1958
Steuerklasse	5
Faktor bei Steuerklasse vier	
Kirchensteuerabzug des Steuerpflichtigen	Römisch-katholisch
Kirchensteuerabzug des Ehegatten/Lebenspartners	
Zahl der Kinderfreibeträge	0
Jahres-Freibetrag in Euro	
monatlicher, wöchentlicher, täglicher Freibetrag in Euro	
Jahres-Hinzurechnungsbetrag in Euro	
monatlicher, wöchentlicher, täglicher Hinzurechnungsbetrag in Euro	

lo:ELStAM_Datenabrufe_Aktuell

Seite 1

Ausdruck der elektronischen Lohnsteuerbescheinigung für 2019

Nachstehende Daten wurden maschinell an die Finanzverwaltung übermittelt.

		vom - bis
1. Bescheinigungszeitraum		01.01.-31.12.
2. Zeiträume ohne Anspruch auf Arbeitslohn		Anzahl "U"
Großbuchstaben (S, M, F, FR)		

	EUR	Ct
3. Bruttoarbeitslohn einschl. Sachbezüge ohne 9. und 10.	24.089	62
4. Einbehaltene Lohnsteuer von 3.	2.167	54
5. Einbehaltener Solidaritätszuschlag von 3.	119	14
6. Einbehaltene Kirchensteuer des Arbeitnehmers von 3.	148	97
7. Einbehaltene Kirchensteuer des Ehegatten/Lebenspartners von 3. (nur bei Konfessionsverschiedenheit)		
8. In 3. enthaltene Versorgungsbezüge		
9. Ermäßigt besteuerte Versorgungsbezüge für mehrere Kalenderjahre		
10. Ermäßigt besteuerter Arbeitslohn für mehrere Kalenderjahre (ohne 9.) und ermäßigt besteuerte Entschädigungen		
11. Einbehaltene Lohnsteuer von 9. und 10.		
12. Einbehaltener Solidaritätszuschlag von 9. und 10.		
13. Einbehaltene Kirchensteuer des Arbeitnehmers von 9. und 10.		
14. Einbehaltene Kirchensteuer des Ehegatten/Lebenspartners von 9. und 10. (nur bei Konfessionsverschiedenheit)		
15. (Saison-)Kurzarbeitergeld, Zuschuss zum Mutterschaftsgeld, Verdienstausfallentschädigung (Infektionsschutzgesetz), Aufstockungsbetrag und Altersteilzeitzuschlag		

Datum: 20.12.2019
eTIN:
Identifikationsnummer:
Personalnummer: 00001
Geburtsdatum:

Dem Lohnsteuerabzug wurden im letzten Lohnzahlungszeitraum zugrunde gelegt:

Steuerklasse/Faktor
1

Zahl der Kinderfreibeträge
0,0

Steuerfreier Jahresbetrag

Jahreshinzurechnungsbetrag

Kirchensteuermerkmale
-- / --

Anschrift und Steuernummer des Arbeitgebers:

Raum für weitere Angaben:

Bezeichnung	EUR	Ct

		EUR	Ct
16. Steuerfreier Arbeitslohn nach	a) Doppelbesteuerungsabkommen (DBA)		
	b) Auslandstätigkeitserlass		
17. Steuerfreie Arbeitgeberleistungen für Fahrten zwischen Wohnung und erster Tätigkeitsstätte			
18. Pauschalbesteuerte Arbeitgeberleistungen für Fahrten zwischen Wohnung und erster Tätigkeitsstätte		324	00
19. Steuerpflichtige Entschädigungen und Arbeitslohn für mehrere Kalenderjahre, die nicht ermäßigt besteuert wurden - in 3. enthalten			
20. Steuerfreie Verpflegungszuschüsse bei Auswärtstätigkeit			
21. Steuerfreie Arbeitgeberleistungen bei doppelter Haushaltsführung			
22. Arbeitgeberanteil/ -zuschuss	a) zur gesetzlichen Rentenversicherung	2.240	36
	b) an berufsständische Versorgungseinrichtungen		
23. Arbeitnehmeranteil	a) zur gesetzlichen Rentenversicherung	2.240	36
	b) an berufsständische Versorgungseinrichtungen		
24. Steuerfreie Arbeitgeberzuschüsse	a) zur gesetzlichen Krankenversicherung		
	b) zur privaten Krankenversicherung		
	c) zur gesetzlichen Pflegeversicherung		
25. Arbeitnehmerbeiträge zur gesetzlichen Krankenversicherung		1.939	21
26. Arbeitnehmerbeiträge zur sozialen Pflegeversicherung		427	56
27. Arbeitnehmerbeiträge zur Arbeitslosenversicherung		301	15
28. Beiträge zur privaten Kranken- und Pflege-Pflichtversicherung oder Mindestvorsorgepauschale			
29. Bemessungsgrundlage für den Versorgungsfreibetrag zu 8.			
30. Maßgebendes Kalenderjahr des Versorgungsbeginns zu 8. und/oder 9.			
31. Zu 8. bei unterjähriger Zahlung: Erster und letzter Monat, für den Versorgungsbezüge gezahlt wurden			
32. Sterbegeld, Kapitalauszahlungen/Abfindungen und Nachzahlungen von Versorgungsbezügen - in 3. und 8. enthalten			
33. Ausgezahltes Kindergeld			
34. Freibetrag DBA Türkei			

Seite 1

Abb. 2: Muster eTin Arbeitnehmer.
Eine Bescheinigung von 2020 lag bei Drucklegung noch nicht vor.

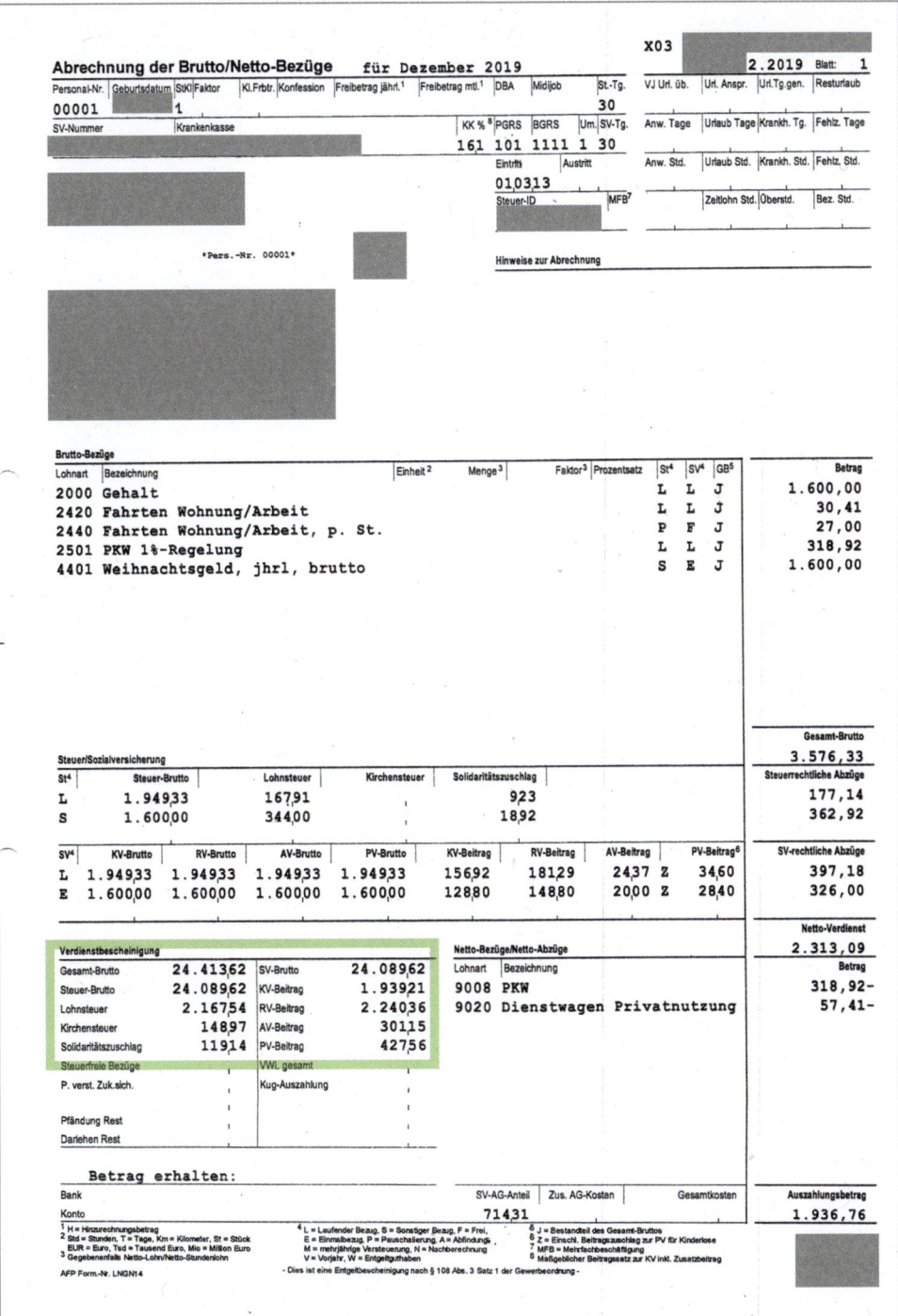

Abrechnung der Brutto/Netto-Bezüge   **für Dezember 2019**

Personal-Nr.	Geburtsdatum	StKl	Faktor	Kl.Frbtr.	Konfession	Freibetrag jährl.[1]	Freibetrag mtl.[1]	DBA	Midijob	St.-Tg.
00001		1								30

SV-Nummer	Krankenkasse		KK %[8]	PGRS	BGRS	Um.	SV-Tg.
			161	101	1111	1	30

Eintritt: 01.03.13   Austritt:

Steuer-ID   MFB[7]

VJ Url. üb. | Url. Anspr. | Url.Tg.gen. | Resturlaub
Anw. Tage | Urlaub Tage | Krankh. Tg. | Fehlz. Tage
Anw. Std. | Urlaub Std. | Krankh. Std. | Fehlz. Std.
Zeitlohn Std. | Überstd. | Bez. Std.

X03   2.2019   Blatt: 1

Pers.-Nr. 00001

Hinweise zur Abrechnung

Brutto-Bezüge

Lohnart	Bezeichnung	Einheit[2]	Menge[3]	Faktor[3]	Prozentsatz	St[4]	SV[4]	GB[5]	Betrag
2000	Gehalt					L	L	J	1.600,00
2420	Fahrten Wohnung/Arbeit					L	L	J	30,41
2440	Fahrten Wohnung/Arbeit, p. St.					P	F	J	27,00
2501	PKW 1%-Regelung					L	L	J	318,92
4401	Weihnachtsgeld, jhrl, brutto					S	E	J	1.600,00

Gesamt-Brutto   3.576,33

Steuer/Sozialversicherung

St[4]	Steuer-Brutto	Lohnsteuer	Kirchensteuer	Solidaritätszuschlag	Steuerrechtliche Abzüge
L	1.949,33	167,91		9,23	177,14
S	1.600,00	344,00		18,92	362,92

SV[4]	KV-Brutto	RV-Brutto	AV-Brutto	PV-Brutto	KV-Beitrag	RV-Beitrag	AV-Beitrag	PV-Beitrag[6]	SV-rechtliche Abzüge
L	1.949,33	1.949,33	1.949,33	1.949,33	156,92	181,29	24,37 Z	34,60	397,18
E	1.600,00	1.600,00	1.600,00	1.600,00	128,80	148,80	20,00 Z	28,40	326,00

Netto-Verdienst   2.313,09

Verdienstbescheinigung				Netto-Bezüge/Netto-Abzüge		
Gesamt-Brutto	24.413,62	SV-Brutto	24.089,62	Lohnart	Bezeichnung	Betrag
Steuer-Brutto	24.089,62	KV-Beitrag	1.939,21	9008	PKW	318,92-
Lohnsteuer	2.167,54	RV-Beitrag	2.240,36	9020	Dienstwagen Privatnutzung	57,41-
Kirchensteuer	148,97	AV-Beitrag	301,15			
Solidaritätszuschlag	119,14	PV-Beitrag	427,56			
Steuerfreie Bezüge		VWL gesamt				
P. verst. Zuk.sich.		Kug-Auszahlung				
Pfändung Rest						
Darlehen Rest						

Betrag erhalten:

Bank		SV-AG-Anteil	Zus. AG-Kosten	Gesamtkosten	Auszahlungsbetrag
Konto		714,31			1.936,76

[1] H = Hinzurechnungsbetrag
[2] Std = Stunden, T = Tage, Km = Kilometer, St = Stück
   EUR = Euro, Tsd = Tausend Euro, Mio = Million Euro
[3] Gegebenenfalls Netto-Lohn/Netto-Stundenlohn

[4] L = Laufender Bezug, S = Sonstiger Bezug, F = Frei,
   E = Einmalbezug, P = Pauschalierung, A = Abfindung,
   M = mehrjährige Versteuerung, N = Nachberechnung
   V = Vorjahr, W = Entgeltguthaben

[5] J = Bestandteil des Gesamt-Brutto
[6] Z = Einschl. Beitragszuschlag zur PV für Kinderlose
[7] MFB = Mehrfachbeschäftigung
[8] Maßgeblicher Beitragssatz für KV inkl. Zusatzbeitrag

AFP Form.-Nr. LNGN14   - Dies ist eine Entgeltbescheinigung nach § 108 Abs. 3 Satz 1 der Gewerbeordnung -

Abb. 3: Muster Dezember-Lohnabrechnung mit Gesamtjahreswerten.
Eine Bescheinigung von 2020 lag bei Drucklegung noch nicht vor.

Wenn Sie Ihren „Ausdruck der elektronischen Lohnsteuerbescheinigung für 2020" zur Hand nehmen, sehen Sie alle Daten, die Ihr Arbeitgeber beziehungsweise Ihr Dienstherr bereits an das Finanzamt übermittelt hat, auf einen Blick. Ob der Arbeitgeber tatsächlich an das Finanzamt übermittelt hat, erkennen Sie am Transferticket.

Der Arbeitgeber trägt in Zeile 1 Lohnsteuerbescheinigung die Dauer des Dienstverhältnisses ein, also Beginn und Ende Ihrer Tätigkeit. Wenn Sie das ganze Jahr 2020 dort gearbeitet oder auch nur Betriebsrente bezogen haben, steht dort 1.1.–31.12. Sind Sie zum Beispiel am 1. Oktober 2020 in den wohlverdienten Ruhestand gegangen, steht dort 1.1.–30.9. Bitte beachten Sie, dass Sie zusätzliche Lohnsteuerbescheinigungen etwa aus weiteren Arbeitsverhältnissen haben könnten. Das ist häufig der Fall, wenn Sie mehr als eine Betriebsrente beziehen, Pensionsbezüge haben **und** eine steuerpflichtige Nebentätigkeit ausüben oder aus einer Urlaubskasse (beispielsweise im Baugewerbe üblich) ausgezahlt wurde. Diese werden in der Regel mit der Steuerklasse 6 versteuert. Die Eintragung

erfolgt auf dem Steuerformular **Anlage N, Zeile 5** (Musterformular → Seite 190 rechte Spalte). Sie füllen für jeden Ehegatten ein separates Formblatt aus.

In Zeile 2 Zeiträume ohne Anspruch auf Arbeitslohn: Anzahl „U" wird eingetragen, wenn Sie für einen oder mehrere Zeiträume vom Arbeitgeber keinen Lohn bekommen haben. Das kann zum Beispiel unbezahlter Urlaub oder Krankengeldbezug sein.

Im März haben Sie sich den Arm gebrochen und waren für acht Wochen krankgeschrieben. Nach sechs Wochen endete die Lohnfortzahlung des Arbeitgebers und Sie sind für 14 Tage in den Krankengeldbezug gerutscht. Krankengeld ist eine **Lohnersatzleistung** genau wie etwa Arbeitslosengeld, Insolvenzgeld, Übergangsgeld, Mutterschaftsgeld, Verletztengeld usw. All diese Gelder bekommen Sie **nicht** von Ihrem Arbeitgeber. Diese Leistungen werden anstelle von Lohn an Sie gezahlt. Sie gehören somit auch nicht zu den Einkünften aus nichtselbstständiger Tätigkeit und sind auch **nicht** in Anlage N einzutragen. Ihr Krankengeld weisen Sie anhand

Anlage N, Seite 1, Zeile 6

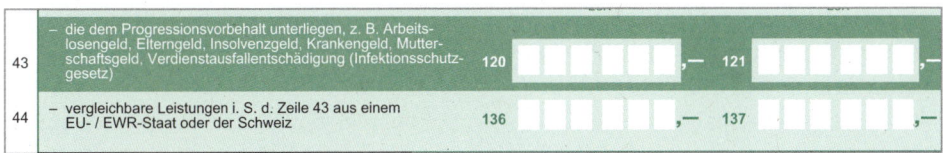

| 43 | – die dem Progressionsvorbehalt unterliegen, z. B. Arbeits-losengeld, Elterngeld, Insolvenzgeld, Krankengeld, Mutter-schaftsgeld, Verdienstausfallentschädigung (Infektionsschutz-gesetz) | 120 | ,— | 121 | ,— |
| 44 | – vergleichbare Leistungen i. S. d. Zeile 43 aus einem EU- / EWR-Staat oder der Schweiz | 136 | ,— | 137 | ,— |

Hauptvordruck, Seite 2, Zeile 43 und 44.

der Krankengeldbescheinigung Ihrer gesetzlichen Krankenversicherung („Krankenkasse") nach. Die Bescheinigung erhalten Sie spätestens Anfang des Folgejahres von Ihrer Krankenkasse. Die Eintragung erfolgt als Lohnersatzleistung im **Hauptvordruck** (komplettes Hauptvordruck-Musterformular → Seite 188/189) in **Zeile 43** beziehungsweise **Zeile 44** bei vergleichbaren Leistungen aus EU-Staaten jeweils getrennt für Ehegatten (→ Seite 145, Progressionsvorbehalt). **Zeile 3** Ihrer Lohnsteuerbescheinigung weist Ihren steuerpflichtigen Bruttoarbeitslohn einschließlich eventueller Sachbezüge des jeweiligen Jahres aus. Ihr Arbeitgeber hat bereits

→ Lohn und Gehalt beziehungsweise Bezüge,
→ Überstunden,
→ Urlaubsgeld,
→ Sonderzahlungen,
→ Weihnachtsgelder,
→ den steuerpflichtigen Teil des Dienstwagens,

→ Familien- und Ortszuschläge ebenso wie
→ die Betriebsrente oder Deputate

zusammengefasst.

Steuerfreie Zahlungen wie beispielsweise Nachtzuschläge, Sonn- und Feiertagszuschläge sind hier nicht addiert.

In den Zeilen 4 bis 7 und 11 bis 14 werden die von Ihrem Arbeitgeber einbehaltenen Steuern (Lohnsteuer, Solidaritätszuschlag, Kirchensteuer) eingetragen.

Diese Steuern sind vom Arbeitgeber bereits für Sie unter Ihrer Steuer-ID an das Finanzamt abgeführt worden. Für diese Einkunftsart sind also bereits Steuern von Ihnen bezahlt worden. Ob die Zahlung der Steuern allerdings ausreichend ist oder aber zu gering, oder ob womöglich gar zu viel gezahlt wurde, können nur Sie selbst – nicht Ihr Arbeitgeber – berechnen, und zwar erst dann, wenn Sie Ihr ZVE (→ Seite 20/21) ermittelt haben.

Ihre Betriebsrente oder Pension heißt steuerlich Versorgungsbezug und ist in Zeile 8 eingetragen.

Mitunter kommt es vor, dass zum Beispiel Korrekturen bei der Berechnung von Versorgungsbezügen für mehrere meist zurückliegende Jahre gemacht werden. Diese werden in Zeile 9 eingetragen und ermäßigt besteuert (→ Seite 146, ermäßigte Besteuerung).

Aus einem aktiven Arbeitsverhältnis kommt es mitunter auch zu nachträglichen Korrekturen, Provisionszahlungen, Entschädigungen und Abfindungen, die auch ermäßigt besteuert werden. Eintragungen in Zeile 10.

Die Eintragungen in Zeile 15 Aufstockung und Altersteilzeitzuschlag hat so mancher Vorruheständler schmerzhaft zu spüren bekommen, wenn er in **Altersteilzeit** gegangen ist.

In dieser Zeile wird aber auch eingetragen: Zuschuss zum Mutterschaftsgeld, Kurzarbeitergeld und – ganz aktuell – Verdienstausfallentschädigungen nach dem Infektionsschutzgesetz etwa bei Verdienstausfall wegen behördlich angeordneter Quarantäne. All diese Leistungen unterliegen dem Progressionsvorbehalt (→ Seite 145 f.).

In Zeile 16 wird steuerfreier Arbeitslohn nach Doppelbesteuerungsabkommen (DBA, → Seite 15) eingetragen. Achtung: Ausländische Arbeitnehmer-Einkünfte werden im Formular Anlage N-AUS (→ Anhang Seite 220–222) eingetragen.

Die Zeilen 17, 18, 20, 21 betreffen nur aktive Dienstverhältnisse. Der Arbeitgeber macht hier Angaben zu steuerfreien Leistungen, die er Ihnen bereits steuerfrei beziehungsweise pauschal versteuert ausgezahlt hat. Es soll so verhindert werden, dass Sie diese Aufwendungen im Rahmen Ihrer Einkommensteuererklärung nochmals als Werbungskosten (→ Seite 105) geltend machen. Das sind Aufwandsentschädigungen für doppelte Haushaltsführung, Fahrten zur Arbeit und Spesen.

Die Eintragungen in Zeile 19 sind bereits in Zeile 3 enthalten – also **nicht** zusätzlich. Mitunter ist für den Arbeitgeber unklar, ob beispielsweise eine Entschädigungszahlung der ermäßigten Besteuerung unterliegt oder nicht. Der Arbeitgeber unterwirft dann die Zahlung an den Arbeitnehmer lieber der vollen Besteuerung, um seinem Haftungsrisiko zu entgehen. In der privaten Einkommensteuererklärung kann und sollten Sie dann unter Vorlage der entsprechenden Unterlagen oder Verträge den Sachverhalt dem Finanzamt erläutern und erneut würdigen lassen → ab Seite 146.

 HINTERGRUND

Altersteilzeit

Es gibt verschiedene Vertragsmodelle, die Arbeitgeber und Arbeitnehmer vereinbaren können. Der Mitarbeiter kann quasi aus dem aktiven Arbeitsverhältnis „ausschleichen". Es besteht die Möglichkeit, ein paar Jahre zwar in Vollzeit zu arbeiten, aber unter Verzicht auf einen Teil des Gehalts. Später, in der vorgezogenen „Vorruhezeit", arbeitet er dann gar nicht mehr, bekommt aber weiter sein reduziertes Gehalt bis zum eigentlichen Rentenbeginn. Die Finanzierung erfolgt zum einen durch den „angesparten" Lohn und zum anderen durch Aufstockungsbeträge. Diese werden genau wie Kurzarbeitergeld und Zuschuss zum Mutterschaftsgeld steuerfrei, also brutto für netto ausbezahlt; unterliegen aber der Progression. Meist ist eine Steuernachzahlung zu erwarten.

In den Zeilen 22 bis 28 werden Ihre Beiträge zur Sozialversicherung eingetragen. Die hier ausgewiesenen Beträge hat der Arbeitgeber bereits für Sie an die gesetzlichen Sozialversicherungen abgeführt und gemeldet. Wenn Sie privat krankenversichert sind, wurden vom Arbeitgeber entsprechende Erstattun-

gen an Sie ausgezahlt und dort eingetragen. Bei der Steuererklärung in Papierform werden die Angaben hierzu auf der **Anlage Vorsorgeaufwand** (Musterformular → Seite 218/219) gemacht. Diese Aufwendungen sind Sonderausgaben im Sinne des Steuerrechts (→ Seite 108). In der Regel sind die Beiträge für Arbeitnehmer und Arbeitgeber zur gesetzlichen Rentenversicherung gleich hoch. Lediglich bei den sogenannten Midijobs (Löhne innerhalb der Gleitzone 450,01 € bis 850 €) werden Arbeitnehmer ein wenig entlastet. Steuerlich ergeben sich so gut wie keine Auswirkungen, abgesehen von den geringfügig geringeren anzusetzenden Sonderausgaben.

Die Zeilen 29 bis 31 betreffen ausschließlich die Empfänger von Versorgungsbezügen, also die Betriebsrentner und Pensionsempfänger. Diese Angaben werden für die Berechnung der Freibeträge benötigt und sind von großer Wichtigkeit → Seite 31.

Betriebsrenten und Beamtenpensionen

Versorgungsbezüge wurden von jeher versteuert. Währenddessen waren bis 2005 die Leistungen aus den gesetzlichen Rentenversicherungen („Rentenkassen") für Rentner fast vollständig steuerfrei. Bis 2005 blieben allerdings grundsätzlich nur 40 % der jährlichen Versorgungsbezüge steuerfrei – höchstens jedoch 3.000 € –, Versorgungsfreibetrag genannt. Zusätzlich wurde noch ein steuerfreier Zuschlag zum Versorgungsfreibetrag von 900 € gewährt. Gedeckelt also auf insgesamt 3.900 €.

Seit 2005 werden nun auch die Leistungen aus den gesetzlichen Rentenversicherungen schrittweise besteuert (also auch Zahlungen aus der Knappschaft oder der landwirtschaftlichen Alterskasse, → Seite 60). Ab 2040 sollen alle „Neurentner" mit den gesamten Renteneinkünften zu 100 % der Besteuerung unterworfen werden.

Die Empfänger der Versorgungsbezüge sollen sich in gleicher Weise an den Steuermehreinnahmen beteiligen. Deshalb werden sowohl der Versorgungsfreibetrag als auch der Zuschlag zum Versorgungsfreibetrag bis 2040 schrittweise auf 0 abgeschmolzen (→ Tabelle Seite 45).

 BEISPIEL 2

Der Bahnbeamte Rudi Fleißig lässt sich überreden, noch etwas länger im aktiven Dienst zu bleiben, und bekommt sogar noch eine Bezüge-Erhöhung. Er beginnt seinen wohlverdienten Ruhestand erst zum 1.2.2006. Seine monatliche Pension beträgt nunmehr 2.100 € monatlich. Somit ist zwar die Bemessungsgrundlage auf 25.200 € (12 x 2.100 €) gestiegen. Jedoch darf er nur noch 38,4 % als Versorgungsfreibetrag (= 9.676,80 €), höchstens jedoch 2.880 € (zuvor 3.000 €) und den gekürzten Zuschlag in Höhe von 864 € (zuvor 900 €) also insgesamt 3.744 € (2.880 € + 864 €) als Steuerfreibetrag jährlich von seiner Pension abziehen. Er trägt in das Berechnungsblatt zur Ermittlung des ZVE ein: 21.456 € (25.200 € abzüglich 3.744 €).

 **BEISPIEL I**

Der Bahnbeamte Rudi Fleißig wurde zum 1.12.2004 pensioniert. Seine monatliche Pension beträgt 2.000 € brutto. Auf ein komplettes Kalenderjahr hochgerechnet entspricht das einer Jahrespension von 24.000 € – das ist die „Bemessungsgrundlage". Von dieser Bemessungsgrundlage blieben 40 % steuerfrei (40 % von 24.000 € = 9.600 €) – maximal jedoch 3.900 €. Rudi Fleißig darf also bis ans Ende seiner Tage ein jedes Jahr den Betrag von 3.900 € von seiner Pension als Steuerfreibetrag abziehen.

Ausschlaggebend für die Berechnung ist stets das Jahr des Pensionsbeginns. Der errechnete Freibetrag bleibt dann bis zum Lebensende in gleicher Höhe erhalten. Er wird gegebenenfalls sogar von Rudi Fleißig an seine Witwe Ella „vererbt". Denn bei Hinterbliebenenrenten wird der Beginn der ursprünglichen Rente, also im Fall von Rudi Fleißig 2006, zur Berechnung des Freibetrags herangezogen. Allerdings gibt es diesen Versorgungsfreibetrag nebst Zuschlag je Person nur **einmal** (siehe dazu Beispiel 4, Seite 44).

 **BEISPIEL 3**

Rudi Fleißig ist verheiratet. Seine deutlich jüngere Frau Ella, eine Postbeamtin, ist seit 2016 auch endlich im Ruhestand. Ihre monatliche Pension beträgt ebenfalls 2.100 € monatlich. Sie berechnet ihren Freibetrag:
Bemessungsgrundlage 25.200 € (= 12 x 2.100 €) x 22,4 % = 5.644,80 €. Laut Tabelle höchstens jedoch: 1.680 € + Zuschlag zum Versorgungsfreibetrag 504 €, also insgesamt nur noch 2.184 € (1.680 € + 504 €) Steuerfreibetrag. Sie muss also in ihr Berechnungsblatt zur Ermittlung des ZVE die Summe von 23.016 € eintragen (25.200 € abzüglich 2.184 €).

> ▶ BEISPIEL 4
>
> **Die Witwe Ella Fleißig** bekommt 60 %
> der Pension Ihres verstorbenen Ehemannes
> Rudi und berechnet ihre Einkünfte
> aus nichtselbstständiger Arbeit: Pension
> von Rudi (2.100 € x 12 Monate, davon
> 60 % =) Bemessungsgrundlage 15.120 €
> x 38,4 % = 5.806,08 €, höchstens jedoch
> 2.880 € + Zuschlag 864 € (weil
> Rudi 2006 in Pension ging), also genau
> wie bei Rudi selbst beträgt der Steuerfreibetrag
> 3.744 €.

Eigene Pension Ella	25.200 €
plus Hinterbliebenenpension Rudi	15.120 €
Zwischensumme	40.320 €
abzüglich Steuerfreibetrag	–3.744 €
insgesamt zu versteuern	36.576 €

Diese Summe von 36.576 € trägt Ella nun in
ihrem ZVE-Berechnungsblatt ein → Seite
20/21.

Insbesondere bei verschiedenen Dienstherren – wie im Fall von Rudi (Bahn) und Ella (Post) – kommt es vor, dass die Berechnung der einbehaltenen Steuer bei beiden Versorgungsbezügen jeweils unter Abzug der Freibeträge erfolgt. Es wird also zu wenig Steuer vom Dienstherrn einbehalten, denn der Freibetrag wird ja vom Finanzamt nur ein einziges Mal je Person gewährt. Den beiden Dienstherren kann hier gar kein Vorwurf gemacht werden, denn oft wissen sie gar nicht, dass noch ein weiterer Versorgungsbezug besteht. Es sind nicht unerhebliche Steuernachzahlungen als böse Überraschung zu erwarten.

→ **TIPP** Rechnen Sie genau!

Es kann durchaus vorkommen, dass die Höhe der Pension infolge von Lohnerhöhungen ansteigt, wenn die Pensionierung auf ein Folgejahr verschoben wird. Auf der anderen Seite sinkt der Steuerfreibetrag, und zwar unwiderruflich bis zum Ende der Pensionszahlungen. Das kann durchaus bedeuten, dass Sie unter dem Strich ein „schlechtes Geschäft" machen. Ein Gespräch mit dem Arbeitgeber lohnt sich vielleicht für Sie. Mitunter kann Ihnen ein „Minijob" oder ein Beratervertrag für die Zeit nach der Pensionierung angeboten werden. Der Steuerrechtler spricht von „Gestaltung", solange Sie sich im Bereich des Legalen bewegen.

Versorgungsfreibetrag (Auszug)

JAHR DES VERSORGUNGS-BEGINNS	VERSORGUNGSFREIBETRAG		ZUSCHLAG ZUM VERSORGUNGS-FREIBETRAG IN EURO
	in % der Versorgungsbezüge	Höchstbetrag in Euro	
bis 2005	40,0	3.000	900
ab 2006	38,4	2.880	864
2007	36,8	2.760	828
2008	35,2	2.640	792
2009	33,6	2.520	756
2010	32,0	2.400	720
2011	30,4	2.280	684
2012	28,8	2.160	648
2013	27,2	2.040	612
2014	25,6	1.920	576
2015	24,0	1.800	540
2016	22,4	1.680	504
2017	20,8	1.560	468
2018	19,2	1.440	432
2019	17,6	1.320	396
2020	16,0	1.200	360
2022	14,4	1.080	324
2024	12,8	960	288
2026	11,2	840	252
2028	9,6	720	216
2030	8,0	600	180
2032	6,4	480	144
2034	4,8	360	108
2036	3,2	240	72
2038	1,6	120	36
2040	0	0	0

Verdienen Sie mit Geld Geld?

In diesem Kapitel lesen Sie Wissenswertes über Kapitalerträge wie Zinsen und die Abgeltungssteuer. Sie erhalten zudem Hinweise, wie Sie den Abzug vermeiden können.

Einkünfte aus Kapitalvermögen sind in § 20 des EStG geregelt. Dazu gehören nicht nur Ihre Zinseinnahmen aus Sparguthaben im In- und Ausland, sondern u. a. auch Dividenden, Einnahmen als typischer stiller Gesellschafter, Erträge aus Lebensversicherungen, Guthabenzinsen aus Gemeinschaftseigentum, Zinsen auf Rentennachzahlungen, Zinserträge aus privaten Darlehen und sogar die Erstattungszinsen des Finanzamts.

Wie bei den anderen Einkunftsarten auch, will der Fiskus seinen Anteil an Ihren Erträgen. In dieser Zeit der „Niedrigzinsen" sind Ihre aktuellen Einkünfte aus Kapitalvermögen gewiss geringer als noch vor einigen Jahren und dennoch eine eventuell auch für Sie lukrative Thematik.

Seit 2009 gibt es die **Abgeltungssteuer**. Pauschal erheben Banken und Versicherungsgesellschaften 25 % Kapitalertragsteuer zuzüglich Solidaritätszuschlag und eventuell Kirchensteuer. Damit ist Ihre Steuerpflicht „abgegolten". Sie erinnern sich bestimmt noch an diverse, komplizierte Schreiben Ihrer Hausbank, Rückfragen wegen Ihrer Konfession, Ihrer Steuer-ID und vielem mehr.

Banken und Versicherungen sind mehr oder weniger freiwillig zu „Steuereintreibern" des Finanzamts geworden. Mitunter bemerken Sie gar nicht, dass beispielsweise Ihre Hausbank Ihrem Konto lediglich die Netto-Dividende (also nach Abzug der Steuern) gutschreibt. Das ist immerhin fast ein Drittel weniger! Dabei haben Sie auch bei den Kapitalerträgen einen Steuerfreibetrag; und zwar je Kalenderjahr von immerhin 801 € pro Person – also 1.602 € bei Verheirateten.

Leider oder zum Glück weiß Ihre Hausbank aber nicht, bei welchen anderen Banken, Versicherungen oder Bausparkassen Sie auch noch Zinsen o. Ä. ausgezahlt bekommen. Es ist also einzig und allein **Ihre** Aufgabe, jeder einzelnen Bank mitzuteilen, in welcher Höhe Ihr persönlicher Steuerfreibetrag berücksichtigt werden soll. Dazu müssen **Sie** Ihrer Bank einen sogenannten **Freistellungsauftrag** erteilen. Die Bank wird dann genau den von Ihnen angegebenen Betrag von dem Abzug der Steuer freistellen. Hierfür hat Ihre Bank Formulare, die bei Verheirateten von **beiden** Ehegatten unterschrieben werden müssen – auch dann, wenn nur einer von Ihnen Kontoinhaber ist. Sie können dort den Höchstbetrag oder auch nur Teilbeträge der 801 € beziehungsweise 1.602 € eintragen. Diesen Freistellungsauftrag können Sie Ihrer Bank einmalig oder dauerhaft erteilen und auch nach Bedarf ändern. Beachten Sie unbedingt: Sie können zwar beim Bankberater Ihrer Hausbank u. a. auch Bausparverträge und Rentensparverträge problemlos abschließen. Wenn Sie allerdings Ihre Kapitalerträge „freistellen" wollen, müssen Sie für jedes Institut einen separaten Freistellungsauftrag erteilen. Meist erledigt der Bankmitarbeiter mit Ihnen zusammen die Freistellung für Ihre Bankkonten. Manchmal fordert er auch für Sie bei den anderen Anbietern (etwa Bausparkassen, Versicherung) ein entsprechendes Formular an. Dieses wird Ihnen in der Regel nach einiger Zeit nach Hause geschickt.

→ **TIPP Überblick behalten**

In der Hektik des Alltags und der vielen Post kann schnell mal was untergehen. Denken Sie daran, Ihre Freistellungs-Anweisungen jährlich regelmäßig zu überprüfen. Notieren Sie sich unbedingt, welchem Geldinstitut Sie Freistellungsaufträge erteilt haben und vor allem auch die Höhe. Es fällt Ihnen sonst schwer, den Überblick zu behalten.

Gerade in der derzeitigen Niedrigzinsphase wechseln Sie als Anleger vielleicht häufiger als bisher das Anlageinstitut. Oft bekommen Sie als Neukunde ja für eine begrenzte Zeit deutlich bessere Konditionen. Freistellungsaufträge können Sie selbstverständlich auch Online-Banken erteilen. Und im Internet gibt es die Möglichkeit, entsprechende Formulare abzurufen.

BEISPIEL: Resi Sparsam ist ledig und wohnt in ihrer netten kleinen Eigentumswohnung. Sie freut sich schon auf März 2020, denn dann erfolgt die Auszahlung ihres mehrjährigen Sparvertrages bei ihrer Hausbank. Sie rechnet mit Zinsen und Bonuszahlungen in Höhe von rund 300 €. Außerdem hat sie noch einen Bausparvertrag, auf den sie fleißig einzahlt. Etwa 100 € Zinsen werden ihr wohl 2018 darauf gutgeschrieben. Bei ihrer Geburt hatte der stolze Opa einst ein Sparbuch bei der Post

Freistellungsauftrag für Kapitalerträge

Bankanschrift

Name, abweichender Geburtsname,
Vorname des Gläubigers der Kapitalerträge | Geburtsdatum | Identifikations-Nr. (11-stellig)

Strasse, Hausnummer, PLZ, Wohnort, | Kontonummer

☒ ledig ☐ verheiratet ☐ geschieden ☐ dauernd getrennt lebend ☐ verwitwet

☐ gemeinsamer Freistellungsauftrag (Angaben zum Ehegatten und dessen Unterschrift sind nur bei einem gemeinsamen Freistellungsauftrag erforderlich)

ggf. Name, abweichender Geburtsname, Vorname des Ehegatten | Geburtsdatum des Ehegatten | Identifikations-Nr. (11-stellig)

Hiermit erteile ich/erteilen wir* Ihnen den Auftrag, meine/unsere* bei Ihrem Institut anfallenden Kapitalerträge vom Steuerabzug freizustellen und/oder bei Dividenden und ähnlichen Kapitalerträgen die Erstattung von Kapitalertragsteuer zu beantragen, und zwar

☒ bis zu einem Betrag von _____ € (bei Verteilung des Sparer-Pauschbetrages auf mehrere Kreditinstitute)
☐ bis zur Höhe des für mich/uns* geltenden Sparer-Pauschbetrages von insgesamt 801€/1.602 €*.
☐ über 0 € (nur für die Beantragung der ehegattenübergreifenden Verlustverrechnung – keine Löschung)

Dieser Auftrag gilt ab dem 01.01.____ bzw. ab Beginn der Geschäftsverbindung

☐ so lange, bis Sie einen anderen Auftrag von mir/uns* erhalten.
☐ bis zum 31.12.____ .

Die in dem Auftrag enthaltenen Daten werden dem BZSt übermittelt. Sie dürfen zur Durchführung eines Verwaltungsverfahrens oder eines gerichtlichen Verfahrens in Steuersachen oder eines Strafverfahrens wegen einer Steuerstraftat oder eines Bußgeldverfahrens wegen einer Steuerordnungswidrigkeit verwendet sowie vom BZSt den Sozialleistungsträgern übermittelt werden, soweit dies zur Überprüfung des bei der Sozialleistung zu berücksichtigenden Einkommens oder Vermögens erforderlich ist (§ 45d EStG).

Ich versichere/Wir versichern*, dass mein/unser* Freistellungsauftrag zusammen mit Freistellungsaufträgen an andere Kreditinstitute, Bausparkassen, das BZSt usw. den für mich/uns* geltenden Höchstbetrag von insgesamt 801 €/1.602 €* nicht übersteigt. Ich versichere/Wir versichern* außerdem, dass ich/wir* mit allen für das Kalenderjahr erteilten Freistellungsaufträgen für keine höheren Kapitalerträge als insgesamt 801 €/1.602 €* im Kalenderjahr die Freistellung oder Erstattung von Kapitalertragsteuer in Anspruch nehme(n)*.

Die mit dem Freistellungsauftrag angeforderten Daten werden auf Grund von § 44a Abs. 2 und 2a, § 45b Abs.1 und § 45d Abs.1 EStG erhoben. Die Angabe der steuerlichen Identifikationsnummer ist für eine Übermittlung der Freistellungsdaten an das BZSt erforderlich. Die Rechtsgrundlagen für die Erhebung der Identifikationsnummer ergeben sich aus § 139a Absatz 1 Satz 1 2. Halbsatz AO, § 139b Ab- satz 2 AO und § 45d EStG. Die Identifikationsnummer darf nur für Zwecke des Besteuerungsverfahrens verwendet werden.

Unterschrift | ggf. Unterschrift Ehegatte/gesetzliche(r) Vertreter

* Nichtzutreffendes bitte streichen

Der Höchstbetrag von 1.602 € gilt nur bei Ehegatten, die einen gemeinsamen Freistellungsauftrag erteilen und bei denen die Voraussetzungen einer Zusammenveranlagung i. S. des § 26 Absatz 1 Satz EStG vorliegen. Der gemeinsame Freistellungsauftrag ist z. B. nach Auflösung der Ehe oder bei dauerndem Getrenntleben zu ändern. Erteilen Ehegatten einen gemeinsamen Freistellungsauftrag, führt dies am Jahresende zur Verrechnung der Verluste des einen Ehegatten mit den Gewinnen und Erträgen des anderen Ehegatten. Der gemeinsame Freistellungsauftrag kann nur für sämtliche Depots oder Konten bei einem Kreditinstitut oder einem anderen Auftragnehmer gestellt werden. Ein Widerruf des Freistellungsauftrags ist nur zum Kalenderjahresende möglich.

Abb. 4: Muster für einen neutralen Freistellungsauftrag.

für sie angelegt und immer wieder darauf eingezahlt. Inzwischen ist ein beachtliches Vermögen herangewachsen. In 2020 kann sie mit 400 € Zinsen rechnen. Im Herbst 2019 erteilte sie Freistellungsaufträge für 2020 in Höhe von insgesamt:

Zinserträge Hausbank	299,99 €
Zinserträge Bausparkasse	98,88 €
Zinserträge Postbank	377,77 €
Summe	776,64 €

Hausbank	301 €
Bausparkasse	100 €
Postbank	400 €
Summe	801 €

Anfang 2021 freut sie sich erneut. Von ihrer Hausbank, der Bausparkasse und der Postbank wurden ihr die Jahreszinsbescheinigungen für 2020 zugeschickt – alle Zinszahlungen (insgesamt 776,64 €) blieben steuerfrei.

Anfang April 2021 schickt der Hausverwalter Resi die Nebenkostenabrechnung 2020 für Ihre Eigentumswohnung. Erfreut stellt Resi fest, dass sie eine kleine Erstattung bekommt, und legt die Abrechnung zur Seite. Im Mai beschäftigt sich Resi dann mit ihrer Einkommensteuererklärung 2020 und stellt fest, dass der Hausverwalter ihr Zinseinnahmen in Höhe von 23,66 €, Kapitalertragsteuer 5,92 € und Solidaritätszuschlag 0,33 € bescheinigt hat. Sie fragt nach und erfährt, dass die Eigentümergemeinschaft im Laufe der Jahre eine stolze Rücklage für eventuell anfallende

Bei der Steuerfestsetzung wurde nachträglich der Teil des Sparer-Pauschbetrags berücksichtigt, den Sie bei den kontoführenden Instituten nicht in Anspruch genommen haben. Sie können das Besteuerungsverfahren vereinfachen, wenn Sie Ihr gesetzliches Freistellungsvolumen künftig so auf die kontoführenden Institute aufteilen, dass der Sparer-Pauschbetrag von 801 € (bei zusammenveranlagten Ehegatten 1.602 €) vollständig bzw. so weit wie möglich ausgeschöpft wird. Ausländische Steuer auf Einkünfte aus Kapitalvermögen konnte nicht angerechnet werden, weil diese Einkünfte nach Abzug des Sparer-Pauschbetrags und/oder der Verrechnung von Verlusten 0 € betragen. Der Höchstbetrag für sonstige Vorsorgeaufwendungen wurde bereits durch die Berücksichtigung Ihrer Beiträge zu Basiskranken- und gesetzlichen Pflegeversicherungen ausgeschöpft; ein darüber hinausgehender Abzug von sonstigen Vorsorgeaufwendungen ist daher nicht möglich.

Abb. 4a: Im Steuerbescheid gibt das Finanzamt gegebenenfalls eine konkrete Rückmeldung zum Freistellungauftrag.

Großreparaturen angespart hat. Dieses Geld hat der Hausverwalter zinsbringend angelegt. Anhand der Miteigentumsanteile hat der Verwalter Resis Anteil errechnet und bescheinigt. Kirchensteuer wurde nicht abgeführt. Der Verwalter erläutert Resi, er habe der Bank keine entsprechende Erklärung abgeben können, weil er als Verwalter ja gar nicht wisse, welcher Eigentümer kirchensteuerpflichtig sei. Auch ein Freistellungsauftrag sei nicht möglich. Resi muss also auch künftig selbst die Besteuerung dieser Zinsen überwachen.

Anhand der Bescheinigungen der drei Banken und der des Hausverwalters erklärt Resi auf der Anlage KAP (Musterformular → Seite 204 f.) ihre gesamten Zinseinnahmen von 800,30 € (776,64 € + 23,66 €). Weil ja bis zu 801 € Kapitalerträge steuerfrei sind, bekommt Resi vom Finanzamt eine Rückerstattung der gezahlten Kapitalertragsteuer nebst Solidaritätszuschlag in Höhe von immerhin 6,25 €.

→ **TIPP Prüfen lohnt sich**
Überprüfen Sie als Eigentümer einer Wohnung also Ihre jährliche Nebenkostenabrechnung genau. Vor allem bei größeren und älteren Wohnanlagen sind dort oft „versteckte" und bereits versteuerte Zinserträge zu finden.

Sie haben vergessen, bei einer oder mehreren Banken einen Freistellungsauftrag zu erteilen? Die Zinserträge waren höher als erwartet und der freigestellte Betrag zu niedrig? Der Anbieter hat – warum auch immer – Ihren Freistellungsauftrag nicht berücksichtigt? Alles kein Problem! Füllen Sie bei der Einkommensteuererklärung die **Anlage KAP** aus und beantragen Sie auch gleich die „Günstigerprüfung".

Seit 2018 gibt es außerdem noch die neue Anlage KAP-BET (→ Seite 206 f.). Dort tragen Sie Erträge und anrechenbare Steuern aus Beteiligungen ein. Diese werden gesondert und einheitlich festgestellt. Die ebenfalls neue Anlage **KAP-INV** (→ Seite 208) ist für Investmenterträge, die **nicht** der deutschen Besteuerung unterlegen haben. Wenn Sie in diesen beiden neuen Formularen Angaben einzutragen haben, müssen Sie **unbedingt** auch die Angaben zum Sparerpauschbetrag in **Anlage KAP,** Zeile 16 und 17 machen. Die Abgeltungssteuer beträgt grundsätzlich 25 % zuzüglich Solidaritätszuschlag und ggf. Kirchensteuer. Dieser Steuersatz ist nicht so in Stein gemeißelt wie oft vermutet wird. Auch und gerade wenn Sie höhere Zinserträge haben und die Banken Kapitalertragssteuer für Sie abgeführt haben, lohnt die Überprüfung bei Ihrer jährlichen Einkommensteuererklärung. Es kann für Sie niemals eine höhere Steuer entstehen, wohl aber eine niedrigere bis hin zur kompletten Erstattung. Mit der Günstigerprüfung (bei Angabe **aller** Kapitalerträge) berechnet das Finanzamt Ihren persönlichen Steuersatz aufgrund Ihres ZVE (→ Seite 17). Sollte dieser niedriger als 25 % sein, wäre eine „Tarifbesteuerung" für Sie günstiger. Die Folge ist dann eine entsprechende Steuerrückerstattung für Sie. Sollte die tarifliche Steuer höher als 25 % sein, passiert gar nichts, denn für Kapitalerträge ist die Steuer mit dem Abgeltungssteuersatz von 25 % „gedeckelt".

Aber beachten Sie: „Ganz oder gar nicht" lautet die Devise. Sie tragen „1" in **Zeile 4** des KAP-Formulars ein und beantragen somit auch gleich die Günstigerprüfung. Wenn Sie als Verheiratete eine gemeinsame Steuerklärung abgeben, müssen Sie beide eine Anlage KAP ausfüllen. **Alle** Kapitalerträge sind tatsächlich alle! „Vergessen" kann Ihnen als Steuerhinterziehung ausgelegt werden. Bedenken Sie, dass Sie mitunter von den Banken nur auf Anforderung (oft sogar nur gegen Gebühr) eine Jahres-Zins-Bescheinigung bekommen. Hilfreich ist, dass die meisten Steuerbescheinigungen bereits vorgeben, in welcher Zeile der Anlage KAP die jeweiligen Beträge einzutragen sind.

Zu den Kapitalerträgen zählen auch die im Ausland (etwa in Luxemburg oder der Schweiz) erwirtschafteten Zinsen, und zwar unabhängig davon, ob eventuell bereits ausländische Steuer wie beispielsweise „Quellensteuer" abgezogen wurde.

Wenn Sie ein Privatdarlehen ausgegeben haben und hierfür Zinsen erhalten, wurde noch keine Kapitalertragssteuer abgeführt – von wem auch? Gleichwohl müssen Sie dem Finanzamt entsprechende Angaben machen.

Banken, Versicherungen und Bausparkassen führten bis 2015 nur dann Kirchensteuer (zusätzlich zur Kapitalertragssteuer und Solidaritätszuschlag) auf Ihre Kapitalerträge ab, wenn Sie von Ihnen dazu beauftragt wurden. Meist haben Ihnen die Institute entsprechende Formulare vorgelegt. Wenn Sie keine Angaben gemacht haben, wurde auch keine Kirchensteuer einbehalten. In diesem Fall mussten Sie selbst über Ihre Einkommensteuererklärung die Kapitalerträge der Kirchensteuer unterwerfen. Ein entsprechendes Kreuzchen auf Anlage KAP war nötig. Seit 2015 rufen die Banken (ähnlich wie die Arbeitgeber) über ein Web-Portal die Informationen über Ihre Konfessionszugehörigkeit und den zu erhebenden Kirchensteuersatz ab. Diesbezüglich wurden Sie seinerzeit von den Banken informiert. In meist schwierig zu lesenden Schreiben wurden Sie auch auf Ihr Widerspruchsrecht hingewiesen. Sollten Sie tatsächlich Ihrer Bank mithilfe eines Sperrvermerks beim Bundeszentralamt für Steuern untersagt haben, die notwendigen Auskünfte einzuholen, kann diese keine Kirchensteuer für Sie abführen. In diesem Fall sind Sie nach wie vor selbst hierfür verantwortlich. „Schummeleien" sind nicht mehr möglich, denn es erfolgen entsprechende

Musterübersicht über Ihre erteilten Freistellungsaufträge

☒ ledig (Steuerfreibetrag 801 €)   ☐ verheiratet (Steuerfreibetrag 1.602 €)

BANK/SPARKASSE	ERTEILT AM	GÜLTIG BIS	HÖHE IN €

SUMME DER ERTEILTEN FREISTELLUNGSAUFTRÄGE	0,00 €
NOCH NICHT AUSGESCHÖPFTER FREISTELLUNGSBETRAG	801,00 €

„Kontrollabgleichungen". Sie kreuzen dann in **Zeile 6** auf Anlage KAP entsprechend an. In regelmäßigen Abständen wird von den Finanzämtern überprüft, ob Sie in der Summe nicht etwa zu hohe Freistellungsaufträge an Banken erteilt haben – also höher als 801 € (beziehungsweise 1.602 € bei Verheirateten). Das kann Ihnen tatsächlich schnell passieren, vor allem wenn Sie ein Konto bei einer Bank bestehen lassen, gleichwohl aber nicht mehr nutzen. Dann existiert dort eventuell noch ein nicht mehr benötigter Freistellungsauftrag. Sie haben inzwischen eine andere, weitere Bank und auch dieser einen Freistellungsauftrag erteilt. Das Finanzamt kann die Summe der erteilten Freistellungsaufträge ersehen, nicht aber unbedingt Ihre tatsächlichen Zinserträge. Es kommt durchaus vor, dass Sie nach mehreren Jahren aus genau diesem Grund plötzlich vom Finanzamt aufgefordert werden, rückwirkend für alle Jahre, die Kapitalerträge offenzulegen. Oft haben Sie dann gar keine Unterlagen mehr und die Beschaffung bei den Banken ist nicht nur lästig, sondern auch kostspielig.

→ TIPP Aufheben – das A und O

Da hilft nur – Freistellungsaufträge peinlich genau aufzeichnen (→ Musterliste siehe unten) und bei Bedarf ändern oder löschen. Belege stets sammeln, abheften und für mindestens zehn Jahre aufbewahren!

Wenn Sie nicht zur Abgabe einer Einkommensteuererklärung verpflichtet sind, lediglich aber eine Erstattung der gezahlten Kapitalertragsteuer vom Finanzamt haben möchten, gibt es noch eine andere Lösung für Sie: Die „Nichtveranlagungsbescheinigung" (NV-Bescheinigung, → Seite 55). Die Beantragung einer solchen Bescheinigung kommt für Sie immer dann infrage, wenn Sie insgesamt mit Ihrem ZVE so niedrig liegen, dass keine Steuerpflicht entsteht, Sie aber gleichwohl Kapitalerträge von mehr als 801 € (1.602 € bei Eheleuten) haben. Auf Seite 1 des Antrags auf Ausstellung einer NV-Bescheinigung (→ Seite 230 f.) tragen Sie allgemeine Angaben ein. Ihre voraussichtlichen Einnahmen und die wichtigsten Ausgaben für das kommende Jahr tragen Sie auf Seite 2 des Formblatts ein. Sie benötigen für jede Bank, Versicherung oder Bausparkasse eine eigene Original-Bescheinigung des Finanzamtes.

Die benötigte Anzahl tragen Sie deshalb auf Seite 1, Zeile 25 des Formblatts ein. Besser beantragen Sie eine mehr als eine zu wenig, denn es könnte ja sein, dass Sie demnächst bei einer weiteren Bank Geld anlegen wollen. So haben Sie dann bereits eine NV-Bescheinigung in Reserve. Auf der ersten Seite, Zeile 1 können Sie den Beginn der Gültigkeit Ihrer „NV-Bescheinigung" eintragen. Sprechen Sie vorher am besten mit Ihrem Bankberater darüber. Sie stellen beispielsweise

Finanzamt Arnsberg
Veranlagungsb
IdNr.
Steuernummer
(Bitte bei Rückfragen angeben)

.2018

Telefon
Telefax

Finanzamt, 59818 Arnsberg

Aktuell Lohnsteuerhilfe e.V.

NV-Bescheinigung

(Nichtveranlagungs-Bescheinigung)

gemäß § 44 a Abs. 2 Satz 1 Nr. 2

des Einkommensteuergesetzes (EStG)

als Empfangsbevollmächtigter für

frei für Eintragungen des Kreditinstituts

Ordnungsnummer

**Diese Bescheinigung gilt für Kapitalerträge, die zufließen in der Zeit
vom 01.01.2018 bis 31.12.2020.**

Frau

**wird hiermit bescheinigt, dass voraussichtlich für den o. a. Zeitraum eine Veranlagung zur
Einkommensteuer nicht in Betracht kommt.**

Der Widerruf dieser Bescheinigung bleibt vorbehalten.

Diese NV-Bescheinigung ist dem Finanzamt nach § 44a Abs. 2 EStG zurückzugeben,
1. wenn das Finanzamt sie zurückfordert,
2. wenn Sie erkennen, dass die Voraussetzungen für die Erteilung weggefallen sind
   (vgl. §§ 44 a Abs. 4 und 5 des Einkommensteuergesetzes - EStG -, § 11 Investment-
   steuergesetz - InvStG -).

Erläuterungen
1. Die Voraussetzungen für die Erteilung der Bescheinigung entfallen, wenn Sie nicht mehr
   unbeschränkt steuerpflichtig sind oder Ihre Einkommensverhältnisse sich so ändern, dass
   auch im Falle der Günstigerprüfung (§ 32 d Absatz 6 EStG) eine Steuer entsteht. In diesem Fall
   sind Sie verpflichtet, die ausgestellte NV-Bescheinigung an das Finanzamt zurück zu geben.

   Die NV - Bescheinigung ist ferner zurückzugeben, wenn Sie während der Geltungsdauer der
   Bescheinigung heiraten. Verstirbt ein Ehegatte, bleibt eine für die Ehegatten erteilte
   NV-Bescheinigung noch für solche Kapitalerträge wirksam, bei denen die alleinige Gläubiger-
   stellung des verwitweten Ehegatten feststeht, und ist erst im Folgejahr zurückzugeben.

2. Sollten Sie Ihren Wohnsitz wechseln, so teilen Sie bitte dem Finanzamt, das diese Bescheinigung ausgestellt hat (vgl. oben links), Ihre neue Anschrift unter Angabe der Ordnungs-Nr./
   IdNr. dieser Bescheinigung mit.

3. Das Bundeszentralamt für Steuern ist berechtigt, die Höhe Ihrer Kapitalerträge dem für Sie
   zuständigen Finanzamt und den Sozialleistungsträgern mitzuteilen.

   Diese Bescheinigung wurde mit Hilfe einer Datenverarbeitungs-Anlage erstellt. Sie ist ohne
   Unterschrift gültig.(§ 119 Absatz 3 Abgabenordnung).

NV 1 B

***** Fortsetzung siehe Seite 2 *****

Abb. 5: Muster Nichtveranlagungsbescheinigung.

erst im Oktober den Antrag auf eine NV-Bescheinigung beim Finanzamt. Nach einer Bearbeitungszeit von vier Wochen bekommen Sie die Bescheinigungen Ende November vom Finanzamt zugeschickt.

 FINANZEN

Werbungskosten

In der Regel ist bei den Zinserträgen kein Abzug von „Werbungskosten" (→ Seite 105) mehr möglich – anders, als Sie es vielleicht aus der Vergangenheit noch in Erinnerung haben. Mit der Einführung der Abgeltungssteuer wurden seinerzeit der „Sparerfreibetrag" 750 € und der „Werbungskostenpauschbetrag" 51 € zum Steuerfreibetrag in Höhe von 801 € (1.602 € gemeinsamer Freibetrag für Verheiratete) zusammengefasst. Von dieser Regel gibt es nur ein paar ganz wenige Ausnahmen.

Sie müssen diese dann **im Original** an all Ihre Banken weiterleiten. Bis diese dann bei den Banken im Dezember bearbeitet wurden, ist eine Berücksichtigung für das laufende Jahr möglicherweise zu spät. Also tragen Sie in diesem Fall in **Zeile 1** sofort das Folgejahr ein. Das bedeutet für Sie leider, nochmals eine Einkommensteuererklärung für das laufende Jahr zu machen. Dann gilt die NV-Bescheinigung auch ein Jahr länger, denn die Finanzämter stellen die Bescheinigungen meist für drei Jahre aus (→ Muster Seite 55). Rechtzeitig bevor Ihre NV-Bescheinigung ausläuft, beantragen Sie einfach eine neue. Tragen Sie sich diesen wichtigen Termin am besten in Ihrem Jahreskalender, als Erinnerung im PC oder Handy ein! In **Zeile 21** auf Seite 1 des Formulars machen Sie dann die Angaben zu der alten, ablaufenden NV-Bescheinigung.

→ TIPP Antrag auf NV-Bescheinigung
Das Formular können Sie beim Bundesministerium für Finanzen im Internet ausfüllen, als PDF herunterladen und ausdrucken (www.formulare-bfinv.de, „Formularcenter; Formulare von A-Z"; „N" Nichtveranlagungsbescheinigung für natürliche Personen – NV 1 A; Formular-ID: 034042_08). Sie bekommen es auch beim Finanzamt – manchmal sogar bei Ihrer Bank. Das Formular ist von Ihnen (und Ihrem Ehepartner) eigenhändig zu unterschreiben. Als Ehepaar benötigen Sie nur einen gemeinsamen Antrag. Sie finden das Musterformular auch im Anhang auf Seite 230/231.

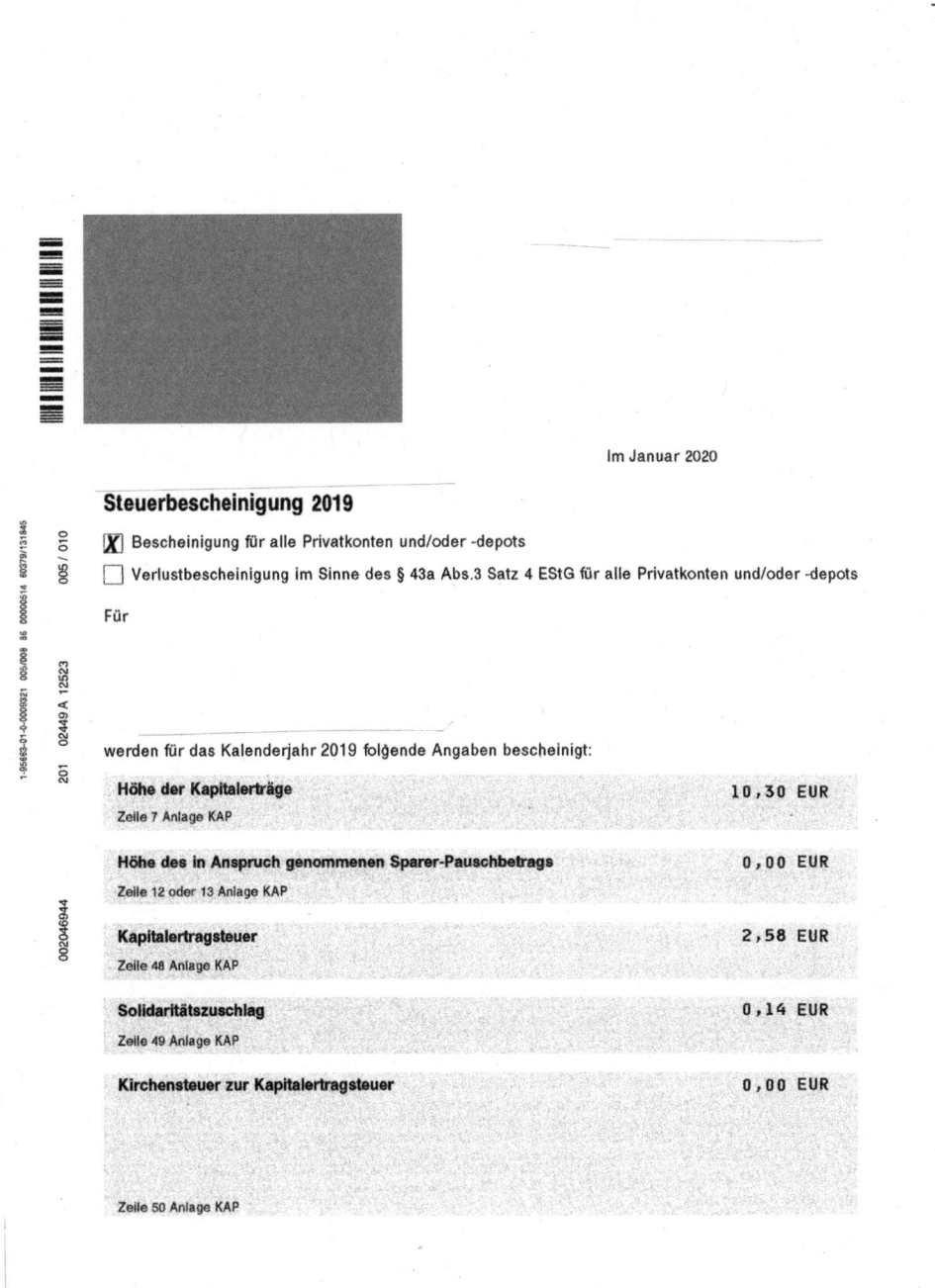

Im Januar 2020

Steuerbescheinigung 2019

☒ Bescheinigung für alle Privatkonten und/oder -depots

☐ Verlustbescheinigung im Sinne des § 43a Abs.3 Satz 4 EStG für alle Privatkonten und/oder -depots

Für

werden für das Kalenderjahr 2019 folgende Angaben bescheinigt:

Höhe der Kapitalerträge   10,30 EUR
Zeile 7 Anlage KAP

Höhe des in Anspruch genommenen Sparer-Pauschbetrags   0,00 EUR
Zeile 12 oder 13 Anlage KAP

Kapitalertragsteuer   2,58 EUR
Zeile 48 Anlage KAP

Solidaritätszuschlag   0,14 EUR
Zeile 49 Anlage KAP

Kirchensteuer zur Kapitalertragsteuer   0,00 EUR

Zeile 50 Anlage KAP

Abb. 5a: Muster: Steuerbescheinigung, Kapitalerträge (2020 lag bei Drucklegung noch nicht vor.)

→ **LESETIPP**

Mehr Informationen gibt es im Ratgeber
„Steuererklärung für private Vermieter":
www.ratgeber-verbraucherzentrale.de

Sie sind
ernsthafter Vermieter?

Die sechste und vorletzte Einkunftsart „Vermietung und Verpachtung" beleuchten wir hier nur kurz. Mehr Infos → Lesetipp links unten im Bild.

Wenn Sie ein Grundstück (ausgenommen landwirtschaftliche Flächen), Eigentumswohnungen, ein Haus, Garagen oder auch nur einen Gebäudeteil (etwa Kellerräume) vermieten, sind Ihre Einkünfte steuerpflichtig. Auch die Einnahmen aus **Erbbauzinsen** gehören dazu, so §21 EStG:

> „Einkünfte aus Vermietung und Verpachtung sind:
> 1. Einkünfte aus Vermietung und Verpachtung von unbeweglichem Vermögen, insbesondere von Grundstücken, Gebäuden, Gebäudeteilen [...] und Rechten [...] (z.B. Erbbaurecht [...])."

Füllen Sie dazu das Formular **Anlage V** aus. Sie finden es als Download unter www.formulare-bfinv.de. Für jedes vermietete Objekt füllen Sie eine gesonderte Anlage V aus. An dieser Stelle werden nur Vermietungen von **unbeweglichem** Vermögen erfasst, eben Immobilien. (Die gelegentliche Vermietung von **beweglichen** Gegenständen wird als „sonstige Einkunft" betrachtet → Seite 61.)

Sie sind jedoch kein Vermieter, wenn Sie lediglich eine Aufwandsentschädigung erhalten. Sie sollten rechtzeitig und peinlich genau diese Frage klären. Steuerrechtlich muss ein Vermieter stets eine „Einkunftserzielungsabsicht" haben: Er will – zumindest langfristig – ein Plus aus der Vermietung erwirtschaften. Mag sein, dass es nicht immer gelingt; allein die Absicht zählt für den Fiskus. Wenn diese Absicht fehlt, haben Sie keine steuerrechtlichen Einkünfte aus Vermietung. Insbesondere wenn Sie an nahe Angehörige vermieten, wird das Finanzamt die Einkunftserzielungsabsicht genau prüfen. Die Folge ist recht einfach – wenn Sie nicht „vermieten", können Sie auch keine Vermietungsverluste geltend machen.

Welche sonstigen Einkünfte haben Sie?

In diesem Kapitel beschreiben wir, was alles zu den sonstigen Einkünften zählt – auch Ihre gesetzliche Rente – und wie die Rentenfreibeträge ermittelt werden.

In der 7. und letzten Einkunftsart (→ Seite 15) ist unter dem Oberbegriff „sonstige Einkünfte" alles zusammengefasst, was auch noch der Besteuerung unterliegt, beispielsweise:

„§ 22 EStG Arten der sonstigen Einkünfte
Sonstige Einkünfte sind [...]
1.a) aa) Leibrenten und andere Leistungen, die aus der gesetzlichen Rentenversicherung, den landwirtschaftlichen Alterskassen, den berufsständischen Versorgungseinrichtungen [...]
bb) [...] bei denen in den einzelnen Bezügen Einkünfte aus Erträgen des Rentenrechts enthalten sind. Auf Antrag auch für Leibrenten [...] bis 31.12.2004 [...].
Der Ertrag des Rentenrechts (Ertragsanteil) ist aus der nachstehenden Tabelle zu entnehmen.

1a. Einkünfte aus Unterhaltsleistungen, soweit sie nach § 10 (1) Nr.1 vom Geber abgezogen werden können [...]

2. Einkünfte aus privaten Veräußerungsgeschäften im Sinne des § 23.[...]

3. [...] Einkünfte aus gelegentlichen Vermittlungen und aus der Vermietung beweglicher Gegenstände. Solche Einkünfte sind nicht einkommensteuerpflichtig, wenn sie weniger als 256,- € im Kalenderjahr betragen haben. Übersteigen die Werbungskosten die Einnahmen, so darf der übersteigende Betrag bei der Ermittlung des Einkommens nicht ausgeglichen werden [...]. [...]

5. Leistungen aus Altersvorsorgeverträgen [...]."

Rente ist nicht gleich Rente

Fast alle Renten werden Ihnen als „Brutto-Renten" bescheinigt, jedoch als „Netto-Renten" überwiesen. In der Regel wird vom Rententräger für Sie Kranken- und Pflegeversicherung einbehalten. Diese gezahlten Beiträge sind steuerlich „Sonderausgaben" (→ Seite 108, Sonderausgaben) und als solche auf der Anlage Vorsorgeaufwand einzutragen. Zur Berechnung der steuerpflichtigen Rentenanteile gehen Sie stets von den Brutto-Renten-Werten aus.

Gesetzliche Renten

Bei der Papier-Steuererklärung werden alle Eintragungen zu diesen Renten in der **Anlage R** (Musterformular → Seite 210 f.) gemacht. Ehepartner füllen jeweils ein eigenes Formular R aus. Mit der ersten Rubrik sind, vereinfacht ausgedrückt, die „normalen" gesetzlichen Renten gemeint. Während der langen Jahre Ihrer Berufstätigkeit haben Sie und Ihr Arbeitgeber die Beiträge zur Rentenversicherung jeweils zur Hälfte einbezahlt. Bis 2005 waren diese Renten bei der Auszahlung meist steuerfrei. Ab 2005 werden nun auch diese Renten besteuert, und zwar schrittweise bis zum Jahr 2040 nach dem sogenannten **Kohortenprinzip**. Eine „Kohorte" war einst eine militärische Einheit im antiken Römischen Reich – eine genau definierte geschlossene Gruppe von Kriegern. Die Einteilung der Rentner erfolgt auch in Einheiten. Die erste Kohorte bilden die Rentner, die bereits vor oder in 2005 Rente bezogen haben. Die zweite Kohorte sind die Rentner mit Rentenbeginn 2006, die dritte Kohorte die „Neurentner" aus dem Jahr 2007 usw. bis 2040 (→ Tabelle Seite 65).

Durch dieses ausgefeilte System sollen stufenweise auch die gesetzlichen Renten der „nachgelagerten Besteuerung" unterworfen werden. Nachgelagert bedeutet, die Besteuerung erfolgt jeweils in dem Jahr, in dem die Beträge auch zur Auszahlung kommen. Ähnlich wie der Versorgungsfreibetrag der Pensionen (→ Seite 45) abgeschmolzen wird, wird bei den gesetzlichen Renten der Besteuerungsanteil jährlich um ein bis zwei Prozentpunkte erhöht. Durch das Kohortenprinzip wird – abhängig vom Jahr des Rentenbeginns – Ihr steuerfreier Anteil der Rente ermittelt. Für die Rentner mit Rentenbeginn in 2005 (oder früher) bleiben 50 Prozent der gesetzlichen Rente frei – und zwar bis zum Ende dieser Rentenzahlungen. Eine Rentner-Kohorte hat also jeweils den Prozentsatz des steuerpflichtigen Rentenanteils gemeinsam. Diesen Besteuerungsanteil sehen Sie in der Tabelle (→ Seite 65). Die Rentner-Kohorte 2040 muss demnach die Rente zu 100 Prozent der Steuer unterwerfen. Die steuerfreien

Beträge werden sozusagen bis zum Ende der Rentenzahlungen „eingefroren". Sie werden anteilig sogar weitergeführt bei Hinterbliebenenrenten (Witwer-/Witwenrenten). Jahr des Rentenbeginns ist dann jeweils das Jahr, in dem die Ursprungsrente begonnen hat.

BEISPIEL:

- Rentenbeginn 2003 (Kohorte 2005) mit Rentenzahlung in 2005: 18.000 € x 50 % = steuerpflichtiger Anteil 9.000 €; steuerfreier Anteil somit auch 9.000 €.
- Rentenbeginn 1.1.12 (Kohorte 2012) mit Rentenzahlung in 2012: 18.000 € x 64 % = steuerpflichtiger Anteil 11.520 €; somit steuerfreier Anteil nur noch 6.480 €.
- Rentenbeginn 1.1.19 (Kohorte 2019) mit Rentenzahlung in 2019: 18.000 € x 78 % = steuerpflichtiger Anteil 14.040 €; somit steuerfreier Anteil nur noch 3.960 €.

Sobald Sie wissen, welcher Rentner-Kohorte Sie angehören, können Sie Ihren persönlichen Freibetrag ermitteln. Die Rentenerhöhungen unterliegen einer besonderen Berechnung. Es hilft leider gar nicht, anhand Ihrer Kontoauszüge die ausgezahlte Rente zu ermitteln. Sie benötigen den Brutto-Rentenbetrag und noch etliche weitere Angaben.

Ab 2020 ist das Formular „R" neu gestaltet worden. Dort werden nur noch die gesetzlichen Renten aus der gesetzlichen Rentenversicherung, der landwirtschaftlichen Alterskasse und den berufsständischen Versorgungseinrichtungen eingetragen. Hinzu kommen eigene, zertifizierte Basisrentenverträge (Rürup-Verträge) sowie sonstige private Leibrenten aus dem Inland (→ Seite 69).

Für derartige **Renten aus dem Ausland** gibt es das neue Formular R-AUS (→ Seite 212). Dieses Formblatt ähnelt dem Formular „R" – allerdings sind keine Felder grün hinterlegt. Das bedeutet, es werden keine Zahlen elektronisch an das Finanzamt übermittelt.

Wenn Sie sich von Ihrer Rentenanstalt alljährlich eine Bescheinigung für die Steuer zuschicken lassen (→ Abbildung Seite 66 f.), haben Sie es mit den Eintragungen bei der Steuererklärung recht einfach. Die Bescheinigungen von den gesetzlichen Rentenversicherungsträgern erhalten Sie beim ersten Mal nur auf Anforderung. Das kostet Sie einmalig etwas Mühe, weil für jede Rente eine eigene Bescheinigung geordert werden muss; beispielsweise Witwenrente bei der Bundesknappschaft, eigene gesetzliche Rente bei der Deutschen Rentenversicherung Westfalen usw. Sie können die Bescheinigung telefonisch, meist über eine 0800er-Hotline, oder per E-Mail anfordern. Wenn aber einmal Ihre Bestellung der Jahresbescheinigung für die Steuer korrekt bearbeitet wurde, erfolgt die Zusendung in den Folgejahren in der Regel reibungslos. Der Aufwand lohnt sich, denn auf der Jahresbescheinigung für das Finanzamt sind Art der Rente, Rentenbeginn, Jahresbruttorente, Anpassungsbetrag, Kranken- und Pflegekassenbeiträge aufgeführt. Es werden Ihnen sogar die entsprechenden Zeilen in der Anlage R zur Eintragung bei der Steuererklärung „mitgeliefert". Es gibt noch weitere Rentenbescheinigungen, die mitunter irrtümlich verschickt werden. Die sind jedoch für Ihre Steuererklärung wenig hilfreich: Sie benötigen die „Mitteilung zur Vorlage beim Finanzamt".

→ **TIPP Deutsche Rentenversicherung**
Informationen zu Ihrer persönlichen Rente erhalten Sie unter 0 800/10 00 48 00 (kostenloses Servicetelefon), im Internet: www.deutsche-renten-versicherung.de oder per E-Mail: info@deutsche-rentenversicherung.de

Steuerpflichtiger Anteil gesetzl. Renten („Kohortentabelle")

JAHR DES RENTENBEGINNS	BESTEUERUNGS-ANTEIL IN %
bis 2005	50
ab 2006	52
2007	54
2008	56
2009	58
2010	60
2011	62
2012	64
2013	66
2014	68
2015	70
2016	72
2017	74
2018	76
2019	78
2020	80
2021	81
2022	82

→ Fortsetzung

JAHR DES RENTENBEGINNS	BESTEUERUNGS-ANTEIL IN %
2023	83
2024	84
2025	85
2026	86
2027	87
2028	88
2029	89
2030	90
2031	91
2032	92
2033	93
2034	94
2035	95
2036	96
2037	97
2038	98
2039	99
2040	100

Für die Jahre bis einschließlich 2020 steigt der Besteuerungsanteil also um jeweils 2 %. Ab 2021 ist es jeweils 1 %.

Versicherungsnummer   Abt.-Nr.

**Deutsche
Rentenversicherung**

Westfalen

Deutsche Rentenversicherung Westfalen, 48125 Münster

Die Geschäftsführung
Leistungsabteilung

Januar 2020

**Mitteilung zur Vorlage beim Finanzamt
Leistungen aus der gesetzlichen Rentenversicherung im Jahr 2019**

Sehr geehrte

Sie erhalten hiermit eine Aufstellung über die Leistungen aus der
gesetzlichen Rentenversicherung im **Jahr 2019**, die Ihnen beim Ausfüllen
Ihrer Einkommensteuererklärung helfen soll. Diese Daten haben wir auch
der Zentralen Zulagenstelle für Altersvermögen (ZfA) mitgeteilt. Dazu
sind wir gesetzlich verpflichtet (§ 22a Einkommensteuergesetz - EStG).
Von der ZfA werden die Daten an die zuständige Landesfinanzverwaltung
übermittelt.

Anspruch auf Altersrente für Frauen

mit einem Rentenbeginn am 01.05.1998
(einzutragen in die Anlage R, Zeile 7)

Rentenbetrag einschließlich Einmalzahlung   7.135,56 EUR
(einzutragen in die Anlage R, Zeile 5)

im Rentenbetrag enthaltener Rentenanpassungsbetrag   1.405,56 EUR
(einzutragen in die Anlage R, Zeile 6)

Beiträge zur Kranken- und Pflegeversicherung können steuermindernd
geltend gemacht werden. Die Höhe der vom Rentenversicherungsträger
aus der Rente einbehaltenen Beitragsanteile zur Kranken- und
Pflegeversicherung haben wir ebenfalls der ZfA zur Weiterleitung an
die zuständige Landesfinanzverwaltung mitgeteilt. Dazu sind wir nach
dem Bürgerentlastungsgesetz verpflichtet.

Folgende Beitragsanteile zur gesetzlichen Krankenversicherung haben wir
an die ZfA gemeldet:

Geleistete Beiträge zur Krankenversicherung
von 01.2019 bis 12.2019   561,32 EUR
(einzutragen in die Anlage Vorsorgeaufwand, Zeile 16)

                                                          Seite 02

Abb. 6: Leistungen aus der gesetzlichen Rentenversicherung, Fortsetzung nächste Seite.
Eine Bescheinigung von 2020 lag bei Drucklegung noch nicht vor.

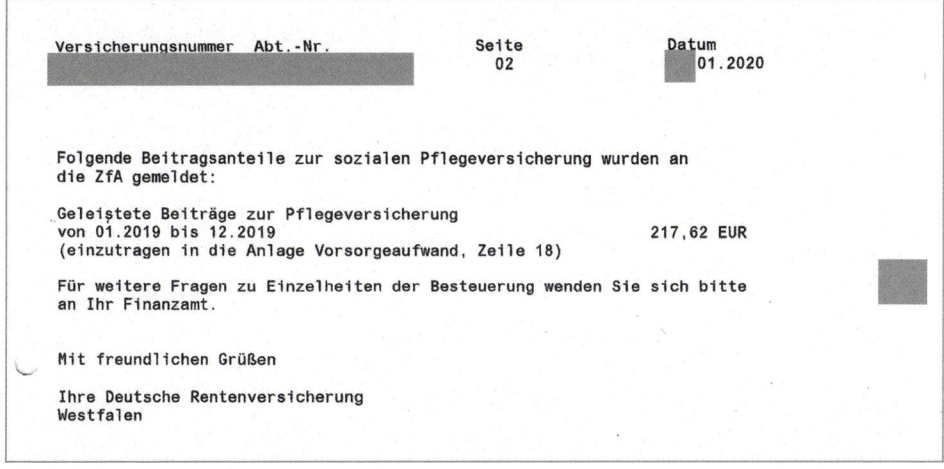

Beachten Sie bitte, dass Rentennachzahlungen für mehrere Jahre anders versteuert werden. Wenn Ihnen beispielsweise rückwirkend für mehrere Jahre eine Erwerbsminderungsrente bewilligt wird, sind mitunter auch in den Vorjahren Korrekturen vorzunehmen. Oft wird Ihnen nur ein Teil der Rentennachzahlung überwiesen. Zu viel gezahltes Arbeitslosen- oder Krankengeld der vergangenen Jahre verlangen Arbeitsamt und Krankenkasse zurück. Eine Verrechnung erfolgt meist direkt mit der Rentenstelle. Die Berichtigung, also anstatt der bisher berücksichtigten Progressionsleistungen Arbeitslosen- beziehungsweise Krankengeld nunmehr Rentenzahlungen, wird schnell übersehen und ist tatsächlich mühselig zu berechnen. Rentenbeginn (zur Ermittlung der Kohorte) ist dann auf jeden Fall das rückliegende Jahr, für das **erstmalig** die Rente bewillig wurde. Im Zweifel sollten Sie wirklich fachkundige Hilfe in Anspruch nehmen.

Zertifizierte Basisrenten (Rürup-Renten)

Die eigenen zertifizierten Basisrentenverträge, sogenannte Rürup-Renten, sind vollständig von Ihnen selbst finanziert worden und werden dennoch exakt so versteuert wie eine gesetzliche Rente – wie zuvor beschrieben. Zertifizierte Basisrentenverträge werden in der Regel von Selbstständigen, nicht rentenversicherungspflichtigen Berufstätigen zur privaten Altersversorgung abgeschlossen. Über die Zertifizierung stellt der Gesetzgeber sicher, dass die Ansparungen ausschließlich für die Sicherung im Alter genutzt werden. Es kann sich durchaus lohnen, auch noch einige wenige Jahre vor Rentenbeginn in eine Rürup-Rente einzuzahlen. Die Beträge sind als Sonderausgaben steuermindernd absetzbar. Bis 2014 war der jährliche steuerlich zu berücksichtigende Höchstbetrag auf 20.000 € pro Steuerpflichtigem begrenzt. Zwischenzeitlich steigt der Höchstbetrag alljährlich an, weil er ab 2015 an die Beitragsbemessungsgrenze der knappschaftlichen Rentenversicherung gekoppelt wurde. 2020 konnte ein Ehepaar maximal 50.092 € einzahlen. Davon wurden maximal 90 % als absetzbare Sonderausgaben/Altersvorsorgeaufwendungen anerkannt, das waren immerhin 45.082 €, die Ihr ZVE (zu versteuerndes Einkommen) mindern. Bis 2025 wird sich der Höchstbetrag gewiss weiter erhöhen und auch der maximal absetzbare Prozentsatz in Stufen auf 100 Prozent ansteigen. Bei einer so großzügigen steuerlichen Förderung während der Ansparphase ist im Gegenzug die nachgelagerte Besteuerung bei der Auszahlung vom Steuerpflichtigen hinzunehmen. Der Vorteil bei dieser Rente liegt darin, dass der persönliche Steuersatz in der Ansparphase, also während der Berufstätigkeit, meist deutlich höher ist. Wird dann später die Rürup-Rente ausgezahlt, sind häufig die Einkünfte viel geringer und somit auch der persönliche Steuersatz (→ Seite 16, Progression). Egal wie sehr der Steuervorteil lockt, Sie sollten auch all die anderen Bedingungen dieser Verträge genau prüfen und mit Ihrer persönlichen Situation abstimmen. Auch für Ihre Rürup-Renten-Auszahlungen bekommen Sie von dem Anbieter alljährlich eine entsprechende Bescheinigung, die Sie in der Anlage R Ihrer Steuererklärung eintragen müssen.

 **ACHTUNG**

Nicht alles ist „Basis"

Bei Weitem nicht jede privat abgeschlossene Rente ist eine zertifizierte Basis-Rente (Rürup-Rente) im Sinne des Steuerrechts. Häufig bieten Versicherungsgesellschaften „normale" Lebensversicherungen auf Rentenbasis mit ähnlichen Begriffen an, zum Beispiel „Basis Zusatzrente", „private Altersrente".

Wenn Sie Ihre Steuererklärung in Papierform beim Finanzamt einreichen, füllen Sie für jeden Ehegatten eine eigene Anlage R (Muster → Seite 210) aus.

Sie können durchaus mehrere (gesetzliche) Renten mit sogar unterschiedlichem Rentenbeginn haben. Tragen Sie all diese Renten in **einer Anlage R, Zeilen 4 bis 12** ein.

Ausländische Renten werden im Formular **R-AUS** in die **Zeilen 4 bis 13** eingetragen.

Wenn Sie den steuerpflichtigen Teil all Ihrer gesetzlichen Renten errechnet haben, tragen Sie die entsprechenden Werte in Ihre ZVE-Tabelle (→ Seite 20/21) für beide Ehegatten getrennt ein. Sollten Sie mehrere gesetzliche Renten erhalten, können Sie die steuerpflichtigen Werte zusammenfassen.

Private Renten

Die zweite Rentenrubrik sind die **privaten Renten**. Sie werden eben nicht von den gesetzlichen Rentenkassen, sondern von privaten Anbietern ausgezahlt. Das sind meist Versicherer oder sogenannte Zusatzversorgungskassen. Die jeweiligen Anbieter senden Ihnen alljährlich eine Jahresbescheinigung zu. In der Regel sind die Bescheinigungen bereits so gestaltet, dass Sie mühelos die Eintragungen in der Steuererklärung vornehmen können. Die Eintragungen erfolgen auf der **Anlage R**, Seite 1, **Zeilen 13 bis 18**. Derartige Renten aus dem Ausland werden im Formular **R-AUS** in die **Zeilen 14 bis 20** eingetragen.

Mit „privaten Renten" sind Renten gemeint, die der Steuerpflichtige – also Sie – vollständig selbst finanziert hat, und zwar **ohne** staatliche Förderung oder Arbeitgeberbeteiligung. Das sind unter anderem Unfallrenten, Berufsunfähigkeitsrenten und ausgezahlte Lebensversicherungen auf Rentenbasis.

Bitte verwechseln Sie nicht die private Unfallrente mit Renten der Berufgenossenschaft – diese sind nämlich komplett steuerfrei (→ Seite 99).

Im Gegensatz zu den gesetzlichen Renten wird in diesen Fällen nur der erheblich geringere „Ertragsanteil" von 1 % bis 59 % der Steuer unterworfen. **Je älter Sie bei Renteneintritt sind, desto weniger wird von Ihrer privaten Rente versteuert.** Wenn Sie beispielsweise mit 63 Jahren in Rente gehen, beträgt der Ertragsanteil 20 %. Bei einer Jahresrente von 24.000 € werden also 4.800 € besteuert. Ist Ihr Rentenbeginn erst mit 67

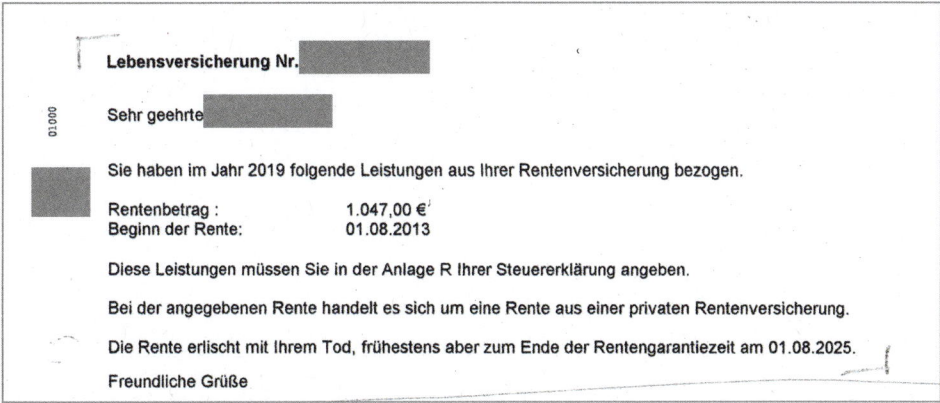

Lebensversicherung Nr.

Sehr geehrte

Sie haben im Jahr 2019 folgende Leistungen aus Ihrer Rentenversicherung bezogen.

Rentenbetrag : 1.047,00 €
Beginn der Rente: 01.08.2013

Diese Leistungen müssen Sie in der Anlage R Ihrer Steuererklärung angeben.

Bei der angegebenen Rente handelt es sich um eine Rente aus einer privaten Rentenversicherung.

Die Rente erlischt mit Ihrem Tod, frühestens aber zum Ende der Rentengarantiezeit am 01.08.2025.

Freundliche Grüße

Abb. 7: Muster für Bescheinigung private Rente. Vordruck für 2020 lag bei Drucklegung noch nicht vor.

Ausdruck der elektronischen Lohnsteuerbescheinigung für 2019

Nachstehende Daten wurden maschinell an die Finanzverwaltung übertragen

			EUR, Ct.
1.	Bescheinigungszeitraum	01. 01. - 31. 12.	
2.	Zeiträume ohne Anspruch auf Arbeitslohn	Anzahl "U":	
	Großbuchstaben (S, M, F, FR)		
3.	Bruttoarbeitslohn einschl. Sachbezüge o. 9. und 10.		835,52
4.	Einbehaltene Lohnsteuer von 3.		0,00
5.	Einbehaltener Solidaritätszuschlag von 3.		0,00
6.	Einbehaltene Kirchensteuer des Arbeitnehmers von 3.		0,00
7.	Einbehaltene Kirchensteuer des Ehegatten/Lebenspartners von 3. (nur bei Konfessionsverschiedenheit)		
8.	in 3. enthaltene Versorgungsbezüge		835,52
9.	Ermäßigt besteuerte Versorgungsbezüge für mehrere Kalenderjahre		
10.	Ermäßigt besteuerter Arbeitslohn für mehrere Kalenderjahre (ohne 9.) und ermäßigt besteuerte Entschädigungen		
11.	Einbehaltene Lohnsteuer von 9. und 10.		
12.	Einbehaltener Solidaritätszuschlag von 9. und 10.		
13.	Einbehaltene Kirchensteuer des Arbeitnehmers von 9. und 10.		
14.	Einbehaltene Kirchensteuer des Ehegatten/Lebenspartners von 9. und 10. (nur bei Konf.verschiedenheit)		
15.	Kurzarbeitergeld, Zuschuss zum Mutterschaftsgeld, Verdienstausfallentschädigung (Infektionsschutzgesetz), Aufstockungsbetrag und Altersteilzeitzuschlag		
16.	Steuerfreier Arbeitslohn nach	a) Doppelbesteuerungsabkommen (DBA)	
		b) Auslandstätigkeitserlass	
17.	Steuerfreie Arbeitgeberleistungen für Fahrten zwischen Wohnung und erster Tätigkeitsstätte		0,00
18.	Pauschal besteuerte Arbeitgeberleistungen für Fahrten zwischen Wohnung und erster Tätigkeitsstätte		0,00
19.	Steuerpflichtige Entschädigungen und Arbeitslohn für mehrere Kalenderjahre, die nicht ermäßigt besteuert wurden in 3. enthalten		
20.	Steuerfreie Verpflegungszuschüsse bei Auswärtstätigkeit		
21.	Steuerfreie Arbeitgeberleistungen bei doppelter Haushaltsführung		
22.	Arbeitgeberanteil/ -zuschuss	a) zur gesetzlichen Rentenversicherung	
		b) an berufsständische Versorgungseinrichtungen	
23.	Arbeitnehmeranteil	a) zur gesetzlichen Rentenversicherung	
		b) an berufsständische Versorgungseinrichtungen	
24.	Steuerfreie Arbeitgeberzuschüsse	a) zur gesetzlichen Krankenversicherung	
		b) zur privaten Krankenversicherung	
		c) zur gesetzlichen Pflegeversicherung	
25.	Arbeitnehmerbeiträge zur gesetzlichen Krankenversicherung		
26.	Arbeitnehmerbeiträge zur sozialen Pflegeversicherung		
27.	Arbeitnehmerbeiträge zur Arbeitslosenversicherung		
28.	Beiträge zur privaten Kranken- und Pflege-Pflichtversicherung oder Mindestvorsorgepauschale		
29.	Bemessungsgrundlage für den Versorgungsfreibetrag zu 8.		22.700,21
30.	Maßgebendes Kalenderjahr des Versorgungsbeginns zu 8. und/oder 9.		2005
31.	Zu 8. Bei unterjähriger Zahlung: Erster und letzter Monat, für den der Versorgungsbezug gezahlt wurden		
32.	Sterbegeld; Kapitalauszahlungen/ Abfindungen und Nachzahlungen von Versorgungsbezügen - in 3. und 8. enthalten		
33.	Ausgezahltes Kindergeld		--
34.	Freibetrag DBA Türkei		
35.			
36.			
37.			
38.			
39.			
	Finanzamt, an das die Lohnsteuer abgeführt wurde Essen-Süd		5112

Korrektur/Stornierung:
Datum:
eTIN:
Identifikationsnummer:
Personalnummer:
Geburtsdatum:
Strasse:
PLZ und Ort:
Transferticket:

Dem Lohnsteuerabzug wurden im letzten Lohnzahlungszeitraum zugrunde gelegt:
Steuerklasse/Faktor
3

Zahl der Kinderfreibeträge
0,0

Steuerfreier Jahresbetrag

Jahreshinzurechnungsbetrag

Kirchensteuermerkmale
rk / --

Anschrift und Steuernummer des Arbeitgebers:
Steuernummer:
Firma

Essen, den
Sachbearbeiter:
Telefon:

Abb. 8: Muster Betriebsrente, Zeile 8, → auch Seite 41. Version für das Kalenderjahr 2020 lag bei Drucklegung noch nicht vor. (Hinweis: Auf dieser Bescheinigung sind geldwerte Vorteile für verbilligt bezogenen Strom versteuert.)

Jahren, so sinkt der zu versteuernde Ertragsanteil auf 17 %; das entspricht bei der Jahresrente von 24.000 € dann nur noch 4.080 €.

Der Ertragsanteil wird nach versicherungsmathematischen Berechnungen ermittelt und kann in der nachfolgenden Tabelle leicht abgelesen werden.

Das Ergebnis Ihrer Ertragsanteile tragen Sie in der Tabelle ZVE (→ Seite 20/21) getrennt für jeden Ehegatten ein. Sollten Sie mehrere private Renten bekommen, können Sie Ihre steuerpflichtigen Ertragsanteile selbstverständlich addieren.

Wenn dann diese Renten später ausgezahlt werden – sei es als „Einmalzahlung" oder monatliche Zusatzsatzrente –, hält der Fiskus die Hände auf und begehrt die Versteuerung sozusagen nachträglich. Bei Einmalauszahlungen sofort im Jahr der Auszahlung; bei jährlichen Zahlungen eben jährlich und zwar in voller Höhe. Sie erhalten also kein wirkliches Steuergeschenk, sondern vielmehr eine zeitliche Verschiebung der Steuerzahlung. Der Gedanke dahinter: Meist ist der Steuersatz aufgrund der geringeren Einkünfte im Rentenalter niedriger als in den Jahren der aktiven Berufstätigkeit (→ Seite 17, Progression).

Altersvorsorgeverträge, Direktversicherungen

Auch diese „Zusatzrenten" werden **nachgelagert besteuert** (→ Seite 60). Das bedeutet im Grunde genommen, dass Ihnen ein Aufschub der Steuerzahlungen gewährt wird. In der aktiven Ansparphase zahlen Sie in die Versicherungen ein. Teilweise leistet sogar Ihr Arbeitgeber einen steuerfreien Zuschuss oder aber Sie erhalten staatliche Zuschüsse (zum Beispiel Riester-Förderung). Außerdem können Sie Ihre Einzahlungen teilweise als Sonderausgaben (→ Seite 108) in Ihrer jährlichen Steuererklärung steuermindernd einsetzen.

Steuerpflichtiger Anteil (Ertragsanteil) privat finanzierter Renten

BEI BEGINN DER RENTE VOLLENDE-TES LEBENSJAHR DES RENTEN-BERECHTIGTEN	ERTRAGS-ANTEIL IN %
0 bis 1	59
2 bis 3	58
4 bis 5	57
6 bis 8	56
9 bis 10	55
11 bis 12	54
13 bis 14	53
15 bis 16	52
17 bis 18	51
19 bis 20	50
21 bis 22	49
23 bis 24	48
25 bis 26	47
27	46
28 bis 29	45
30 bis 31	44
32	43
33 bis 34	42
35	41
36 bis 37	40

→ Fortsetzung

BEI BEGINN DER RENTE VOLLENDE-TES LEBENSJAHR DES RENTEN-BERECHTIGTEN	ERTRAGS-ANTEIL IN %
38	39
39 bis 40	38
41	37
42	36
43 bis 44	35
45	34
47 bis 47	33
48	32
49	31
50	30
51 bis 52	29
53	28
54	27
55 bis 56	26
57	25
58	24
59	23
60 bis 61	22
62	21
63	20

→ Fortsetzung

BEI BEGINN DER RENTE VOLLENDE-TES LEBENSJAHR DES RENTEN-BERECHTIGTEN	ERTRAGS-ANTEIL IN %
64	19
65 bis 66	18
67	17
68	16
69 bis 70	15
71	14
72 bis 73	13
74	12
75	11
76 bis 77	10
78 bis 79	9
80	8
81 bis 82	7
83 bis 84	6
85 bis 87	5
88 bis 91	4
92 bis 93	3
94 bis 96	2
ab 97	1

Auch Rentner können Steuern sparen

Christian Staller ist seit 25 Jahren Vorstand des Aktuell Lohnsteuerhilfevereins e. V. und Altbayerischen Lohnsteuerhilfevereins e. V. Seit 2017 ist er Vorstandsmitglied im Bundesverband Lohnsteuerhilfe e. V. Berlin: „Auch Rentner haben Möglichkeiten, Steuern zu sparen. Eine Steuererklärung müssen Rentner im Regelfall dann abgeben, wenn ihr zu versteuerndes Einkommen den jeweiligen Grundfreibetrag über steigt (→ Seite 17). Hierbei ist nur ein Teil der Rente als steuerpflichtig zu behandeln.

Häufig haben Rentner daneben aber noch andere Einkünfte, etwa aus Vermietung oder aus Kapitaleinkünften. Bei vorgenannten Einkunftsarten trägt der zutreffende Ansatz der Werbungskosten erheblich zum Steuersparen bei. Auch ist bei Rentnern ein besonderes Augenmerk auf Gesundheits- oder Pflegekosten zu legen, die die Steuerlast mindern."

Mit dem **Alterseinkünftegesetz** gab es eine wesentliche Änderung für Verträge die nach dem 31.12.2004 abgeschlossen wurden. Die sogenannten Altverträge aus den Jahren vor 2005 genießen „Vertrauensschutz" und bleiben in der Regel steuerfrei. Das betrifft jedoch nicht „Riester-Verträge", die ab 2002 aufgrund des **Altersvermögensgesetzes** eingeführt wurden. Die nachgelagerte Besteuerung war hierbei von vornherein vorgesehen.

Es wartet noch eine weitere böse Falle auf Sie bei der Auszahlung einer Direktversicherung. Neben der grundsätzlichen Steuerpflicht (s. o.) besteht auch noch Sozialversicherungspflicht. Bei einer Direktversicherung wird während der Ansparphase meist ein Teil Ihres Brutto-Lohns „umgewandelt" und mit oder auch ohne Arbeitgeberzuschuss steuer- und sozialversicherungsfrei in die entsprechende Versicherung eingezahlt.

Seit 2005 zahlen weder Sie noch Ihr Arbeitgeber auf diese Beträge Steuern; auch keine Sozialversicherung. Bei der Auszahlung verlangt dann die Krankenkasse entsprechend die Zahlung der Beiträge, und zwar von Ihnen allein. Sie zahlen also Arbeitgeber- **und** Arbeitnehmeranteil (fast 20 %) zur Kranken- und Pflegeversicherung, sofern Sie gesetzlich krankenversichert sind (Vergleiche auch → **Freibetrag**, Seite 76.).

Kirchliche Zusatzversorgungskasse

▓▓ .01.2020

Wichtiger Hinweis:
Diese Mitteilung informiert Sie über die Höhe der steuerpflichtigen Leistungen aus Ihrem Altersvorsorgevertrag oder aus Ihrer betrieblichen Altersversorgung. Die Daten werden **elektronisch** an Ihr Finanzamt **übermittelt**. Die Eintragung auf Seite 2 der Anlage R zur Einkommensteuererklärung ist nur erforderlich, wenn Sie von den übermittelten Daten abweichen oder Ergänzungen vornehmen möchten.

Mitteilung

über steuerpflichtige Leistungen aus einem Altersvorsorgevertrag oder aus einer betrieblichen Altersversorgung (§ 22 Nummer 5 Satz 7 Einkommensteuergesetzt - EStG)

für das Kalenderjahr ___2019___ (Pflichtversicherung)

Name, Vorname	Geburtsdatum (soweit bekannt)
Straße, Hausnummer	
Postleitzahl, Wohnort	
Vertragsnummer (soweit vorhanden)	**Sozialversicherungsnummer/ Zulagennummer (soweit vorhanden)**
Anbieternummer (soweit vorhanden)	**Zertifizierungsnummer (soweit vorhanden)**

Grund für die Mitteilung:

☐ Erstmalige regelmäße Leistungen im Sinne des § 22 Nummer 5 EStG

☒ Änderung des Leistungsbetrags gegenüber dem Vorjahr

☐ Ausschließlich einmalige Leistungen im Sinne des § 22 Nummer 5 EStG

☐ Berichtigung der für dieses Kalenderjahr erstellten Mitteilung vom _____

02 147435

Abb. 9: Muster betriebliche Altersvorsorge (Seite 2 → Seite 75).
Vorlage für das Kalenderjahr 2020 lag bei Drucklegung noch nicht vor.

Folgende Leistungen aus Ihrem Altersvorsorgevertrag oder aus Ihrer betrieblichen Altersversorgung im Kalenderjahr __2019__ unterliegen der Besteuerung nach § 22 Nummer 5 EStG:

Nr.	Besteuerung nach	Betrag in Euro / Cent
1	§ 22 Nummer 5 Satz 1 EStG [1]	2.979,72
5	§ 22 Nummer 5 Satz 2 Buchstabe a in Verbindung mit § 22 Nummer 1 Satz 3 Buchstabe a Doppelbuchstabe bb EStG ggf. in Verbindung mit § 55 Absatz 1 Nummer 1 EStDV [5]	440,50
6	§ 22 Nummer 5 Satz 2 Buchstabe a in Verbindung mit § 22 Nummer 1 Satz 3 Buchstabe a Doppelbuchstabe bb Satz 5 EStG in Verbindung mit § 55 Absatz 2 EStDV ggf. in Verbindung mit § 55 Absatz 1 Nummer 1 EStDV [6]	
7	§ 22 Nummer 5 Satz 2 Buchstabe b in Verbindung mit § 20 Absatz 1 Nummer 6 EStG [7]	
9a	§ 22 Nummer 5 Satz 3 in Verbindung mit Satz 2 Buchstabe a in Verbindung mit § 22 Nummer 1 Satz 3 Buchstabe a Doppelbuchstabe bb EStG ggf. in Verbindung mit § 55 Absatz 1 Nummer 1 EStDV [9]	
9b	§ 22 Nummer 5 Satz 3 in Verbindung mit Satz 2 Buchstabe a in Verbindung mit § 22 Nummer 1 Satz 3 Buchstabe a Doppelbuchstabe bb Satz 5 EStG in Verbindung mit § 55 Absatz 2 EStDV ggf. in Verbindung mit § 55 Absatz 1 Nummer 1 EStDV [9]	
9c	§ 22 Nummer 5 Satz 3 in Verbindung mit Satz 2 Buchstabe b in Verbindung mit § 20 Absatz 1 Nummer 6 EStG [9]	
9d	§ 22 Nummer 5 Satz 3 in Verbindung mit Satz 2 Buchstabe c EStG [9]	
11	In der Nummer _5_ enthaltene Nachzahlungen für mehrere vorangegangene Jahre [11]	42,88
11	In der Nummer __ enthaltene Nachzahlungen für mehrere vorangegangene Jahre [11]	
11	In der Nummer __ enthaltene Nachzahlungen für mehrere vorangegangene Jahre [11]	

Die Rente begann am: 01.12.2017
An Ihre Krankenkasse wurden folgende Beiträge abgeführt:
Beiträge zur Krankenversicherung in Höhe von 524,59 Euro
Beiträge zur Pflegeversicherung in Höhe von 104,06 Euro

Diese Bescheinigung ist maschinell erstellt und daher nicht unterschrieben. Die bescheinigten Leistungen werden gemäß § 22a EStG auch der zentralen Stelle (§81 EStG) zur Übermittlung an die Landesfinanzbehörden mitgeteilt (Rentenbezugsmitteilungsverfahren).

Hinweise

Geförderte Beträge im Sinne des § 22 Nummer 5 EStG sind
- Beiträge, auf die § 3 Nummer 63, § 3 Nummer 63a, § 10a, Abschnitt XI oder Abschnitt XII EStG angewendet wurde,
- steuerfreie Leistungen nach § 3 Nummer 55b Satz 1, § 3 Nummer 55c oder § 3 Nummer 66 EStG oder
- steuerfreie Zuwendungen nach § 3 Nummer 56 EStG.
Gefördertes Kapital ist Kapital, das auf geförderten Beträgen und Zulagen im Sinne des Abschnitts XI EStG beruht.

→ **TIPP Prüfen Sie genau!**
Überprüfen Sie die Bescheide der Krankenkasse. Wenn Sie beispielsweise Ihre Direktversicherung zum Teil selbst angespart haben (etwa während Arbeitslosigkeit), besteht für diesen Anteil keine nachträgliche Krankenkassenpflicht. Gleiches gilt, wenn einst eine bestehende, bereits von Ihnen selbst angesparte Lebensversicherung in eine Direktversicherung umgewandelt wurde. Mitunter wird von der auszahlenden Stelle dies nicht berücksichtigt – und dann ein zu hoher Betrag an Ihre Krankenkasse gemeldet.

Privat Krankenversicherte bleiben hiervon verschont. Vor einer Auszahlung erfragt der Versicherer bei Ihnen in der Regel, wie (gesetzlich, freiwillig oder privat) und bei wem Sie krankenversichert sind. Der Versicherer meldet dann Ihrer Krankenkasse die Auszahlung. Diese wiederum errechnet die Höhe der von Ihnen zu zahlenden Beiträge und bietet – je nach Betrag – auch eine einmalige Zahlung an. Lediglich „Kleinst-Renten" fallen unter die Bagatellgrenze (1/20 der Bezugsgröße) und bleiben kranken- und pflegeversicherungsfrei. In 2020 betrug die Grenze monatlich 159,25 €. Wenn Sie also beispielsweise 160 € monatlich bekommen, sind nur die übersteigenden 0,75 € (160 € – 159,25 €) der Kranken- und Pflegeversicherung zu unterwerfen (→ Seite 108, Sonderausgaben). Die gezahlten Beiträge bescheinigt Ihnen Ihre Krankenkasse alljährlich. Diese Beträge werden als Sonderausgaben ebenfalls in der Anlage Vorsorgeaufwand eingetragen. Ehepaare machen die Angaben gemeinsam auf nur einem Formblatt (→ Seite 218).

 ACHTUNG

Aktuelle Änderung

Das neue Betriebsrentenstärkungsgesetz, in Kraft getreten am 1.1.2018, beinhaltet etliche Änderungen, die jedoch hauptsächlich die Ansparphasen und sogenannten Neuverträge betreffen. Mehr dazu im Interview Seite 79.

Wenn Sie eine solche Rente aufgrund von Altersvorsorgeverträgen und/oder betrieblicher Altersversorgung beziehen, erhalten Sie ebenfalls jährlich eine Bescheinigung für die Steuer. Die entsprechenden Eintragungen in Ihrer Steuererklärung machen Sie in dem neuen Formular **R-AV/bAV**. Alle Werte werden dem Finanzamt elektronisch übermittelt, daher sind die Felder dunkelgrün hinterlegt (→ Formularmuster Seite 214 f.). Jeder Ehegatte hat dann eine eigene Anlage R-AV/bAV.

→ **TIPP Erst beraten, dann unterschreiben**
Bevor Sie also zum Beispiel eine Direktversicherung abschließen, sollten Sie genau rechnen. Bedenken Sie auch, dass durch die meist alljährliche „Umwandlung" weniger Beiträge in Ihre Rentenversicherung einbezahlt werden. Zusätzlich zur Versteuerung und Zahlung von Kranken- und Pflegeversicherung bei Auszahlung ist auch die Höhe Ihrer gesetzlichen Rente unter Umständen niedriger. Das kann durchaus im Laufe des Lebens eine fünfstellige Summe werden. Lassen Sie sich beraten (→ Experten-Interview Seite 79).

Auch die Ergebnisse dieser steuerpflichtigen Rentenbezüge tragen Sie bitte getrennt für die Ehegatten in Ihrer ZVE-Tabelle (→ Seite 20/21) ein. Mehrere Beträge können Sie zusammenfassen.

Bereits 2017 wurde das „Betriebsrentenstärkungsgesetz" eingeführt. Es sollte die betriebliche Altersvorsorge, meist Direktversicherungen, attraktiver machen. Seit dem 1.1.2019 gibt es nun wesentliche Neuerungen für Arbeitnehmer in der Ansparphase. Betroffen sind alle Fälle der sogenannten „Gehaltsumwandlung" und zwar Neuverträge ab dem 1.1.2019, und die bereits bestehenden „Altverträge" dann ab 1.1.2022.

Bei einer Gehaltsumwandlung führt der Arbeitnehmer einen Teil seines Bruttolohns in die betriebliche Altersvorsorge (BAV) ab. Er spart Steuern und Sozialversicherung. Später in der Auszahlungsphase werden diese Beträge sowohl der Steuer als auch der Kranken- und Pflegeversicherung unterworfen. Der Rentner zahlt dann neben den eventuell anfallenden Steuern auch noch die doppelten Kranken- und Pflegekassenbeiträge (Arbeitnehmer- **und** Arbeitgeberanteile).

 GUT ZU WISSEN

Während der Ansparphase der Direktversicherungen fallen üblicherweise Rentenversicherung, Arbeitslosenversicherung sowie Kranken- und Pflegeversicherungsbeiträge an, das sind circa 38 bis 40 % je zur Hälfte für Arbeitnehmer und Arbeitgeber. Zum Zeitpunkt der Auszahlung werden nur noch Kranken- und Pflegeversicherung erhoben, Renten- und Arbeitslosenversicherung entfallen (zurzeit circa 16 %). Diese Zahlungen mindern als Sonderausgaben die Steuer.

Sicher in die Zukunft
Franz-Josef Schröer arbeitete als Sozialversicherungsfachmann. Er ist nun im Ruhestand und war einige Jahre als ehrenamtlicher Rentenberater der Deutschen Rentenversicherung tätig:
„Heute ist die gesetzliche Rentenversicherung die wichtigste Säule der Alterssicherung in Deutschland. Für die verschiedenen Renten gibt es unterschiedliche Zugangsbedingungen. Informationen zu Ihrer persönlichen Rente sind nur einen Schritt entfernt. Ihr kurzer Draht zu uns:
0 800/10 00 48 00 (kostenloses Servicetelefon) oder im Internet: www.deutsche-renten-versicherung.de oder per E-Mail: info@deutsche-rentenversicherung.de.
So erhalten Sie die Kontaktdaten, um in einem persönlichen Gespräch mit einem ehrenamtlich tätigen Versichertenberater in Ihrer unmittelbaren Nachbarschaft einen Termin zu vereinbaren. Er oder sie kann Ihnen mit Informationen, Beratungen und Antragstellungen gezielt, sicher und kostenlos weiterhelfen."

„Arbeitgeber müssen sich an der betrieblichen Altersvorsorge, kurz BAV, beteiligen."

PATRICK CHEEMA, Beratungsstellenleiter, ist Versicherungsexperte bei der Aktuell Lohnsteuerhilfe Arnsberg (NRW): „Würde der Arbeitnehmer nicht über die Gehaltsumwandlung an seine Rente denken, sondern zum Beispiel eine private Rentenversicherung wählen, müsste er deutlich mehr Geld einzahlen."

Wie hoch wäre denn so eine Gehaltsumwandlung im Monat?

Nehmen wir jemanden mit Steuerklasse 1, keine Kinder, keine Konfession. Der Bruttolohn ist 3.000 €, der Nettolohn circa 1.961 €. Mit einer Gehaltsumwandlung von 100 € monatlich würde der Nettolohn auf rund 1.908 € sinken, d.h. für nur 53 € (1.961-1.908) würden 100 € in die Altersvorsorge eingezahlt.

Was bedeutet es für Arbeitgeber?

Nun, es spart ja nicht nur der Arbeitnehmer, sondern auch der Arbeitgeber. Während die Steuer stets vom Arbeitnehmer allein getragen wird, teilen sich Arbeitgeber- und Arbeitnehmer die Beiträge zur Sozialversicherung – immerhin fast 40 %. Im Beispiel beträgt der Arbeitgeberanteil der gesamten Sozialversicherung rund 20 € monatlich. Hier setzt die Neuerung an: Für alle ab dem 1.1.2019 abgeschlossenen Verträge ist der Arbeitgeber **verpflichtet**, einen Zuschuss in Höhe von 15 % des eingezahlten Beitrags zu zahlen. So soll zumindest ein Teil der ersparten Aufwendungen des Arbeitgebers durch die BAV seines Arbeitnehmers an den Arbeitnehmer weitergegeben beziehungsweise in die Altersvorsorge eingezahlt werden. In dem zuvor genannten Beispiel wären das immerhin weitere 15 € monatlich. (15 % von 100 € Gehaltsumwandlung).

Wie sieht es mit „Altverträgen" aus?

Für bereits vor dem 1.1.19 bestehende Verträge greift der „Muss- Zuschuss" erst ab dem 1.1.2022, jedoch spricht nichts dagegen, bereits im Vorfeld das Gespräch mit seinem Arbeitgeber zu suchen, um zu verhandeln. Auch vor Inkrafttreten dieser gesetzlichen Neuerung waren schon viele Arbeitgeber freiwillig zu Zuschüssen bereit. Wechselt ein Arbeitnehmer mit einem bereits bestehenden, alten BAV-Vertrag den Arbeitgeber, so greift die Neuerung auch schon vor 2022. Maßgeblich für den Arbeitgeberpflichtzuschuss ist der Zeitpunkt der neu abgeschlossenen Entgeltumwandlung, also bei **jedem** Arbeitgeberwechsel.

Unterhaltsleistungen von (Ex-)Ehegatten

Unter die „sonstige Einkünfte" fallen unter bestimmten Voraussetzungen auch erhaltene Unterhaltszahlungen eines dauernd getrennt lebenden Ehegatten (Trennungsunterhalt) oder der nacheheliche Unterhalt eines geschiedenen Ehepartners. Der Steuerfachmann spricht von **Realsplitting**. Achtung: Kindesunterhalt oder Unterhalt für andere Personen gehören niemals dazu (mehr dazu → Seite 133). Auch ein eventueller Vermögensausgleich ist hier nicht gemeint!

Erhaltener Unterhalt wird in der Anlage SO, Seite 1 (→ Seite 216) eingetragen.

Wenn Ehegatten auf Dauer getrennte Wege gehen, gelten Sie steuerlich als „dauernd getrennt lebend". In der Steuererklärung ist entsprechend auf dem **Hauptvordruck Zeile 17** im 4. Kästchen das Trennungsdatum einzutragen. Ab dem auf die Trennung folgendem Jahr wird das Finanzamt dann automatisch zwei Einzelveranlagungen – für jeden Ehegatten getrennt – vornehmen. Die in der Regel günstigere Zusammenveranlagung ist nur noch für das Trennungsjahr möglich.

Sollten Sie sich also in der Silvesternacht 2020/21 entzweien, schauen Sie sofort auf die Uhr – war es vor Mitternacht, gilt das auslaufende Jahr 2020 als Trennungsjahr, und bereits für den Veranlagungszeitraum 2021 werden Sie steuerlich wie zwei Singles behandelt. War aber Ihre Trennung erst nach Mitternacht, gilt das Jahr 2021 als Trennungsjahr, und es bietet sich somit auch die Möglichkeit der gemeinsamen Veranlagung. Diese Regelung gilt völlig unabhängig von einer eventuellen Scheidung. Es gibt durchaus Ehepaare, die zwar seit 20 Jahren dauernd getrennt leben, aber keinesfalls geschieden sind.

Sie sollten dem **Finanzamt** gegenüber Ihre Trennung bekannt geben. Dazu gibt es entsprechende Formblätter.

Die Unterschrift **eines** Ehegatten ist dabei ausreichend. Das Finanzamt wird automatisch dann auch ggf. eine Änderung der Steuerklassen vornehmen (→ Seite 140). Früher wurden diese Erklärungen beim Einwohnermeldeamt der Gemeinde abgegeben. Sollten Sie eine einmal abgegebene Getrenntlebenderklärung wieder aufheben wollen, ist zwingend eine gemeinsame Erklärung **beider** Ehegatten notwendig.

	Verheiratet / Lebenspartnerschaft begründet seit dem	Verwitwet seit dem	Geschieden / Lebenspartnerschaft aufgehoben seit dem	Dauernd getrennt lebend seit dem
17	T T M M J J J J	T T M M J J J J	T T M M J J J J	T T M M J J J J

Hauptvordruck, Seite 1, Zeile 17.

→ **TIPP** Überweisungen auseinander-
halten
Für alle Beteiligten ist es deutlich
einfacher, wenn Sie bereits bei den
Zahlungen die Beträge für Kindesunterhalt und Ex-Ehegattenunterhalt
und Trennungsunterhalt sowie Vermögensausgleich getrennt ausweisen
oder gar einzeln überweisen!

Bevor Sie diese wirklich bedeutende Unterschrift leisten, sollten Sie unbedingt fach-
kundigen Rat einholen. Zum einen können
Sie die Unterschrift nicht so ohne Weiteres
verweigern. Der Jurist spricht von „Wohlver-
halten". Auf der anderen Seite gilt Ihre Unterschrift gegenüber dem Finanzamt bis auf
Widerruf. Ein Widerruf muss bis zum Jahresende für das folgende Kalenderjahr beim
Finanzamt schriftlich abgegeben werden. Es
kann zu ganz erheblichen Steuernachzahlungen kommen, für die der Empfänger der
Unterhaltsleistungen gegenüber dem Finanzamt geradestehen muss, denn nur er ist im
Zweifel der Steuerschuldner. Auf der anderen Seite wird die Anlage U auch vom Unterhaltszahler unterschrieben. Die Anlage U
wird immer 4-fach ausgedruckt; zwei Exem-
plare mit Originalunterschriften für das
Finanzamt und sowohl für Unterhaltsempfänger als auch für Unterhaltszahler jeweils
ein Original. Mit Ihrem Original sollten Sie
sehr sorgfältig umgehen. Der Unterhaltszah-

Während der Zeit zwischen Trennung und
Scheidung erhält der wirtschaftlich schwä-
chere Partner häufig vom Ehepartner den sogenannten Trennungsunterhalt. Nach der
Scheidung spricht der Jurist von nachehe-
lichem Unterhalt. Genau diese Zahlungen
sind es, die in den Veranlagungsjahren nach
der Trennung, also bei der Einzelveranlagung, steuerpflichtig werden können.

Der Empfänger der Unterhaltszahlungen
muss eine **Anlage U** (Unterhaltsleistungen,
Musterformular → Seite 201) ausfüllen und
unterschreiben.

ler ist gesetzlich verpflichtet, den eventuellen Nachteil dem Unterhaltsempfänger zu erstatten. Als Nachteil sind nicht nur eventuelle Steuernachzahlungen und Beratungskosten, sondern auch gekürzte Sozialleistungen zu sehen. Eine Angabe in der Steuererklärung ist nur dann notwendig, wenn der Zahlende in seiner eigenen Steuererklärung die Zahlungen als „Sonderausgaben" geltend macht. Er ganz allein hat das Wahlrecht, ob und in welcher Höhe er die Beträge steuermindernd ansetzt – höchstens jedoch 13.805 € je Kalenderjahr. Er kann auch alljährlich neu wählen. Das wird er davon abhängig machen, wie hoch sein eigener Steuervorteil im Verhältnis zu dem zu erstattenden Steuernachteil ist.

Als Unterhaltsleistungen gelten auch Naturalleistungen, zum Beispiel kostenlose Wohnung, übernommene Versicherungen, aber auch Steuerzahlungen.

Mitunter verlangt das Finanzamt vom Unterhaltsempfänger Einkommensteuer-Vorauszahlungen. Dagegen können und sollten Sie sich wehren. Noch ist ja gar nicht gewiss, ob und in welcher Höhe der Unterhaltszahlende Beträge steuermindernd ansetzt.

Wenn Sie also diese besagte Anlage U unterschrieben haben, sollten Sie bei Ihrer Steuererklärung auf jeden Fall dem Finanzamt gegenüber Angaben dazu machen. Wenn Sie möglichst zeitig im Jahr Ihre Steuererklärung einreichen, wissen Sie oft noch gar nicht, ob und in welcher Höhe der Expartner Unterhaltsbeträge geltend machen möchte. Sie können dann symbolisch 1 € eintragen. Das Finanzamt wird dann ohne den Unterhalt einen Bescheid erlassen, diesen jedoch bei Bedarf später korrigieren. Für Sie ist dann auch die Berechnung des „Nachteils" – also des Steuerbetrages, den Ihnen Ihr Expartner erstatten muss – recht einfach.

BEISPIEL: Svetlana lebt seit einigen Jahren von Ihrem Ehemann Igor getrennt. Igor zahlt für Svetlana regelmäßig Versicherungsbeiträge, einen Ratenkredit und überweist ihr auch monatlich Unterhaltsleistungen in Höhe von 1.000 €. Insgesamt hat Svetlana von Igor Unterhaltsleistungen in Höhe von 17.478 € im Jahr 2019 erhalten. Sozialleistungen erhält Svetlana nicht. Die Anlage U hat sie bereits in 2013 unterschrieben und nicht widerrufen.

Svetlana hat selbst nur geringe eigene Einkünfte und gibt ihre Steuererklärung zeitig im Frühjahr 2020 beim Finanzamt ab. Sie erhält ihren Einkommensteuerbescheid für 2019 bereits nach einigen Wochen. Das Finanzamt überweist ihr eine Erstattung von 248,33 €. Sie hatte eine Lebensversicherung ausgezahlt bekommen und u. a. Kapitalertragssteuer bezahlt. Den Unterhalt von Igor hat sie mit 1 € in ihrer Steuererklärung angeben.

Anfang Februar 2021 bekommt sie einen korrigierten Einkommensteuerbescheid für 2019. Das Finanzamt hat Unterhaltsleistungen in Höhe von 13.805 € nachträglich berücksichtigt. Svetlana soll nun innerhalb von vier Wochen über 700 € an das Finanzamt überweisen.

Svetlana wendet sich an Igor. Igor bestätigt, dass er die insgesamt an Svetlana gezahlten Unterhaltsleistungen in Höhe von 17.478 € in seiner eigenen Steuer steuermindernd eingesetzt hat. Allerdings wurde bei ihm nur der Höchstbetrag, also 13.805 €, vom Finanzamt anerkannt. Entsprechend ist der Korrekturbescheid von Svetlana richtig. Sie schickt eine Kopie beider Steuerbescheide des Jahres 2019 an Igor und bittet ihn, den nachzuzahlenden Betrag direkt an das Finanzamt zu überweisen. Svetlana denkt, damit sei für sie alles erledigt.

Aber Svetlana irrt sich – denn nach ein paar Wochen flattert ihr eine Mahnung des Finanzamtes ins Haus. Zusätzlich zu der Nachzahlung sind nun auch noch weitere Kosten entstanden. Svetlana kann Igor nicht erreichen.

Wohl oder übel überweist nun Svetlana selbst aus ihren eigenen Reserven an das Finanzamt. Sie ist ärgerlich und will die unterschriebene Anlage U beim Finanzamt zurückziehen. Der Sachbearbeiter beim Finanzamt erklärt ihr, dass ihr Widerruf erst zum 31.12.2021 wirksam wird. Das bedeutet für Svetlana, dass sie in den Veranlagungsjahren 2020 und 2021 noch daran gebunden ist.

Svetlana hofft nun, dass sich die Angelegenheit kurzfristig klären lässt. Im Zweifel – so rät ihr eine Freundin – muss sie juristisch gegen Igor vorgehen und den Nachteilsausgleich einfordern.

Svetlana hat Glück, denn Igor hat, wie sich später herausstellt, die Überweisung ans Finanzamt vor seinem Urlaub vergessen. Aber künftig will sie stets selbst die Überweisung an das Finanzamt vornehmen. Sie kann so besser kontrollieren, dass die Zahlung rechtzeitig erfolgt. Igor soll ab sofort an Svetlana die Steuernachzahlung überweisen – dafür hat er 14 Tage Zeit.

Im nächsten Jahr war Igor schneller. Er hat ebenfalls zeitig im Frühjahr seine eigene Steuer beim Finanzamt eingereicht und wieder den Höchstbetrag von 13.805 € steuermindernd eingetragen. Svetlana hatte wie in den Jahren zuvor obligatorisch 1 € angegeben. Das Finanzamt schickt Svetlana nun einen Einkommensteuerbescheid – aber anstelle der erwarteten Erstattung in Höhe von 248,33 € soll sie nun 214,92 € nachzahlen. Sie kopiert für Igor den Bescheid und außerdem ihre Berechnungen – einmal mit und einmal ohne Unterhaltszahlungen. Glücklicherweise hat sie ihre Steuererklärung mit einem einfachen Steuerprogramm am PC erstellt und abgespeichert. So ist es für sie gar keine große Mühe. Sie berechnet für Igor auch ihren „Nachteil" 248,33 € mögliche Erstattung plus Nachzahlung 214,92 € also: 463,25 €.

Igor hat zwischenzeitlich seine eigene Steuererstattung bekommen und überweist pünktlich an Svetlana (mehr zu den Auswirkungen bei Igor → Seite 116).

Private Veräußerungsgeschäfte

Auch ganz private Verkäufe können unter die „sonstigen Einkünfte" fallen. Früher sprach man von „Spekulationsgeschäften". Es ist also nicht von gewerbsmäßigem Handeln, sondern tatsächlich von Privatgeschäften die Rede. Es soll folglich eine mögliche Wertsteigerung zwischen Anschaffung und Veräußerung besteuert werden. Ausgenommen von dieser Regelung sind inzwischen Gegenstände des alltäglichen Gebrauchs, die häufig – meist mit Verlust – privat verkauft werden: zum Beispiel Brautkleider, Autos, Schützenfestkleider, Kinderspielzeug, Möbel usw. Der Gesetzgeber denkt dabei eher an Wertpapiere, Schmuck, Raritäten, Antiquitäten, Sammlungen, Münzen, Briefmarken und Oldtimer. Wenn zwischen Anschaffung und Veräußerung weniger als ein Kalenderjahr liegt und ein Gewinn erzielt wurde, hält im Zweifel der Fiskus die Hand auf. Es ist also hilfreich, geradezu notwendig, Daten und Preise schriftlich festzuhalten sowie Belege sorgfältig aufzubewahren.

BEISPIEL: Tülay Yilmaz kauft auf dem Oster-Flohmarkt im Nachbarort eine hübsche chinesische Vase für 20 €. Zu Hause angekommen, meint ihre Nachbarin Ayshe, dass die Vase sehr alt und wertvoll – eben wie eine Antiquität – anmutet. Schon im Sommer fahren beide nach Köln, um das gute Stück bei „Bares für Rares" schätzen zu lassen. Die Expertise stellt einen Wert von circa 2.000 € fest. Tatsächlich verkauft Tülay die Vase noch am selben Tag an einen Händler: für satte 2.300 €.

Zwischen Ankauf und Verkauf sind nur einige Monate vergangen – also weniger als ein Jahr. Es sind Tülay kaum Veräußerungskosten entstanden, nämlich nur die An- und Abfahrt mit dem Auto nach Köln.

Der Gewinn lässt sich leicht ermitteln: Verkaufspreis: 2.300 € abzüglich Ankaufpreis 20 € abzüglich 30 € Reisekosten (100 km à 0,30 € = 30 €) ergibt den steuerpflichtigen Gewinn von 2.250 €. Als ehrliche Steuerzahlerin gibt Tülay diesen Betrag in Ihrer nächsten Steuererklärung an. Der Nachweis könnte hier denkbar simpel sein, zum Beispiel wenn ihr „Vasenfall" in einer Sondersendung „Lieblingsstücke" im Fernsehen ausgestrahlt wird. Aufgrund ihres persönlichen Steuersatzes von etwa 30 % nimmt Tülay die Einkommensteuer von 675 € hin. Immerhin bleibt ihr trotzdem noch ein schöner Zuschuss für ihre bevorstehende Hochzeit mit Mehmed Yildir übrig und die chinesische Vase bleibt somit ein Schnäppchenkauf. Allerdings überlegt Tülay, dass sie bei einem neuerlichen Schnäppchenkauf auf dem Flohmarkt mindestens zwölf Monate bis zum Verkauf warten wird.

Veräußerung privater Immobilien

Weitaus höhere Beträge ergeben sich, wenn private Grundstücke veräußert werden. Die Besteuerung bezieht sich auf bebaute und unbebaute Grundstücke, die im Privatvermögen – also nicht zu einem Betriebsvermögen gehören. Das sind zum Beispiel auch Ihre vermietete Eigentumswohnung oder das Ferienhäuschen an der See. Der Zeitraum zwischen Ankauf und Verkauf beträgt hierbei jedoch zehn Jahre. Für die Berechnung der 10-Jahres-Frist gilt jeweils das „obligatorische Rechtsgeschäft". Grundstücksveräußerungen müssen zwingend von einem Notar abgewickelt werden (→ Seite 88).

Wenn Sie also Ihre Immobilie vor mehr als zehn Jahren angeschafft haben, droht Ihnen absolut keine Besteuerung des eventuellen Veräußerungsgewinns. Steuerlich ohne Bedeutung ist es auch, wenn sie sich beispielsweise in 2015 eine kleine stadtnahe Eigentumswohnung gekauft haben. Sie bewohnen

 **BEISPIEL**

Ehepaar Peter und Petra Pfiffig aus dem Sauerland erwerben am 17. August 2015 ein kleines Einfamilienhaus in Dortmund am Phönix-See als Renditeobjekt. Sie kennen die zehnjährige Haltefrist und hoffen auf einen Verkauf mit einem satten Gewinn – eben nach diesen zehn Jahren. Nach kleinen Renovierungen vermieten sie es ab 1. Oktober 2015 sehr lukrativ an ein Beamtenehepaar. Sie sind mit ihren ordentlichen Mietern zufrieden und freuen sich über die Einnahmen. Leider kündigen die Mieter mit einer dreimonatigen Frist zum 15. Dezember 2019. Das Haus wurde ihnen zu klein, weil sich Nachwuchs angekündigt hatte. Pfiffigs wissen: Der Marktwert der Immobilie ist stark angestiegen, aber leider – NOCH sind die zehn Jahre nicht vorbei! Versteuern wollen sie aber den erhofften Gewinn auch nicht. Also verkaufen kommt für sie nicht infrage. Aber ob sie jemals wieder solch angenehme Mieter finden, ist auch fraglich. Dann haben sie eine gute Idee. Ihr Sohn Fabian, 20 Jahre jung, studiert ab Wintersemester 2019 in Dortmund Informatik. Er sucht sich keine Studentenbude, sondern pendelt ab Oktober vom Sauerland aus zur Uni. Nach Weihnachten zieht er dann am 28. Dezember 2019 in das inzwischen frei gewordene Haus der Eltern am Phönix-See. Miete zahlt er nicht. So geht das Jahr 2020 dahin und Fabian verkündet seinen Eltern im Herbst, dass er ab Anfang 2021 erst einmal ins Ausland will.

Das Haus wird somit ab Mitte Januar 2021 wieder frei. Umgehend machen sich die Pfiffigs auf Käufersuche. Im März 2021 haben sie einen Käufer für das Haus gefunden. Sie veräußern das Haus mit einem erfreulichen Gewinn direkt nach Ostern am 7. April (Notartermin). Der Veräußerungsgewinn bleibt steuerfrei. Das Haus wurde selbst genutzt (von Kind Fabian) im Jahr der Veräußerung, also 2021 bis Mitte Januar, im Jahr davor, also 2020, UND im vorletzten Jahr, nämlich ab 28. Dezember 2019. Gut, dass es für Fabian noch Kindergeld gab!

die Wohnung selbst. Inzwischen hat Ihre Tochter gebaut und Sie entscheiden sich jetzt doch, nach den Feiertagen ab Februar 2021 zu den Kindern zu ziehen. Das Glück ist Ihnen hold und Sie können Ihre Wohnung noch im Februar 2021 mit einem Gewinn von 10.000 € verkaufen. Das ist auch steuerlich ein Glücksfall, denn eine Besteuerung fällt **nicht** an.

→ TIPP So bleibt der Grundstücksverkauf steuerfrei

Für die 10-Jahres-Frist gilt das Datum der Unterschrift bei Kauf beziehungsweise Verkauf auf der Urkunde des Notars (→ auch Interview Seite 88); zwischen beiden Terminen müssen mehr als zehn Jahre liegen. Diese 10-Jahres-Frist bezieht sich **nicht** auf die Eintragung im Grundbuch und auch **nicht** auf das steuerliche Datum des wirtschaftlichen Eigentums (Übergang Lasten und Nutzen)! Von der Besteuerung ausgenommen sind Immobilien, die selbst bewohnt wurden.

Die Steuerfalle schnappt aber unbarmherzig im folgenden Fall zu. Beispielsweise verzögert sich die Veräußerung aus welchen Gründen auch immer. Sie sind bereits früher zu den Kindern gezogen, Ihre alte Wohnung steht jetzt leer und Sie vermieten Ihre alte Wohnung nun vorübergehend für sechs Monate – bis zum Verkauf. Der komplette Veräußerungsgewinn wird nun sehr wohl versteuert, denn sie haben die zehnjährige „Haltefrist" nicht beachtet **und** die Wohnung auch nicht bis zur Veräußerung selbst bewohnt, sondern eben die letzten sechs Monate vermietet.

Gleiches gilt übrigens auch, wenn Sie dauerhaft in eine Pflegeeinrichtung ziehen und Sie Ihr erst kürzlich erworbenes Haus zunächst vermieten. Wenn Sie sich zur endgültigen Veräußerung entscheiden **und** die 10-Jahre-Haltefrist noch nicht vorüber ist, ist der Veräußerungsgewinn steuerpflichtig.

Zieht nur **ein** Ehepartner ins Pflegeheim und der andere verbleibt bis zur Veräußerung im Eigenheim, gilt die Nutzung weiterhin als „eigene Wohnzwecke", falls nicht ein Teil vermietet wird. Ein Verkauf ist dann auch innerhalb der zehn Jahre steuerunschädlich, wenn Sie mindestens auch die zwei Jahre vor der Veräußerung dort selbst gewohnt haben. Private Veräußerungsgeschäfte tragen Sie in die **Anlage SO**, Seite 2 ein (→ Seite 217). Ganz genau verlangt der Gesetzgeber die eigene Nutzung im Jahr der Veräußerung und im Jahr davor sowie im vorletzten Jahr.

Unter „selbst genutzt" versteht der Gesetzgeber die eigene Nutzung, aber auch die Nutzung eines Kindes zu dessen eigenen Wohnzwecken. Allerdings ist hier ein Kind im Sinne des Steuerrechts gemeint, also wenn Anspruch auf Kindergeld besteht.

„Eine gute Vorbereitung ist für Mandanten und Notare das A und O."

BURKHARD MAJEWSKI ist Rechtsanwalt und Notar in Arnsberg (NRW). Das Motto seiner Kanzlei: „Eine wirkungsvolle und zielgerichtete Beratung hat für uns nicht rein juristische Aspekte. Wir berücksichtigen vielmehr auch wirtschaftliche, steuerliche und soziale Gesichtspunkte, um eine optimale Problemlösung für unsere Mandanten zu erreichen."

Was ist die Aufgabe eines Notars?

Ein Notar ist unabhängiger Träger eines öffentlichen Amtes und unparteiischer Rechtsberater der notariellen Verfahrensbeteiligten.

Warum ist bei Vertragsabschlüssen ein Notar unverzichtbar?

Trotz Vertragsfreiheit können nicht alle Verträge formfrei abgeschlossen werden. Der Gesetzgeber schreibt bei bestimmten Rechtsgeschäften die Form der notariellen Beurkundung vor. Damit soll eine qualifizierte Beratung und die volle Beweiskraft über die beurkundeten Tatsachen sichergestellt werden. Zu diesen Rechtsgeschäften gehören etwa der Kaufvertrag über Grundbesitz, aber auch der Ehe- und Erbvertrag oder verschiedene Gesellschaftsverträge (zum Beispiel bei Gründung einer GmbH).

Wie kann ich meinen Grundstücksverkauf am besten vorbereiten?

In vielen Fällen spielen steuerrechtliche Fragen eine große Rolle. Es empfiehlt sich daher die rechtzeitige Hinzuziehung eines steuerlichen Beraters vor Beurkundungen und Vertragsabschlüssen, um die Zielvorstellungen und gegebenenfalls verschiedenen Regelungsmöglichkeiten vorab steuerlich einer professionellen Prüfung zu unterziehen. Optional ist es daher in vielen Fällen sinnvoll, den Steuerberater von Beginn bis zum Abschluss des Beurkundungsverfahrens miteinzubinden. Achtung auch bei Grundstücken, die zu Betriebsvermögen (auch Landwirtschaft) gehören.

Welche weiteren Aufgaben übernehmen Notare?

Ein Notar wird auch bei anderen Rechtsgeschäften beratend, gestaltend und protokollierend tätig, die gesetzlich nicht zwingend von einem Notar vorgenommen werden müssen. Zu nennen ist insbesondere die individuelle Gestaltung von Testamenten.

Geerbte Immobilien

Eine weitere Besonderheit gibt es bei den ge-
erbten Immobilien. Es gilt die sogenannte
Fußstapfen-Theorie. Wenn Sie beispielsweise
im Juli 2019 ein vermietetes Mehrfamilienhaus von Ihren Eltern geerbt haben, wird
Ihnen das ursprüngliche Kaufdatum zugerechnet. Der Steuerrechtler spricht von „un-
entgeltlichem Erwerb". Das Gebäude haben
einst Ihre Eltern 1995 gekauft. Sie können
vom Immobilienboom profitieren und veräußern im Mai 2020 mit hohem Gewinn. Eine
Besteuerung fällt nicht an, weil zwischen
dem Kauf 1995 und der Veräußerung 2020
mehr als zehn Jahre liegen. Es ist in diesem
Fall ohne Bedeutung, dass Ihnen das Haus
erst seit knapp einem Jahr wirklich selbst gehört; Sie sind in die Fußstapfen der Eltern
getreten.

Und doch lauert eine Steuerfalle. Häufig
glaubt man nur, ein Haus geerbt – unentgeltlich erworben – zu haben. Wenn Sie beispielsweise eine Hypothek, die auf dem Haus
liegt, übernehmen und abzahlen oder aber
Geschwister auszahlen müssen, haben Sie
das Objekt ja nur zum Teil unentgeltlich
bekommen – einen Teil haben Sie de facto
bezahlt. Jetzt spricht das Finanzamt von
teilentgeltlichem Erwerb und ermittelt die
Entgeltlichkeitsquote.

→ **LESETIPP**

Weitere ausführliche Erläuterungen
können Sie in unserem Ratgeber
„Steuererklärung für private Vermieter"
nachlesen.
www.ratgeber-verbraucherzentrale.de

 **ACHTUNG**

Holen Sie sich Rechtsrat

Erbschaften und Schenkungsfälle können
durchaus auch Auswirkungen auf die Einkommensteuer haben. Lassen Sie sich
bei Fragen am besten von einem Fachan-
walt und/oder Steuerprofi beraten (→
auch Interview links).

Die Berechnung des Veräußerungsgewinns
an sich ist nicht weiter schwierig:
Sollte sich bei dieser Berechnung ein Verlust
ergeben, kann dieser nur mit anderen Ver-
äußerungsgewinnen verrechnet werden. Ein
Gewinn erhöht also sofort Ihr ZVE (→ Seite
19), während ein Verlust sich nur dann aus-
wirkt, wenn Sie irgendwann einmal einen
Veräußerungsgewinn erwirtschaften. Gleichwohl sollten Sie den Verlust vom Finanzamt
festschreiben und alljährlich vortragen lassen. Wer weiß denn schon, was die Zukunft
für Überraschungen bereithält.

Entlastungen der
Steuerpflichtigen

Zur Steuerminderung sieht das Einkommensteuergesetz besondere Entlastungsbeträge für ausgewählte Personenkreise vor. Wenn die entsprechenden Voraussetzungen vorliegen, gewährt das Finanzamt diese „automatisch" von Amts wegen.

Altersentlastungsbetrag § 24a EStG

Das Einkommensteuergesetz § 24a legt den Altersentlastungsbetrag fest:

„Der Altersentlastungsbetrag wird einem Steuerpflichtigen gewährt, der vor dem Beginn des Kalenderjahres, in dem er sein Einkommen bezogen hat, das 64. Lebensjahr vollendet hatte. Im Fall der Zusammenveranlagung von Ehegatten zur Einkommensteuer sind die Sätze 1 bis 3 für jeden Ehegatten gesondert anzuwenden. Der maßgebende Prozentsatz und der Höchstbetrag des Altersentlastungsbetrags sind der nachstehenden Tabelle zu entnehmen:"

Bevor Sie die Tabelle anwenden, prüfen Sie, ob Sie die Bedingungen für die Gewährung des Altersentlastungsbetrags überhaupt erfüllen – für jeden Ehegatten getrennt. Es kann durchaus sein, dass Ihnen der Altersentlastungsbetrag gleich zweimal zusteht.

Erste Voraussetzung: Sie müssen in dem Jahr, für das Sie die Steuererklärung abgeben wollen, mindestens 65 Jahre alt geworden sein.

Zweite Voraussetzung: Sie müssen Einkünfte in dem Veranlagungszeitraum gehabt haben, die **nicht** zu den Versorgungsbezügen oder Renten zählen. Beispielsweise Einkünfte aus Vermietung und Verpachtung, selbstständiger Tätigkeit, nichtselbstständiger Tätigkeit (Brutto-Arbeitslohn) usw. Haben Sie verschiedene dieser Einkünfte, dürfen Sie alles als Bemessungsgrundlage zusammenrechnen.

BEISPIEL: Francesco und Francesca Rabotti sind verheiratet und geben eine gemeinsame Steuererklärung für 2020 ab. Francesca ist am 18. Juli 1952 geboren; Francesco am 17. August 1950. Sie erhalten beide Versorgungsbezüge und haben außerdem noch ein gemeinsames Mehrfamilienhaus. Im Veranlagungszeitraum betragen die Einkünfte aus Vermietung und Verpachtung jeweils 2.536 €. Außerdem arbeitet Francesco gelegentlich als geringfügig beschäftigter Lkw-Fahrer und hatte in 2020 pauschal versteuerten Arbeitslohn in Höhe von 4.800 € aus dem Minijob. Francesca hingegen ist nebenbei noch als selbstständige Musiklehrerin tätig. Sie machte einen Gewinn von 5.400 €.

Francesca erreichte 2017 das Alter von 65 Jahren. Laut Tabelle kann sie also 20,8 %, höchstens jedoch 988 € Altersentlastungsbetrag beanspruchen. Ihre Bemessungsgrundlage sind die Einkünfte aus Vermietung und Verpachtung in Höhe von 2.536 € sowie der Gewinn aus selbstständiger Tätigkeit (Musiklehrerin) mit 5.400 €. Gesamt also 7.936 € x 20,8 % = 1.650,69 € . Sie kann nun den Höchstbetrag laut Tabelle von 988 € als Altersentlastungsbetrag von Ihrem ZVE (→ Seite 17) abziehen.

Erfüllen Sie diese beiden Bedingungen, schauen Sie in der nebenstehenden Tabelle nach. Es ist für Sie maßgeblich das Jahr, in dem Sie 65 Jahre alt geworden sind. Anhand der Tabelle ermitteln Sie den für Sie gültigen Prozentsatz und den Höchstbetrag. Diese beiden Beträge bleiben bis zu Ihrem Lebensende gültig.

An der Tabelle können Sie unschwer erkennen, dass dieser Altersentlastungsbetrag bis 2040 auf **null** abgeschmolzen wird. Für Geburtenjahrgänge ab 1975 gibt es dieses Steuerbonbon also nicht mehr.

Altersentlastungsbetrag (ein Auszug)

DAS AUF DIE VOLLENDUNG DES 64. LEBENSJAHRES FOLGENDE KALENDERJAHR	ALTERSENTLASTUNGSBETRAG	
	IN % DER EINKÜNFTE	HÖCHSTBETRAG IN EURO
2005	40,0	1.900
2006	38,4	1.824
2007	36,8	1.748
2008	35,2	1.672
2009	33,6	1.596
2010	32,0	1.520
2011	30,4	1.444
2012	28,8	1.368
2013	27,2	1.292
2014	25,6	1.216
2015	24,0	1.140
2016	22,4	1.064
2017	20,8	988
2018	19,2	912
2019	17,6	836
2020	16,0	760
2022	14,4	684
2024	12,8	608
2026	11,2	532
2028	9,6	456
2030	8,0	380
2032	6,4	304
2034	4,8	228
2036	3,2	152
2038	1,6	76
2040	0,0	0

Francesco feierte schon 2015 den Beginn des 65. Lebensjahres. Laut Tabelle kann er also 24 %, höchstens jedoch 1.140 € Altersentlastungsbetrag erhalten. Seine Bemessungsgrundlage sind nur die Einkünfte aus Vermietung und Verpachtung aus dem gemeinsamen Mehrfamilienhaus; sein Lohn als Lkw-Fahrer (Minijob) zählt nicht dazu. Er rechnet: 2.536 € x 24 % = 608,64 €. Der Höchstbetrag von 1.140 € ist für ihn bei Weitem nicht erreicht. Der darf also lediglich 608,64 €, gerundet 609 €, Altersentlastungsbetrag vom ZVE abziehen.

Eine Verrechnung zwischen den Eheleuten ist leider nicht möglich. Insgesamt ziehen die beiden also 988 € + 609 € = 1.597 € von Ihrem gemeinsamen ZVE als Altersentlastungsbetrag ab.

Francesco überlegt. Hätte er seiner Frau nicht vor einigen Jahren die Hälfte des Mehrfamilienhauses übertragen, würden die Gesamteinkünfte aus Vermietung und Verpachtung ihm allein zugerechnet. Dann wäre seine Bemessungsgrundlage 5.072 € (2 x 2.536 €) x 24 % = 1.217,28 €; höchstens jedoch 1.140 €. Beide hätten dann den Höchstbetrag erreicht und gemeinsam (988 € + 1.140 €) 2.128 € als Altersentlastungsbetrag vom ZVE abziehen können. Der Unterschied von 531 € macht bei einem Steuersatz von 25 bis 30 % eine Steuerersparnis von 130 bis 150 € aus. Das wäre jedes Jahr ein nettes Abendessen oder Konzertbesuch gewesen. Der Notar hatte ihm seinerzeit sogar geraten, einen Steuerberater zu fragen. Er wollte die Kosten sparen. Jetzt fragt er sich, ob es wohl steuerlich bessere Lösungen gegeben hätte.

Alleinerziehungsfreibetrag § 24b EStG

Dieser Freibetrag soll „echte" Alleinerziehende steuerlich ein wenig entlasten. Er ist in der Steuerklasse II bereits „eingearbeitet" (→ Seite 142). Dieser Freibetrag ist keine Jahrespauschale, sondern wird jeweils rückwirkend anteilig für die Monate gewährt, in denen die Voraussetzungen vorgelegen haben. Sie können den Freibetrag nur dann beanspruchen, wenn Sie eine Einzelveranlagung (→ Seite 142, Veranlagung) durchführen – die Anwendung der Splittingtabelle schließt den Alleinerziehungsfreibetrag aus.

Die erste Bedingung: Sie brauchen mindestens ein Kind in Ihrem Haushalt. Dabei ist das Alter des Kindes oder wie aufwendig die tatsächliche Erziehungsarbeit ist ohne Bedeutung. Steuerlich ist ein Kind nur dann ein Kind, wenn Sie Anspruch auf Kindergeld für dieses Kind haben. Ab 25 ist Schluss damit. Das können ebenso Enkel oder Pflegekinder sein. Es ist auch nicht ausschlaggebend, dass das Kind minderjährig ist. Selbst wenn das Kindergeld nicht gezahlt wurde, weil Sie bei-

spielweise vergessen haben, den Antrag zu stellen – sobald Kindergeldanspruch besteht, haben Sie ein Kind.

Ein Kind gehört zu Ihrem Haushalt, wenn es bei Ihnen wohnt und in der Regel mit Haupt- oder Nebenwohnsitz bei Ihnen gemeldet ist. Allerdings folgt das Steuerrecht **nicht** zwingend dem Melderecht. Mitunter wechseln Kinder die Wohnsitze zwischen getrennten Eltern und vergessen sich umzumelden. Für das Finanzamt gelten die tatsächlichen Verhältnisse – die Sie allerdings glaubhaft machen müssen. Die Eintragungen hierzu machen Sie auf der Anlage Kind, Seite 2, **Zeilen 49 bis 54** → Musterformular Seite 223 ff.

Zweitens darf keine weitere erwachsene Person bei Ihnen leben. Mit einem Erwachsenen ist steuerlich jeder gemeint, für den eben **kein** Kindergeldanspruch besteht. Das können Lebenspartner oder andere Familienangehörige sein. Auch weitere erwachsene Kinder, für die eben kein Kindergeldanspruch mehr besteht, weil sie zum Beispiel zwischenzeitlich berufstätig sind, zählen leider dazu.

⚙ CORONA

Corona-Paket

Dieses verabschiedete Konjunkturpaket enthält einen einmaligen Kinderbonus von 300 € pro kindergeldberechtigtem Kind. Die Auszahlung erfolgte zusammen mit dem Kindergeld durch die jeweils zuständige Familienkasse. Allerdings wird dieser Bonus bei der Vergleichsrechnung in der Einkommensteuererklärung berücksichtigt.

→ TIPP Zweitwohnsitz bei den Eltern
Einige Städte – meist größere Universitätsstädte oder beliebte Urlaubsdomizile – erheben eine „Zweitwohnungssteuer". Um die Zahlung dieser zu vermeiden, melden sich studierende Kinder mit ihrem ersten Wohnsitz am Studienort an. Sie sollten dann aber bei den Eltern den Zweitwohnsitz beibehalten – vorausgesetzt, dort wird nicht auch Zweitwohnungssteuer erhoben.

Der Alleinerziehungsfreibetrag beträgt jährlich 1.908 €; das entspricht monatlich 159 € für das erste Kind. Lebt ein zweites oder mehrere Kinder mit im Haushalt, erhöht sich der jährliche Freibetrag um jeweils 240 € (240 : 12 = 20 € monatlich).

Bei zwei Kindern läge der jährliche Freibetrag also bei 2.148 €.

Das entspricht umgerechnet 159 € monatlich für das erste Kind. Bei zwei Kindern wären es dann 179 €, bei drei Kindern 199 € monatlich (159 + 20 +20 = 199 €).

Ermitteln Sie anhand des Beispiels auf Seite 107 Ihren persönlichen Alleinerziehungsfreibetrag und tragen Sie diesen in Ihrer persönlichen Berechnungstabelle ZVE ein (→ Seite 20/21).

→ TIPP Eigener Haushalt
Das Steuerrecht versteht unter „in einem Haushalt leben", dass Sie gemeinsam wirtschaften. Sollte also Ihr erwachsener Sohn – ohne Kindergeldanspruch – in einem separaten Appartement in Ihrem Haus wohnen und für sich selbst sorgen, besteht keine steuerschädliche Haushaltsgemeinschaft. Es besteht auch **keine** Haushaltsgemeinschaft im Sinne des Steuerrechts, wenn es sich um einen Pflegebedürftigen handelt (Pflegegrad 1 bis 5), der nur ein geringes Einkommen und Vermögen hat.

⚙ CORONA

Mehr als verdoppelt

Der Alleinerziehungsfreibetrag wurde für 2020 und 2021 auf 4.008 € (anstatt 1.908 €) mehr als verdoppelt – allerdings bisher auf zwei Jahre begrenzt. Der jährliche Freibetrag von 240 € pro weiterem Kind bleibt bestehen und wird hinzugerechnet, gegebenenfalls zeitanteilig (→ Beispiel, Seite 97).

▶ BEISPIEL*)

Eugenia Sorge ist geschieden. Sie wohnt jetzt allein mit ihrer pubertären 15-jährigen Tochter Melissa zusammen in Heidelberg. Ihr bisheriger Lebenspartner Hans Dampf hatte die Beziehung beendet und ist Ende Februar bei ihr ausgezogen. Ihr Sohn Felix, inzwischen 19 Jahre alt, wohnte bislang bei seinem alleinstehenden Vater Max in Kamen. Die beiden hatten so eine richtig coole Männerwirtschaft. Nach seinem tollen Abitur hat Felix für das Wintersemester tatsächlich einen Studienplatz für Astronomie in Heidelberg bekommen. Im August zieht Felix mit Sack und Pack zu seiner Mutter Eugenia nach Heidelberg. In den Umzugswirren vergisst er die polizeiliche Ummeldung zunächst völlig.

Der Alleinerziehungsfreibetrag für dieses Jahr berechnet sich wie folgt:

Vater Max:
1.1.–31.7., also 7 Monate x 159 € = 1.113 € Alleinerziehungsfreibetrag anzusetzen in seiner Einkommensteuererklärung.

Mutter Eugenia:
Januar/Februar: 0 Euro (aufgrund der eheähnlichen Gemeinschaft mit Hans Dampf)
1.3.–31.7.: 5 Monate x 159 € (für Melissa) = 795 €

1.8.–31.12.: 5 Monate x 179 € (also 159 € + 20 € für Melissa und Felix) = 895 €

Insgesamt also 1.690 € (795 € + 895 €) Alleinerziehungsfreibetrag anzusetzen in Eugenias Steuererklärung.

Die vergessene Ummeldung von Felix ist steuerlich unerheblich. Die Studienbescheinigung und eine Erklärung der Mutter reichen aus, das Finanzamt zu überzeugen. Mit den Meldebehörden muss sich Felix allerdings sehr wohl auseinandersetzen. Mutter Eugenia Sorge füllt die Anlage Kind entsprechend aus: Versicherungen Zeile 31–40, Angaben zum Entlastungsbetrag für Alleinerziehende Zeile 49–54.

*) in 2020/21 Corona-Konjunkturpaket 4.008 €

§ 3 EStG – Ihr neuer Lieblingsparagraph?

Dieses Kapitel handelt von den legalen Möglichkeiten, Ihre steuerfreien Einnahmen zu optimieren, und es erläutert das große „Aber" der Lohnersatzleistungen.

Es ist kaum zu glauben, aber tatsächlich bleiben sogar nach deutschem Steuerrecht einige Einnahmen steuerfrei. In § 3 des Einkommensteuergesetzes werden über 70 Einnahmen aufgelistet, die ganz oder teilweise von der Besteuerung ausgenommen sind. Zugegebenermaßen handelt es sich dabei zum Teil um recht exotische Ausnahmefälle wie zum Beispiel „Ehrensold für bedürftige Künstler" oder aber Selbstverständlichkeiten wie „Trinkgelder" oder die „Erstattung von Reisekosten". Gleichwohl gibt es einige – gerade für Rentner – interessante Regelungen. Hier einige Beispiele:

Unfallrenten

Komplett steuerfrei bleiben Unfallrenten aus der **gesetzlichen** Unfallversicherung – kurz BG-Rente genannt. Diese in- und auch aus-ländischen Renten brauchen Sie in Ihrer Steuererklärung gar nicht zu erwähnen.

Übungsleiter- versus Ehrenamtspauschale

Vollständig steuer- und sozialversicherungsfrei bleibt nach § 3 Nr. 26 EStG auch die sogenannte **Übungsleiterpauschale** mit immerhin 2.400 € jährlich. Ihre Einnahmen müssen Sie zwar in der Steuererklärung angeben, gleichwohl bleibt aber der Jahreshöchstbetrag immer steuerfrei, und zwar pro Person. Das gilt auch dann, wenn Sie beispielsweise in nur zwei Monaten die 2.400 € verdient haben. Lediglich darüber hinausgehenden Einnahmen werden versteuert. Sie können innerhalb eines Jahres durchaus auch von mehreren verschiedenen Institutionen sogar zeitgleich diese steuerfreien

Einnahmen bekommen. **Es zählt allein die Gesamtsumme.** Es ist absolut unerheblich, ob Sie Rentner, Hausfrau, Hausmann, Selbstständiger oder Arbeitnehmer sind, solange Sie „nebenberuflich" tätig werden. Eine weitere Voraussetzung ist, dass Sie bei einer öffentlich-rechtlichen Institution, zum Beispiel Städte und Gemeinden, (Hoch-)Schulen, Kammern, Volkshochschulen, bei einem gemeinnützigen Verein, der Kirche o. Ä. tätig sind. Außerdem muss es sich um eine Tätigkeit als Übungsleiter, Ausbilder, Erzieher, Betreuer oder die Pflege alter, kranker oder behinderter Menschen oder eine künstlerische Tätigkeit handeln.

Die **Ehrenamtspauschale** gemäß § 3 Nr. 26a EStG ist ähnlich angesiedelt. Das ehrenamtliche Engagement soll gefördert werden. Wenn Sie sich zum Beispiel ehrenamtlich bei einem gemeinnützigen Verein engagieren, kann Ihnen der Verein steuer- und sozialversicherungsfrei bis zu 720 € jährlich als pauschalierte Aufwandsentschädigung auszahlen. Das kann beispielsweise für die Tätigkeit als Vereinsvorsitzender, als Platzwart, als Fahrdienst o. Ä. sein. Es muss sich um

eine nebenberufliche Tätigkeit im gemeinnützigen, kirchlichen oder mildtätigen Bereich handeln – gleichgültig welcher Art.

Die **Betreuungspauschale** gem. § 3 Nr. 26b EStG beträgt ebenfalls maximal 2.400 € und betrifft ausschließlich die ehrenamtliche Betreuung; ausdrücklich also keine Berufsbetreuer. Allerdings bleiben für jeden Steuerpflichtigen nur insgesamt 2.400 € jährlich für Übungsleiter- und Betreuungspauschale **zusammen** steuerfrei.

Sie können sowohl die Übungsleiterpauschale als auch die Ehrenamtspauschale bekommen; sofern es sich nicht um ein und dieselbe Tätigkeit handelt.

BEISPIEL: Albrecht und Berta Rührig genießen seit einiger Zeit ihr Rentnerdasein. Sie sind fit und verdienen sich gern ein „Zubrot" für ihre ausgiebigen Reisepläne.

Albrecht trainiert die Jugendmannschaft des örtlichen Fußballvereins. Dafür erhält er vom Verein 1.800 € im Jahr als Übungsleiter steuerfrei.

Außerdem ist er als Platzwart beim Sportverein des Nachbarortes tätig. Der zahlt ihm dafür jährlich eine Ehrenamtspauschale von 720 € steuerfrei.

Albrecht ist vom Gericht als ehrenamtlicher Betreuer für seine 98-jährige, verwirrte Tante Trude bestellt. Als Aufwandsentschädigung werden ihm steuerfrei 600 € im Jahr ausgezahlt.

Berta hingegen gibt als ehemalige Lehrerin bei der VHS Sportkurse. Es fanden dieses Jahr alle geplanten sieben Kurse tatsächlich statt und sie erhält ein Honorar von 2.800 €.

Albrecht und Berta rechnen zusammen:

ALBRECHT	
Übungsleiterjob Trainer	1.800 €
Betreuungspauschale Tante Trude	600 €
Steuerfreie Summe	2.400 €
Plus Ehrenamtspauschale Platzwart	720 € steuerfrei
BERTA	
Übungsleiterjob VHS	2.800 € (2.400 € steuerfrei, 400 € steuerpflichtig)

Immerhin hat Ehepaar Rührig es auf beachtliche steuerfreie Einnahmen von 5.520 € gebracht. Nun überlegt Berta, ob sie im nächsten Jahr nicht besser einen VHS-Kurs weniger macht. Dann hätte sie zwar nur 2.400 € VHS-Honorare, die wären dann allerdings komplett steuerfrei. Sie könnte stattdessen lieber das Angebot des Fußballvereins annehmen. Der Verein wollte sie schon länger als ehrenamtliche „Wäsche-Omi" gewinnen. Sie soll die Wäsche und Pflege der Trikots der „Pampersliga" übernehmen. 720 € Ehrenamtspauschale will der Verein jährlich springen lassen. Die beiden Rührigs würden es dann auf 6.240 € legales Zubrot bringen – absolut steuer- und sozialversicherungsfrei. Die beiden fragen sich nur, wie sie dann ihre geliebten Reisen zeitlich einplanen können. Weil all diese Pauschalen „Aufwandsentschädigungen" darstellen, dürfen sie nicht noch zusätzlich ihre Ausgaben (zum Beispiel Fahrkosten, Strom, Telefon, Waschpulver, Wasser) davon abziehen. Allerdings könnte der Verein beispielsweise anstelle der Pauschale höhere **nachgewiesene** Kosten steuerfrei erstatten.

→ **TIPP** Minijob

Wollen die Rührigs noch mehr verdienen, um sich damit vielleicht noch schönere Fernreisen zu finanzieren, könnte jeder einen vom Arbeitgeber pauschal versteuerten Minijob annehmen. Das würde ihnen steuerfrei jährlich zwei Mal 5.400 € (12 x 450 €) – also 10.800 € bringen.

Sie können nun Ihre steuerfreien Einnahmen eintragen. Die Eintragungen erfolgen für jeden Ehegatten getrennt in **Anlage S** – selbstständige Tätigkeit. Abgabe nur elektronisch möglich! Die nicht steuerfreien Beträge aus **Zeile 46/47** in **Zeile 11** übertragen.

Zur Berechnung Ihres ZVE tragen Sie in das Formblatt nur die steuerpflichtigen Beträge ein (→ Seite 20/21).

Steuerfreie Lohnersatzleistungen mit einem großen ABER

Ebenfalls in § 3 EStG geregelt ist die grundsätzliche Steuerfreiheit der Lohnersatzleistungen wie zum Beispiel: Arbeitslosengeld, Krankengeld, Verletztengeld, Übergangsgeld, Mutterschaftsgeld, Kurzarbeitergeld, Insolvenzgeld und Elterngeld. **Aber** all diese Lohnersatzleistungen unterliegen dem „Progressionsvorbehalt" (mehr dazu → Seite 145). Da hat so mancher Steuerpflichtige schon böse Überraschungen erlebt. Die Lohnersatzleistungen müssen allesamt in der Steuererklärung angegeben werden. Die Eintragungen erfolgen im Hauptvordruck (Musterformular → Seite 188/189) **Zeile 43** beziehungsweise **Zeile 44** für vergleichbare ausländische Leistungen (EU/EWR-Staaten oder Schweiz) getrennt für beide Ehegatten.

Lohnersatzleistungen werden den Finanzbehörden von der auszahlenden Stelle automatisch gemeldet; „vergessen" hilft also nicht, der Steuer zu entkommen. Wenn Sie unsicher sind, können Sie auch den obligatorischen 1 € eintragen.

Es bleiben nur ganz wenige Leistungen von der Steuer vollständig unberührt wie etwa die Sozialhilfe, Arbeitslosengeld II, Betreuungsgeld.

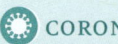 CORONA

Lockdown folgenlos

Wurden während des „Lockdown" Übungsleiter- oder Ehrenamtspauschalen weiterhin steuerfrei ausbezahlt, obwohl keine Leistung erbracht werden konnte oder durfte, bleibt der ausbezahlte Betrag steuerfrei.

→ **TIPP Steuerbescheid**

Auf Ihrem Steuerbescheid finden Sie die Werte meist recht unauffällig mitten im Text auf einer der letzten Seiten, unter der Rubrik Erläuterungen – für beide Ehegatten getrennt – aufgeführt. Mehrere verschiedene Leistungen werden addiert, zum Beispiel (→ Seite 103):
Insolvenzgeld:
1.4.18–30.6.18 =   6.594,15 €
Krankengeld:
1.7.18–9.10.18 und
8.11.18–31.12.18 =   10.022,88 €
Übergangsgeld:
10.10.18–7.11.18 =   1.538,60 €

Total: 18.155 € (abgerundet)

Leistungen nach § 32b Abs. 1 Nr. 1 EStG (z.B. Lohnersatzleistungen) in Höhe von 18.155 € wurden mit 18.155 € in die Berechnung des Steuersatzes einbezogen (Progressionsvorbehalt, § 32b EStG).

Abb. 10: Steuerbescheid Erläuterungen (Steuerauswirkung im Beispielfall rund 880 €).

Transferticket:
Zuletzt abgerufen am:
Diese Bescheinigung wurde übernommen.

Seite 1

Lohnersatzleistung Agentur für Arbeit Bielefeld
Folgende Daten haben Sie von der Finanzverwaltung abgerufen.

Übermittlung des Beleges an die Finanzverwaltung	
Zuflussjahr	2018
IdNr	
Leistung	Insolvenzgeld
Betrag	6.594,15 €
Leistungspflichtiger	Agentur für Arbeit Bielefeld
Beginn	01.04.2018
Ende	30.06.2018

Transferticket:
Zuletzt abgerufen am:
Diese Bescheinigung wurde übernommen.

Seite 1

Lohnersatzleistung IKK classic
Folgende Daten haben Sie von der Finanzverwaltung abgerufen.

Übermittlung des Beleges an die Finanzverwaltung	
Zuflussjahr	2018
IdNr	
Leistung	Krankengeld
Betrag	10.022,88 €
Leistungspflichtiger	IKK classic
1. Beginn	01.07.2018
1. Ende	09.10.2018
2. Beginn	08.11.2018
2. Ende	31.12.2018

Transferticket:
Zuletzt abgerufen am:
Diese Bescheinigung wurde übernommen.

Seite 1

Lohnersatzleistung Deutsche Rentenversicherung Westfalen
Folgende Daten haben Sie von der Finanzverwaltung abgerufen.

Übermittlung des Beleges an die Finanzverwaltung	
Zuflussjahr	2018
IdNr	
Leistung	Übergangsgeld
Betrag	1.538,60 €
Leistungspflichtiger	Deutsche Rentenversicherung Westfalen
Beginn	10.10.2018
Ende	07.11.2018

Abb. 11: Muster Leistungsnachweise, Lohnersatz bei elektronischem Abruf. Ein Muster für das Kalenderjahr 2020 lag bei Drucklegung noch nicht vor. Am Prinzip hat sich jedoch nichts geändert.

Werbungskosten und Sonderausgaben

Über Werbungskosten und Sonderausgaben informieren wir Sie in diesem Kapitel. Und Sie erfahren, wie Sie Ihren Expartner oder Ihre Expartnerin „absetzen" können.

Wie werden aus Einnahmen Einkünfte?

Diese Frage lässt sich in einem simplen Satz beantworten. Ziehen Sie von Ihren Einnahmen die Werbungskosten ab und schon kennen Sie Ihre Einkünfte der jeweiligen Einkunftsart.

Einnahmen

Der steuerliche Begriff der „Einnahmen" ist in § 8 (1) des EStG klar definiert:

> „...alle Güter, die in Geld oder Geldeswert bestehen und dem Steuerpflichtigen im Rahmen einer der Einkunftsarten [...] zufließen."

Zu jeder der Einkunftsarten wurde hierzu in den vorangegangenen Kapiteln bereits ausführlich geschrieben.

Werbungskosten

Helmut Schmidt, ehemaliger deutscher Kanzler, hatte es treffend in Worte gefasst:

> **„Wer die Pflicht hat, Steuern zu zahlen, hat auch das Recht, Steuern zu sparen."**

Der steuerliche Begriff der **Werbungskosten** ist in § 9 (1) des EStG ebenfalls definiert:

> „[...] Aufwendungen zur Erwerbung, Sicherung und Erhaltung der Einnahmen [...]."

Auch dieser Begriff wurde in den vergangenen Kapiteln schon häufiger erwähnt. Die Werbungskosten werden von der jeweiligen Einkunftsart abgezogen und können daher sehr unterschiedlich sein. Im Gesetz sind bei-

spielhaft einige häufig vorkommende Werbungskosten aufgeführt. Allerdings handelt es sich dabei lediglich um eine unvollständige Aufzählung. Abhängig vom Einzelfall, stellen viele Ausgaben denkbare Werbungskosten dar. Denken Sie allein an die verschiedenen Berufe bei den Einkünften aus „Nichtselbstständiger Tätigkeit". Auf Ihre Argumentation kommt es an: Die Ausgaben müssen verwendet werden, um eine Einkunft entweder zu bekommen, zum Beispiel Bewerbungskosten, Anzeigen für Mietersuche, **oder** zu sichern und zu erhalten, zum Beispiel Fortbildungen, Renovierung des Mietobjektes. Werbungskosten können auch entstehen, **bevor** Einnahmen erzielt werden. Es handelt sich um „vorweggenommene" Werbungskosten wie beispielsweise Reisekosten für die Suche nach einem zum Kauf geeigneten Vermietungsobjekt.

 ACHTUNG

Gilt nicht für Übungsleiter

Fortbildungen mit dem Ziel, die steuerfreien Übungsleiterpauschalen zu erhalten (→ Seite 99) oder einen pauschal versteuerten Minijob, stellen keine Werbungskosten dar. Streben Sie hingegen eine steuerpflichtige Teilzeitbeschäftigung an, haben Sie sehr wohl Werbungskosten!

Nicht abzugsfähige Ausgaben sind hingegen die Kosten der privaten Lebensführung. Das Finanzamt argumentiert bei der Ablehnung von Werbungskosten recht häufig mit diesem § 12 EStG. Die Abgrenzung zwischen privater und beruflicher Veranlassung ist tatsächlich nicht immer einfach. Ihr Besuch beim Friseur oder Nagelstudio sowie der Kauf erotischer Unterwäsche sind in der Regel gewiss privat veranlasst; allerdings bei einem Model oder einer Go-go-Tänzerin sind diese Ausgaben denkbare Werbungskosten beziehungsweise Betriebsausgaben.

Eine Erleichterung für die Steuerpflichtigen sind die Pauschbeträge des § 9a EStG. Ohne Nachweise, ohne Prüfung stehen diese Pauschbeträge den Steuerpflichtigen zu. Nur wer höhere Werbungskosten geltend machen möchte, muss Belege sammeln und auswerten.

Der Arbeitnehmerpauschbetrag beträgt seit einigen Jahren 1.000 € pro Person. Der Pauschbetrag für Versorgungsbezüge (etwa bei Pensionen) liegt bei 102 €. Für sonstige Einkünfte (zum Beispiel Renten) können Sie ebenfalls pauschal 102 € als Werbungskosten abziehen. Alle Pauschbeträge gelten pro Steuerpflichtigem je Einkunftsart – allerdings nur einmal. Werbungskostenpauschalen für die anderen Einkunftsarten (beispielsweise aus Vermietung und Verpachtung) gibt es nicht.

Wenn Sie also zwei gesetzliche Renten beziehen, beispielsweise eine eigene Rente und eine Witwenrente, dürfen Sie nur **einmal** die 102 € Werbungskostenpauschale abziehen.

Haben Sie mehrere Versorgungsbezüge, beispielsweise zwei Betriebsrenten, dürfen Sie ebenfalls die Werbungskostenpauschale in Höhe von 102 € nur **einmal** abziehen.

Beziehen Sie eine oder mehrere gesetzliche Rente/n **und** einen oder mehrere Versorgungsbezüge, erhalten Sie für beide Pauschbeträge von je 102 €. Diese 204 € mindern wieder Ihr ZVE (→ Seite 17).

Typische Werbungskosten für Rentner und Pensionäre sind beispielsweise kostenpflichtige Rentenberatungen, Anwaltskosten bei Streitigkeiten in Rentensachen, Beiträge zur Gewerkschaft und Pensionsvereinen, Beschaffung und Beglaubigung/Übersetzung von Dokumenten, Reisekosten sowie anteilige Steuerberatungskosten. Kleinere Ausgaben wie Kontoführungsgebühren, Porto, Telefon, Kopien usw. sind in der Regel mit den Pauschalen mehr als gut abgedeckt. Nur im Einzelfall lohnt es sich also für Rentner und Pensionäre, Werbungskosten-Belege zu sammeln und in der Steuererklärung aufzulisten. Das wird für Sie meist nur in einzelnen Jahren mit hohen Ausgaben notwendig sein. Bedenken Sie auch, dass Sie für Kosten, die mehrere Einkunftsarten betreffen, eine sachgerechte Aufteilung vornehmen müssen. Wenn der Rentenberater also beide Ehepartner beraten hat und es sowohl um sonstige Einkünfte (Renten) als auch Pensionen ging, wäre das gezahlte Honorar von zum Beispiel 300 € aufzuteilen. Die Eintragungen erfolgen dann für beide Ehegatten getrennt auf der jeweiligen **Anlage R** (Musterformular → Seite 210), **Zeilen 37 bis 38** separat für jede Rentenart. Falls Sie mithilfe eines Steuerprogramms Ihre Steuererklärung erstellen, bietet es sich an, die Aufteilung nach Höhe der Einkünfte vom Programm vornehmen zu lassen. Steuerberater teilen oft ihre Rechnung bereits bei der Erstellung auf.

Besondere Ausgaben – Sonderausgaben?

Nicht all Ihre besonderen Ausgaben stellen „Sonderausgaben" im Sinne des Steuerrechts dar. Auch bei den **Sonderausgaben** handelt es sich um einen steuerlichen Fachbegriff. § 10 EStG beschreibt die Sonderausgaben als grundsätzlich private Ausgaben, die jedoch ganz oder zumindest teilweise Ihr ZVE (→ Seite 17) beachtlich mindern können. Die Sonderausgaben werden im Gesetz aufgelistet. Man kann sie in zwei Gruppen einteilen: „Vorsorgeaufwendungen" und „sonstige Sonderausgaben".

Vorsorgeaufwendungen: Versicherungen

Mit diesen Aufwendungen sorgen Sie für sich und Ihre Familie vor (Alter, Krankheit, Pflege, Unfall usw.). Zu den Vorsorgenaufwendungen gehören die „Basis-Altersvorsorge" mit Beiträgen zur gesetzlichen Rentenversicherung und vergleichbaren Versicherungen wie Rürup-Renten (→ Seite 67); aber auch die „Zusatz-Altersversorgung" Riester-Rente. Sie merken, der Kreis schließt sich. Auf der einen Seite dürfen Sie mit Ihren Aufwendungen Ihre Steuerlast mindern. Die absetzbaren Höchstbeträge sind beachtlich und steigen stetig. Auf der anderen Seite wird dann bei Auszahlung der Renten die „Steuerhand" wieder aufgehalten.

Die Vorsorgeaufwendungen unterscheiden sich nochmals in **Basis**vorsorgeaufwendungen, die unbeschränkt in voller Höhe als Sonderausgaben abzugsfähig sind, und „**sonstige** Vorsorgeaufwendungen", mit einer „Deckelung" von 1.900 € pro Person jährlich. Zu unbeschränkt abzugsfähigen Basisvorsorgeaufwendungen gehören die Beiträge zur Kranken- und Pflegeversicherung; jedoch nur der Anteil, der auf den Basisschutz auf sozialhilfegleichem Niveau entfällt. Das entspricht in der Regel bei einer gesetzlichen Krankenversicherung auch den tatsächlich gezahlten Beiträgen.

Information über die Meldung an die zentrale Stelle (Deutsche Rentenversicherung Bund) nach § 10 Abs. 2b Einkommensteuergesetz (EStG)

Sehr geehrte

für Sie und die ggf. bei Ihnen mitversicherten Personen haben wir nach dem amtlich vorgeschriebenen Datensatz folgende Beiträge an die Deutsche Rentenversicherung Bund (die hier als Dienstleister der Finanzbehörden tätig ist) gemeldet. Der gezahlte und erstattete Beitrag für die Basisabsicherung deckt den unbeschränkt abzugsfähigen Anteil des Beitrags im Sinne des § 10 Abs. 1 Nr. 3 EStG ab. Er wurde nach der "Krankenversicherungsbeitragsanteil-Ermittlungsverordnung" ermittelt.

Für das Jahr 2019

Da wir die Beiträge bereits elektronisch an die Finanzverwaltung übermittelt haben, müssen Sie sie nicht (nochmals) in Ihre Einkommensteuererklärung aufnehmen. Falls Sie das dennoch tun möchten, verweisen die Zeilenangaben in den Klammern auf die Positionen in den Formularen (Anlage Vorsorgeaufwand 2019 bzw. Anlage Kind 2019). Beachten Sie bitte hierzu auch die Hinweise in den Steuerformularen und auf dem Infoblatt "eDaten" der Finanzverwaltung.

Versicherungsnehmer:

Versicherte Person: Steuer-Identifikationsnummer:

	Zeitraum, für den die Zahlung oder Erstattung erfolgte (MM.JJJJ)	Gezahlter Gesamt-beitrag A	Erstatteter Gesamt-beitrag B	Gezahlter Beitrag für die Basisabsiche-rung C	Erstatteter Beitrag für die Basisabsiche-rung D
				(Zeile 23 bzw. 31)	(Zeile 25 bzw. 33)
Krankenversicherung	01.2019 - 12.2019	427,56 EUR		329,60 EUR	

Über die Basisabsicherung hinausgehende Beiträge zur Krankenversicherung (Differenz zwischen den Beträgen in Spalte A und C, ggf. abzüglich der Differenz zwischen den Beträgen in Spalte B und D sowie ggf. abzüglich von Beiträgen zu zusätzlichen Pflegeversicherungen):

(Zeile 27 bzw. 34)*

97,96 EUR

*Ggf. zuzüglich des Beitrags für eine Auslandsreise-Krankenversicherung nach Tarif AR. Dieser Betrag wurde nicht gemeldet.

Seite 1 von 4

*KIND IM SINNE DES ESTG - MIT KINDERGELDANSPRUCH
FORMULAR VORSORGE, EINTRAGUNG ZEILE 40*

Versicherte Person: , Steuer-Identifikationsnummer:

	Zeitraum, für den die Zahlung oder Erstattung erfolgte (MM.JJJJ)	Gezahlter Gesamt-beitrag A	Erstatteter Gesamt-beitrag B	Gezahlter Beitrag für die Basisabsiche-rung C	Erstatteter Beitrag für die Basisabsiche-rung D
				(Zeile 23 bzw. 31)	(Zeile 25 bzw. 33)
Krankenversicherung	01.2019 - 12.2019	436,32 EUR		336,55 EUR	

Über die Basisabsicherung hinausgehende Beiträge zur Krankenversicherung (Differenz zwischen den Beträgen in Spalte A und C, ggf. abzüglich der Differenz zwischen den Beträgen in Spalte B und D sowie ggf. abzüglich von Beiträgen zu zusätzlichen Pflegeversicherungen):

(Zeile 27 bzw. 34)*

99,77 EUR

Abb. 12: Bescheinigung über gezahlte Krankenkassenbeiträge.
Eine Vorlage für das Kalenderjahr 2020 lag bei Drucklegung noch nicht vor.

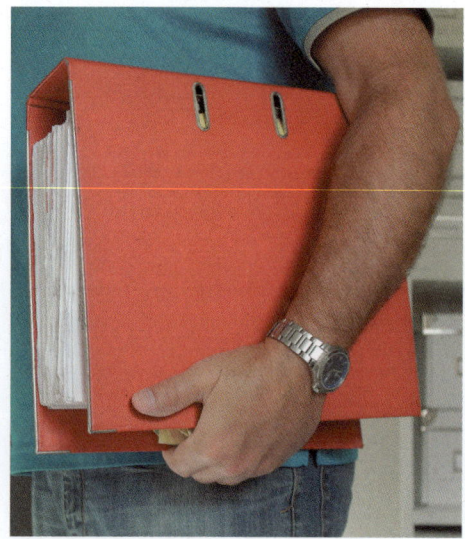

Aufgrund der neuen Sonderausgaben-Höchstbetrag-Berechnungen haben sich die Gewichtungen verschoben. All die Mühe, die Sie sich mit dem Heraussuchen, Auflisten und Eintragen der einzelnen Versicherungsbeiträge geben, bleibt nun meist ohne steuerliche Auswirkungen. Das Finanzamt teilt Ihnen das auch in Ihrem Steuerbescheid regelmäßig mit (→ Abbildung Seite 111); allerdings derartig verklausuliert, dass es kaum auffällt. Auf einer der letzten Seiten unter Erläuterungen finden Sie dann den Textbaustein-Passus: „[...] Der Höchstbetrag für sonstige Vorsorgeaufwendungen wurde bereits durch die Berücksichtigung Ihrer Beiträge zur Krankenversicherung (Basisversorgung) und zur gesetzlichen Pflegeversicherung ausgeschöpft; ein darüber hinausgehender Abzug von sonstigen Vorsorgeaufwendungen ist daher nicht möglich [...]." In schlichte Worte übersetzt heißt das: Sparen Sie sich die Arbeit, denn es bringt Ihnen nichts. Konzentrieren Sie sich auf das Wesentliche.

Für Sie wesentlich ist die Berechnung Ihrer Höchstbeträge, die als Sonderausgaben Ihr ZVE mindern und somit letztlich auch Ihre Steuerlast.

Die privaten Krankenversicherungen bescheinigen alljährlich ihren Mitgliedern den Anteil Basis-Versorgung und Zusatzversorgung (→ Abbildung Seite 109). Von den Kranken- und Pflegekassen zurückerstattete Beiträge müssen anteilig für die Basisversorgung wieder abgezogen werden.

Weitere sonstige Vorsorgeaufwendungen sind gezahlte Beiträge zur Arbeitslosenversicherung, Erwerbs- und Berufsunfähigkeitsversicherung, Unfallversicherung, Haftpflichtversicherungen, Risikolebensversicherungen (**nicht** jedoch Hausrat- und Kaskoversicherungen). Seit 2010 haben diese Versicherungen allerdings an Bedeutung bei der Steuerentlastung eingebüßt.

BEISPIEL: Frau Luise Clever ist gut verdienende Angestellte und ihr Ehemann Heinz ist Rentner. Luise hat in jungen Jahren einige Jahre den Haushalt geführt und die Kinder versorgt. Dank einer kleinen Erbschaft

```
Erläuterungen
Die Zinsen werden gem. § 233 a Abgabenordnung festgesetzt. Der zu verzinsende Betrag wurde auf den
nächsten durch 50,- € teilbaren Betrag abgerundet (§ 238 Abgabenordnung).

Bitte bewahren Sie diesen Bescheid auf. Er dient auch als Einkommensnachweis zur Vorlage bei
anderen Behörden (z.B. für Erziehungsgeld/Elterngeld, Leistungen nach dem BAföG).

Der Höchstbetrag für sonstige Vorsorgeaufwendungen wurde bereits durch die Berücksichtigung Ihrer
Beiträge zur Krankenversicherung (Basisabsicherung) und zur gesetzlichen Pflegeversicherung
ausgeschöpft; ein darüber hinausgehender Abzug von sonstigen Vorsorgeaufwendungen ist daher nicht
möglich.

Falls Sie beabsichtigen, gegen diesen Einkommensteuerbescheid Einspruch einzulegen oder einen
Antrag auf schlichte Änderung zu stellen, sollten Sie die Belege zu Ihrer Steuererklärung, die zu
```

Abb. 13: Erläuterungen im Steuerbescheid: Vorsorgeaufwendungen.

kann sie zusätzlich zu ihrer gesetzlichen Rente Beiträge in eine Rürup-Rente einzahlen. Heinz hat als Rentner keine Altersvorsorgebeiträge eingezahlt. Die beiden wissen, der steuerliche Höchstbetrag für Altersvorsorgebeiträge beträgt derzeitig pro Person 25.046 €, also für beide gemeinsam maximal 50.092 €. 2020 werden von den gezahlten Beiträgen jedoch nur 90 % steuerlich anerkannt. Dieser Prozentsatz wird jedes Jahr um 2 %-Punkte angehoben, bis 2025 dann die vollen gezahlten Beiträge anerkannt werden (→ Kasten Beispielrechnung, Seite 113).

Die Clevers haben noch eine Vielzahl weiterer Versicherungen, die grundsätzlich als Sonderausgaben abgezogen werden könnten. Luise überschlägt nur ganz grob rund 6.000 €: Kürzung der Krankenkassenbeiträge wegen Lohnfortzahlung gemäß ihrer Aufstellung 146 €; Arbeitslosenversicherung lt. eTIN Zeile 27 rund 800 €, Hundehalterhaftpflicht 200 €; Privathaftpflicht 100 €; Unfallversicherungen 600 €; Krankenzusatzver-

sicherungen 2.000 €; Kfz-Versicherungen (Haftpflichtanteil) 400 € ; Risikolebensversicherungen 300 €; Berufsunfähigkeitsversicherung 1.200 €; Auslandskrankenversicherung und Schutzbrief 250 €. Luise Clever erinnert sich an ihren letzten Steuerbescheid mit dem Hinweis des Finanzamtes zu den Vorsorgeaufwendungen und Höchstbeträgen. Luise Clever rechnet im Kopf: Höchstbetrag für übrige Vorsorgeaufwendungen 1.900 € für mich und noch einmal 1.900 € für Heinz, pro Jahr also zusammmen nur 3.800 €.

Weil allein die unbeschränkt abzugsfähigen Vorsorgeaufwendungen laut ihrer Rechnung 6.813 € betragen, verschwendet sie keine weitere Energie darauf. Es bleibt bei dem Abzug als Sonderausgaben/Vorsorgeaufwendungen. Alle anderen Versicherungen – gleichgültig wie hoch – wirken sich nicht mehr aus.

Ziehen Sie getrost das Fazit: Durch den Ansatz Ihrer gezahlten Beiträge zur Kranken- und Pflegekasse wird der Höchstbetrag von jährlich 1.900 € pro Person in den meisten Fällen bereits überschritten. Nur in seltenen Ausnahmefällen leisten Sie monatlich weniger als 160 € (1.900 : 12) Beitrag zur Kranken- sowie Pflegeversicherung. Alle Eintragungen hierzu machen Sie und gegebenenfalls Ihr Ehepartner in einer **Anlage Vorsorgeaufwand** (Musterformular → Seite 218) gemeinsam: Altersvorsorgeaufwendungen Seite 1, **Zeilen 4 bis 10**; Basisvorsorgeaufwendungen Kranken- und Pflegeversicherungen **Zeile 11 bis 27** und gegebenenfalls **Zeile 31 bis 36,** für ausländische Versicherungen auf der zweiten Seite.

In den **Zeilen 37 bis 39** werden gegebenenfalls die steuerfreien Arbeitgeberzuschüsse zur Kranken- und Pflegevericherungen (lt. eTIN, Seite 36) eingetragen. Die Arbeitslosenversicherung (eTIN: Zeile 27) wird im Formular in **Zeile 45** übernommen.

Zahlen Sie als privater Krankenversicherter auch Beiträge für Kinder **mit** Kindergeldanspruch, tragen Sie diese Beiträge in die **Zeilen 40 bis 44** ein (→ auch Muster Seite 109).

Die weiteren Vorsorgeaufwendungen werden in den **Zeilen 45 bis 50** eingetragen.

Letztlich sind in den **Zeilen 51 bis 56** Kennziffern zur Rentenversicherungspflicht einzutragen.

Falls Sie ein Steuerprogramm zur Erstellung Ihrer Einkommensteuererklärung nutzen, erfolgt der Eintrag durch das Programm. Sie brauchen nur noch die Angaben zu überprüfen, denn ein falsches „Häkchen" ist ganz schnell mal gesetzt.

 **HINTERGRUND**

Grüne Formularpassagen

Alle dunkelgrün hinterlegten Formularfelder werden elektronisch an das Finanzamt übermittelt (mehr dazu → Seite 185).

Beispielrechnung

Frau Clever nimmt ihren „eTIN-Zettel"
(→ Seite 36) zur Hand und rechnet:

Arbeitnehmeranteil zur gesetzlichen Rentenversicherung (eTin, Zeile 23)	3.791,16 €
Arbeitgeberanteil zur gesetzlichen Rentenversicherung (eTin, Zeile 22)	3.791,16 €
Einzahlungen in die Rürup-Rente (lt. Versicherungsbescheinigung)	48.300,00 €
Summe	55.882,32 €
jedoch maximal anzuerkennen 2020	50.092,00 €

Anmerkung: Luise Clever hatte zu Jahresbeginn ihren Rürup-Beitrag genau berechnet, aber in ihre Berechnungen konnten die Sonderzahlungen ihres Arbeitgebers zuvor nicht einfließen. Davon hat sie erst im November erfahren und die genauen Beträge dann auf der Lohnabrechnung gesehen. So hat sie jetzt mehr eingezahlt als steuermindernd maximal möglich wären (48.610 € minus 47.580,11 €).

auf den Höchstbetrag ist nun der %-Satz für 2020 anzuwenden: 50.092 € x 90 %	45.082,80 €
abzüglich Arbeitgeberleistungen (denn die hat Luise ja nicht selbst gezahlt)	3.791,16 €
ergibt als Sonderausgabe abzugsfähigen Altersvorsorgebetrag	41.291,64 €*
als übrige Vorsorgeaufwendungen stellt Luise zusammen	
eigene Beiträge zu gesetzlichen Krankenkasse (eTIN, Zeile 25)	3.342,60 €
diesen Betrag muss sie um 4 % kürzen, da sie Krankengeldanspruch hat	-133,70 €
zuzüglich Krankenkassenbeiträge Heinz lt. Rentenbescheinigung	2.200 €
eigene Beiträge zur gesetzlichen Pflegekasse (eTIN, Zeile 27)	611,52 €
zuzüglich Beiträge Pflegeversicherung Heinz lt. Rentenbescheinigung	440 €
als unbeschränkt abzugsfähige Sonderausgaben ergeben sich	6.460,42 €*

Zusammen mit den Altersvorsorgeaufwendungen sind das immerhin 47.752,06 €*, die sie vom ZVE abziehen kann.

Ihre Beitragsbescheinigung für das Beitragsjahr 2019 zur BasisRentenversicherung

Sehr geehrter

für Ihren zertifizierten BasisRentenvertrag (Rürup-Rente) sind die Beiträge nach § 10 Absatz 1 Nr. 2 Buchstabe b EStG als Sonderausgaben abzugsfähig. Daher haben wir der ZfA (Zentrale Zulagenstelle für Altersvermögen) die zu Ihrem BasisRentenvertrag geleisteten Beiträge elektronisch übermittelt.

Folgende Daten haben wir der ZfA gemeldet:

Name, Vorname   geboren am

Anschrift

Steuerliche Identifikationsnummer

Folgende Basisrentenbeiträge wurden geleistet für das Kalenderjahr (Beitragsjahr)		**2019**	
Zertifizierungsnummer			Euro Cent
005730	0	3	48.300,00

Freundliche Grüße

Abb. 14: Muster Rürup-Bescheinigung.
Eine Vorlage für das Kalenderjahr 2020 lag bei Drucklegung noch nicht vor.

Datum der Absendung

31.01.2020

Diese Bescheinigung ist für Ihre Unterlagen bestimmt.

Bescheinigung nach § 92 EStG für das Jahr | 2019 |

für

	Geburtsdatum
Straße, Hausnummer	
Postleitzahl, Wohnort	
Anbieternummer 0202000055	Zertifizierungsnummer 003680
Vertragsnummer	Sozialversicherungsnummer/Zulagenummer (soweit bekannt)

Im abgelaufenen Beitragsjahr geleistete Altersvorsorgebeiträge

	Beitragsjahr	Euro	Cent
Beiträge ohne Zulage	2019		80,00
	Beitragsjahr	Euro	Cent
Tilgungsleistungen ohne Zulage			

für das Beitragsjahr **2018**		Euro	Cent
erhaltene Zulage	Grundzulage (gegebenenfalls einschließlich Erhöhungsbetrag)	175,00	
	Kinderzulage für	Euro	Cent

		Euro	Cent
Summe der insgesamt gutgeschriebenen Zulagen bis zum	3 1 1 2 2019	1.296,34	
		Euro	Cent
Summe der insgesamt geleisteten Altersvorsorgebeiträge bis zum	3 1 1 2 2019	5.095,00	
		Euro	Cent
Stand des Altersvorsorgevermögens am	3 1 1 2 2019	6.521,91	

Die Übermittlung der Altersvorsorgebeiträge an die ZfA erfolgte für das Beitragsjahr	2018

Abb. 15: Muster Riester-Bescheinigung.
Eine Vorlage für das Kalenderjahr 2020 lag bei Drucklegung noch nicht vor.

Andere Sonderausgaben

Für „andere Sonderausgaben" gewährt Ihnen das Finanzamt automatisch mindestens eine Pauschale von 36 € pro Person; sogar wenn Sie in Ihrer Steuererklärung keine weiteren Angaben dazu machen.

Andere Sonderausgaben sind:

→ Unterhaltszahlungen an Ex-Ehegatten (Realsplitting);
→ die gezahlte Kirchensteuer; Spenden und Mitgliedsbeiträge;
→ Ausbildungskosten für die **eigene erste** Ausbildung (höchstens 6.000 € für Ledige (12.000 € für Eheleute);
→ Schulgeld für Kinder (30 %, höchstens jedoch 5.000 €).

Die Eintragungen erfolgen im neuen Formular **Anlage Sonderausgaben**, (Musterformular → Seite 194): Kirchensteuer in **Zeile 4**; Spenden/Mitgliedsbeiträge in den **Zeilen 5 bis 12**; Berufsausbildungskosten in **Zeile 13 und 14**; Unterhaltsleistungen ab **Zeile 19**.

Unterhaltszahlungen für Ex-Ehegatten (Realsplitting)

Wenn Sie an Ihren dauernd getrennt lebenden Ehegatten Trennungsunterhalt oder Unterhaltsleistungen für Ihren geschiedenen Ehegatten zahlen, sind die tatsächlich gezahl-ten Leistungen bei Ihnen als Sonderausgaben absetzbar. Voraussetzung hierfür ist die unterschriebene Anlage U (→ Seite 201). Sie als Unterhaltsleistender verpflichten sich, dem Unterhaltsempfänger den „Nachteil" auszugleichen. Der Empfänger der Unterhaltsleistungen ist verpflichtet, die erhaltenen Unterhaltsleistungen zu versteuern; allerdings nur dann (und in der Höhe), wenn Sie als Zahlender die Beträge in Ihrer Steuererklärung als Sonderausgaben einsetzen.

Sie als Zahlungsleistender haben ganz allein das Wahlrecht, ob und in welcher Höhe Sie Ihre geleisteten Unterhaltszahlungen als steuermindernde Sonderausgaben einsetzen wollen. Durch Eintragungen in Ihrer Steuererklärung üben Sie automatisch Ihr Wahlrecht gegenüber dem Finanzamt aus. Wer die Wahl hat, hat auch die Qual. Denn Sie sind – wie bereits erwähnt – dem Unterhaltsempfänger gegenüber verpflichtet, den Nachteil, der beim Empfänger anfällt, zu erstatten. Der Nachteil beim Ex-Ehegatten entsteht meist in Form von Steuernachzahlungen; jedoch nicht zwingend und auch nicht ausschließlich. Eigentlich können Sie eine richtige Entscheidung erst treffen, wenn Sie über die steuerlichen Verhältnisse des Expartners genau informiert sind. Sollten Sie noch mit dem Expartner im Gespräch sein, bitten Sie ihn, eine „Was-wäre-wenn"-Steuerberechnung zu erstellen (oder auch fachkundig erstellen zu lassen). Erst wenn Sie wissen, wie sich die

zu zahlende Steuer Ihres Expartners **mit** und **ohne** Ihre Unterhaltsleistungen verändert, kennen Sie den durch Sie zu bezahlenden Nachteils-Ausgleich. Eine weitere „Was-wä-re-wenn"-Steuerberechnung für Sie selbst zeigt Ihnen dann Ihren eigenen Steuervorteil. Erst wenn dieser wirklich höher ist als die an den Unterhaltsempfänger zu erstattende Steuer, macht das sogenannte „Realsplitting" Sinn für Sie. Wenn Sie Ihre Entscheidung getroffen haben, sollten Sie diese dem Unterhaltsempfänger schriftlich mitteilen. Dann kann auch der Ex-Ehepartner seiner Steuerpflicht korrekt nachkommen.

Unterhaltsleistungen können in Form von Geld, übernommenen Zahlungen (zum Beispiel für Versicherungen oder Kredite) und Sachleistungen (wie mietfreie Überlassung der Wohnung) gezahlt werden. Auch die im Wege des „Nachteils-Ausgleich" an den Empfänger überwiesenen Beträge sind im Folgejahr steuermindernd ansetzbar. Der Höchstbetrag beträgt pro Jahr 13.805 €; allerdings je Zahlungsempfänger. Hinzu kommen eventuell noch die von Ihnen für den Expartner bezahlten Kranken- und Pflegeversicherungsbeiträge (Basisabsicherung). Der Ansatz dieser Beträge ist dann beim Unterhaltsempfänger jedoch ausgeschlossen. Sollten Sie also an mehrere Ex-Ehepartner Unterhalt zahlen, dürfen Sie diesen Höchstbetrag mehrfach ausschöpfen .

BEISPIEL: Herbert Unruh zahlt Trennungsunterhalt an seine dauernd getrennt lebende Ehefrau Rosemarie in Höhe von monatlich 1.200 €. Rosemarie lebt bescheiden und mietfrei bei ihrer Tante. Sie lebt von Herberts Unterhalt und ihren Einnahmen aus einem pauschalversteuerten Minijob. Außerdem zahlt er an seine erste Ehefrau Constanze nachehelichen Unterhalt in Höhe von 3.600 € jährlich. Sowohl Constanze als auch Rosemarie haben die Anlage U unterschrieben und nicht widerrufen.

Herbert rechnet in seinem neuen Steuerprogramm: 12 x 1.200 € = 14.400 € für Rosemarie. Bei Ansatz als Sonderausgaben mit dem Höchstbetrag von 13.805 € hat er einen Steuervorteil von fast 4.300 €. Er freut sich. Das sind 4.300 € für ihn! Bei Rosemarie ergibt sich voraussichtlich gar keine zu zahlende Einkommensteuer, da sie keine weiteren steuerpflichtigen Einkünfte hat. Falls Rosemarie zur Abgabe einer Steuererklärung aufgefordert wird, will er ihr gern die Steuerberatungskosten oder den Beitrag eines Lohnsteuerhilfevereins bezahlen.

Mit Constanze hat Herbert weniger guten Kontakt. Im Vorjahr musste er nach langem

Hin und Her an Constanze rund 200 € Nachteils-Ausgleich für Steuern bezahlen. Wenn er die Unterhaltsleistungen von 3.600 € plus die gezahlten Steuern des Vorjahres 200 €, also insgesamt 3.800 € als Sonderausgaben in sein eigenes Steuerprogramm eingibt, errechnet sich eine weitere Erstattung von gut 1.000 € für ihn. Leider will Constanze ihm ihre eigenen Steuerzahlen nicht offenlegen. Aber Herbert ahnt nichts Gutes. Er weiß, dass Constanze im November des Vorjahres einen neuen Job angetreten hatte. Allein deshalb war es zu den 200 € Steuernachzahlung für ihn gekommen. Im Vorjahr hatte er dann zwar den Ärger und die Schreiberei mit Constanze, aber immerhin blieb ihm noch ein Steuervorteil von rund 700 € nach Abzug aller Kosten. Er vermutet, dass dieses Jahr die Zahlung an Constanze für den „Nachteil" deutlich höher sein würde als der für ihn errechnete Steuervorteil. Immerhin hat Constanze nun ganzjährig gearbeitet und sie ist wohl auch befördert worden – wie ihm Bekannte berichtet haben. Es ist ihm zu mühselig und heikel. Dieses Jahr verzichtet er deshalb auf den Ansatz dieser Unterhaltszahlungen an Constanze als Sonderausgaben. Für nächstes Jahr will er neu überlegen, denn **er** hat ja die Wahl; nur was soll er wählen? Eigentlich schade, denkt er sich – denn im Zweifel „gewinnt" nur das Finanzamt. Vielleicht kann er Constanze doch noch gnädig stimmen. Er könnte sie am eventuellen Steuervorteil beteiligen, wenn sie ihm ihre steuerlichen Verhältnisse offenlegt, philosophiert er.

Kirchenaustritt und Steuerersparnis

Die von Ihnen gezahlte Kirchensteuer stellt steuerlich betrachtet eine „Sonderausgabe" dar. Die Auswirkung ist einer Spende ähnlich. Zur Berechnung Ihrer gezahlten Kirchensteuer addieren Sie die Beträge (bei Zusammenveranlagung: die beider Ehegatten) laut eTIN Zeilen 6/7 und 12/13 (→ Seite 36) und die gezahlten Kirchensteuern gemäß Vorauszahlungsbescheid sowie eventuelle Nachzahlungen aus dem Vorjahr. Erstattungen aus Vorjahren müssen Sie allerdings abziehen. Seit 2012 werden Erstattungen für Vorjahre im Jahr der Erstattung berücksichtigt. Kirchensteuererstattungen aus Vorjahren wirken oft wie eine „Negativ-Spende". Sind die Rückerstattungen höher als Ihre gezahlten Kirchensteuern, entsteht ein Kirchensteuerüberhang und Ihr ZVE erhöht sich. Wenn Sie Ihre Steuererklärung mithilfe eines Steuerprogramms ausfüllen, erledigt das Steuerprogramm diese Aufgabe für Sie automatisch, vorausgesetzt Sie tätigen die Eingaben richtig und vor allem vollständig.

Die Höhe der Kirchensteuer richtet sich nach Ihrer Einkommensteuer. Sie beträgt in den meisten Bundesländern 9 % der Einkommensteuer; lediglich Bayern und Baden-Württemberg bilden mit 8 % eine Ausnahme.

Ein Kirchenaustritt erspart Ihnen zwar die Zahlung der Kirchensteuern, mindert aber auch Ihre Sonderausgaben. Abhängig von der Höhe Ihres persönlichen Steuersatzes beträgt die tatsächliche Steuerersparnis nur 70 bis 80 % der nicht mehr zu zahlenden Kirchensteuer.

 GUT ZU WISSEN

Kirchensteuererstattung

Aufgrund der Korrekturbescheide wegen der neuen stufenweisen Berechnung der außergewöhnlichen Belastungen (in der Regel ab Veranlagungszeitraum 2013), werden für 2019 diese Kirchensteuererstattungen zum Tragen kommen.

BEISPIEL: Der Witwer Gustav Liebling ist zum 1.2.2019 aus der Kirche ausgetreten. Von seiner Pension wurden für den Januar laut eTIN noch 14 € Kirchensteuer einbehalten. In den Vorjahren betrugen seine Abzüge für Kirchensteuer immer 150 € bis 170 €. Anfang des Jahres 2020 erstellt Gustav seine Einkommensteuererklärung für 2019 und rechnet. Er gibt in sein Steuerprogramm seine fiktive Kirchensteuerzahlung von 168 € (12 Monate x 14 €) ein. Enttäuscht stellt Gustav fest, bei einer Kirchensteuerzahlung für das ganze Jahr hätte er fast 50 € Steuern weniger bezahlt. Seine wirkliche Einsparung beträgt also nur gut 100 € (168 € minus 14 € minus 50 €).

Einige Wochen später bekommt Gustav Liebling vom Finanzamt seinen Steuerbescheid. Leider weicht das Ergebnis von seinen Berechnungen ab. Er soll an das Finanzamt sogar Geld bezahlen. Sein Steuerprogramm hatte eine Erstattung von gut 50 € errechnet. Schon auf den ersten Blick erkennt er – es muss an den Kirchensteuern liegen. Im Bescheid auf der zweiten Seite stehen unter „unbeschränkt abziehbare Sonderausgaben" ganz andere Werte und „Kirchensteuerüberhang". Zunächst glaubt Gustav an einen Fehler des Finanzamtes. Doch dann entdeckt er auf der vorletzten Seite seines Steuerbescheids: „Erläuterungen". Recht unauffällig mitten in dem Kleingedruckten hat das Finanzamt eine Berechnung zur Kirchensteuer abgedruckt: gezahlte Kirchensteuer 14 €; erstattete Kirchensteuern 177,40 € (aus 2018: 63,20 €; aus 2017: 59,40 € und aus 2016: 54,80 €). Das sind genau die Zahlen, die auch vorne im Bescheid stehen. Kirchensteuer: ./. 163,40 € (14 € abzüglich 177,40 €). Plötzlich fällt es Gustav ein: Ja, er hatte tatsächlich in 2019 mehrere korrigierte Steuerbescheide mit Erstattungen für die Vorjahre bekommen. Ihm war rückwirkend ab 2016 eine Schwerbehinderung bescheinigt worden. Das Finanzamt hatte aufgrund seines Antrags jeweils die Schwerbehindertenpauschale angesetzt. Das führte zur Neuberechnung der zurückliegenden Jahre mit entsprechend erfreulichen Erstattungen. Gustav merkt – es liegt doch kein Fehler des Finanzamtes vor. Er wird wohl oder übel zahlen müssen.

Spenden und Mitgliedsbeiträge

Spenden an gemeinnützige Organisationen, politische Parteien, aber auch bestimmte Mitgliedsbeiträge mindern als Sonderausgaben Ihr ZVE (→ Seite 20/21). Sie wirken ähnlich wie die gezahlten Kirchensteuern. Grundsätzlich benötigen Sie einen Nachweis für Ihre Spende. Bei kleineren Beträgen reicht auch ein Konto-Auszug aus. Ab 200 € sollten Sie grundsätzlich eine vorschriftsmäßige Spendenbescheinigung haben. In Katastrophenfällen (zum Beispiel Überschwemmungen oder Erdbeben) gibt es Sonderregelungen für vereinfachte Nachweise.

→ **TIPP Überweisung anstatt Kleingeld**
Wer kein Kleingeld in den Klingelbeutel wirft, sondern stattdessen monatlich oder halbjährlich eine Überweisung als Spende tätigt, hat einen Nachweis für die Steuer.

Zuwendungen zur Förderung mildtätiger, kirchlicher oder gemeinnütziger Zwecke sind alljährlich bis zum Höchstbetrag als Sonderausgaben abzugsfähig. Der Höchstbetrag ist gedeckelt auf 20 % Ihres Gesamtbetrags der Einkünfte (GdE). Übersteigen Ihre Spenden in einem Jahr diesen Höchstbetrag, geht aber trotzdem nichts verloren. Das Finanzamt stellt den übersteigenden Betrag mit Ihrem Einkommensteuerbescheid automatisch fest. Diese Spenden werden dann auf Folgejahre unbefristet vorgetragen. Wenn Sie einer als Kirche anerkannten Religionsgemeinschaft angehören, die keine Kirchensteuer einzieht (etwa Neuapostolische Kirche, Zeugen Jehovas, Heilsarmee), gelten Ihre Zuwendungen an diese Kirche bis zur Höhe der vergleichbaren gesetzlichen Kirchensteuer als „Kirchensteuer". Nur die übersteigenden Beträge stellen Spenden dar, die in die erwähnte Höchstbetrag-Berechnung einfließen.

Auch Mitgliedsbeiträge zu gemeinnützigen Vereinen sind wie Spenden steuermindernd absetzbar. Denken Sie dabei an die Fördervereine von Schulen und Kindergärten, Tierschutzvereine, Malteser, Johanniter, Naturschutzverein – um nur einige zu nennen. Ausgenommen sind Vereine, die der sportlichen Ertüchtigung, Freizeitgestaltung und Geselligkeit dienen.

Ihre Spenden an politische Parteien und unabhängige Wählervereinigungen stellen eine Besonderheit dar. Jeweils die Hälfte Ihrer Spende an eine politische Partei, höchstens jedoch 825 € (bei Ehepaaren 1.650 €) können Sie sofort von Ihrer zu zahlenden Steuer abziehen. Neben der Parteispende gilt nochmals der gleiche Höchstbetrag für Ihre Spende an unabhängige Wählervereinigungen. Nur für politische Parteien gibt es dann für die übersteigenden Spendenbeträge nochmals einen Abzug als Sonderausgaben; höchstens jedoch weitere 1.650 € (bei Ehepaaren 3.300 €).

BEISPIEL: Holde Fürsorge wohnt in Köln. Sie ist alleinstehend und hat ein gutes Auskommen mit ihrem Einkommen. Alljährlich spendet sie großzügig und alle Belege liegen vor. Schon seit vielen Jahren ist sie Mitglied einer als Kirche anerkannten Religionsge-

meinschaft. 2020 hat sie an diese Gemeinschaft 2.500 € überwiesen; sie spendete an Ärzte ohne Grenzen einmalig 5.000 €, an eine notleidende Familie in der Nachbarschaft 300 €, SOS-Kinderdörfer 1.500 € und den Sportverein 300 € für den neuen Kunstrasen. Außerdem an die ihr nahestehende politische Partei 4.000 € und zusätzlich für eine freie Wählergemeinschaft 2.000 €. Des Weiteren machte sie zusätzlich einige kleinere Spenden von insgesamt 5 x 30 €. Die Geburtstagsjubilare hatten anstelle von Geschenken um Spenden an gemeinnützige Institutionen gebeten. Holde zahlt jährlich Mitgliedsbeiträge: Johanniter-Unfall-Hilfe 60 €, beim Karnevalsverein 30 € und beim Sportverein 120 €. In Ihrer Steuererklärung darf sie nun eintragen:

Kirchensteuer:	
(Sie hat gerechnet: von ihr gezahlte Lohnsteuer rund 13.000 € x 9 % = 1.170 € fiktive Kirchensteuer) Religionsgemeinschaft 2.500 €, davon Ansatz als Kirchensteuer	1.170 €
Spenden für mildtätige Zwecke:	
Religionsgemeinschaft (2.500 € abzüglich 1.170 €) bereits als Kirchensteuer angesetzt	1.330 €
Ärzte ohne Grenzen	5.000 €
SOS-Kinderdörfer	1.500 €
Sportverein (Spende, nicht Mitgliedsbeitrag)	300 €
diverse Kleinspenden (5 x 30 €)	150 €
Beitrag Johanniter-Unfall-Hilfe	60 €
SUMME	8.340 €

Aussteller (Bezeichnung und Anschrift der steuerbegünstigten Einrichtung)

Bestätigung über Geldzuwendungen/Mitgliedsbeitrag

im Sinne des § 10b des Einkommensteuergesetzes an eine der in § 5 Abs. 1 Nr. 9 des Körperschaftsteuergesetzes bezeichneten Körperschaften, Personenvereinigungen oder Vermögensmassen

Name und Anschrift des Zuwendenden

Betrag der Zuwendung - in Ziffern -	- in Buchstaben -	Tag der Zuwendung:
300,00	dreihundert	27.08.2019

Es handelt sich um den Verzicht auf Erstattung von Aufwendungen   Ja ☐   Nein ☒

☒   Wir sind wegen Förderung (Angabe des begünstigten Zwecks / der begünstigten Zwecke)

des Sports

nach dem Freistellungsbescheid bzw. nach der Anlage zum Körperschaftsteuerbescheid des Finanzamtes

Soest   StNr. 343/5751/0402   vom   27.09.2017   für den letzten

Veranlagungszeitraum   2016   nach § 5 Abs. 1 Nr. 9 des Körperschaftsteuergesetzes von der

Körperschaftsteuer und nach § 3 Nr. 6 des Gewerbesteuergesetzes von der Gewerbesteuer befreit.

☐   Die Einhaltung der satzungsmäßigen Voraussetzungen nach den §§ 51, 59, 60 und 61 AO wurde vom Finanzamt

StNr.   mit Bescheid vom   nach § 60a AO gesondert

festgestellt. Wir fördern nach unserer Satzung (Angabe des begünstigten Zwecks / der begünstigten Zwecke)

Es wird bestätigt, dass die Zuwendung nur zur Förderung (Angabe des begünstigten Zwecks / der begünstigten Zwecke)

des Sports

verwendet wird.

Nur für steuerbegünstigte Einrichtungen, bei denen die Mitgliedsbeiträge steuerlich nicht abziehbar sind

☐ Es wird bestätigt, dass es sich nicht um einen Mitgliedsbeitrag handelt, dessen Abzug nach § 10b Abs. 1 des Einkommensteuergesetzes ausgeschlossen ist.

Ense - Lüttringen, den 17. September 2019

(Ort, Datum und Unterschrift des Zuwendungsempfängers)

Hinweis:
Wer vorsätzlich oder grob fahrlässig eine unrichtige Zuwendungsbestätigung erstellt oder veranlasst, dass Zuwendungen nicht zu den in der Zuwendungsbestätigung angegebenen steuerbegünstigten Zwecken verwendet werden, haftet für die entgangene Steuer (§ 10b Abs. 4 EStG, § 9 Abs. 3 KStG, § 9 Nr. 5 GewStG).

Diese Bestätigung wird nicht als Nachweis für die steuerliche Berücksichtigung der Zuwendung anerkannt, wenn das Datum des Freistellungsbescheides länger als 5 Jahre bzw. das Datum der Feststellung der Einhaltung der satzungsmäßigen Voraussetzungen nach § 60a Abs. 1 AO länger als 3 Jahre seit Ausstellung des Bescheides zurückliegt (§ 63 Abs. 5 AO).

Abb. 16: Spendenbescheinigung

Bei der Berechnung des Höchstbetrages wird Holde von ihrem Steuerprogramm unterstützt. Ihr Gesamtbetrag der Einkünfte (GdE) beträgt rund 35.000 €; davon 20 % = 7.000 €. Sie merkt, ihre Spenden waren recht hoch dieses Jahr. Nun, nächstes Jahr fällt die Einmalspende ohnehin weg. Das Finanzamt wird ihr den übersteigenden Betrag von 1.340 € als Spendenvortrag „gutschreiben".

(Holde weiß, die Privatspende an die Familie in der Nachbarschaft ist steuerlich nicht absetzbar; dennoch hat sie gern geholfen. Die Mitgliedsbeiträge für den Sport- sowie den Karnevalsverein werden ebenfalls nicht als Sonderausgaben akzeptiert.)

Für die Parteispende von 4.000 € erhält Holde vom Finanzamt eine direkten Steuerabzug von 825 €. Das Programm hat für sie berechnet: 50 % von 4.000 € = 2.000 €, maximal jedoch anwendbar auf 1.650 € mit Steuerabzugsbetrag: 825 €. Übersteigender Betrag: 4.000 € abzüglich bereits angesetzten 1.650 €, bleiben 2.350 €. Als Sonderausgaben steuermindernd allerdings nur 1.650 € anzusetzen. (Die verbleibende Differenz von 700 € bleibt leider ohne Steuerauswirkung.) Für die Zuwendung an die Wählervereinigung gibt es leider gar keinen Sonderausgabenabzug, weiß Holde. 50 % von 2.000 € = 1.000 €; höchstens jedoch 825 € werden jedoch nochmals direkt von Holdes Steuer abgezogen. Insgesamt wirken sich bei Holde Fürsorge die Spenden mit 8.650 € Sonderausgabenabzug (7.000 € + 1.650 €) als Abzug von ihrem ZVE steuermindernd aus. Zusätzlich 1.650 € (2 x 825 €) als direkter Abzug von der zu zahlenden Einkommensteuer.

MUSTERFALL: Der Bescheid vom 12. April **2019** ändert den Einkommensteuerbescheid 2015 (seinerzeit ergangen am 7.7.2016) von Amts wegen. Mit der neuen stufenweisen Berechnung hatte sich die zumutbare Eigenbelastung des Ehepaares von bislang 1.730 € auf 1.219 € gesenkt. Somit konnten vom ZVE nunmehr 1.177 € anstatt bislang 666 € als außergewöhnliche Belastung abgezogen werden – wie auf Seite 2 des Bescheides zu lesen ist (→ Ausschnitt 1 und 2).

Die Steuerauswirkung beträgt in dem Fall, allein durch diese Korrektur, 168 € Einkommensteuer. Hinzu kommen noch der Solidaritätszuschlag mit 8,89 € sowie die Kirchensteuer mit 14,22 € und sogar 6 % Zinsen – immerhin 18 €. TOTAL überweist das Finanzamt 208,19 € (→ Ausschnitt 3).

Auf Seite 3 des Bescheides wird u.a. erläutert, warum der alte Bescheid geändert wurde, wie die Zinsen zu berechnen waren und es wird bereits auf die Auswirkung im Folgejahr (also Steuer 2019) hingewiesen: Als Sonderausgaben (→ Ausschnitt 4) wird die Differenz zwischen der gezahlten und der erstatteten Kirchensteuer berücksichtigt. Die Steuerauswirkung ist wie eine „Negativ-Spende" im Folgejahr (→ Ausschnitt 5).

(Übrigens: Die Erstattungszinsen – in diesem Fall handelt es sich um 18 € – sind steuerpflichtige Kapitalerträge für den Veranlagungszeitraum (VZ) 2019! → Seite 47)

```
außergewöhnliche Belastungen
  zumutbare Belastung
   (2 v.H. von . . . . 86.532)        1.730
  Aufwendungen nach § 33 EStG . . . . . . . . . .   2.396
  zumutbare Belastung . . . . . . . . . . . . . .  -1.730
  abziehbar nach § 33 EStG . . . . . . . . . . . .    666                    -666
```
Ausschnitt 1: Ursprungsbescheid vom 7.7.2016 für 2015.

```
außergewöhnliche Belastungen
  ab
   Aufwendungen nach § 33 EStG . . . . . . . . . . . . . . . .   2.396
   zumutbare Belastung . . . . . . . . . . . . . . . . . . .  -1.219
   abziehbar nach § 33 EStG . . . . . . . . . . . . . . . . .   1.177           -1.177
   Behinderten-Pauschbetrag/-beträge . . . . . . . . . . . .                     -430
     Grad der Behinderung des Ehemanns   40
```
Ausschnitt 2: Korrekturbescheid vom 12.4.2019 für 2015.

```
Festsetzung

Art der Festsetzung
Der Bescheid ist nach § 165 Abs. 2 AO geändert und nach § 165 Abs. 1 Satz 2 AO teilweise vorläufig.

Festsetzung
```

	Einkommen-steuer €	Zinsen zur Einkommen-steuer €	röm.-kath. Kirchen-steuer €	Solida-ritäts-zuschlag €	Insgesamt €
Festgesetzt werden	15.730,00	-18,00	907,20	554,40	
Abzug vom Lohn des Ehemanns	-17.501,00		-968,01	-591,57	
Abzug vom Lohn der Ehefrau	-491,00		-44,16		
verbleibende Beträge	-2.262,00	-18,00	-104,97	-37,17	-2.422,14
Abrechnung in € nach dem Stand vom 05.04.19					
abzurechnen sind	-2.262,00	-18,00	-104,97	-37,17	-2.422,14
bereits erstattet	2.094,00	0,00	90,75	28,48	2.213,23
demnach zuviel gezahlt	168,00	18,00	14,22	8,69	208,91

Ausschnitt 3: Erste Seite des Korrekturbescheides für 2015.

```
Erläuterungen
Der Korrekturbescheid wurde von Amts wegen geändert, weil die zumutbare Belastung nach dem BFH-Urteil
vom 19. Januar 2017 (BStBl II 2017 S. 684) nun stufenweise zu berechnen ist und sich dadurch die
abzugsfähigen außergewöhnlichen Belastungen zu Ihren Gunsten erhöhen. Ein gesonderter Antrag war
hierfür nicht erforderlich.

Dieser Bescheid ändert den Bescheid vom 07.07.2016.

Als Sonderausgaben wurde die Differenz zwischen der im Kalenderjahr gezahlten und der erstatteten
Kirchensteuer berücksichtigt.
Die Zinsen werden gem. § 233 a Abgabenordnung festgesetzt. Der zu verzinsende Betrag wurde auf den
nächsten durch 50,- € teilbaren Betrag abgerundet (§ 238 Abgabenordnung).
```
Ausschnitt 4: Dritte Seite des Korrekturbescheides vom 12.4.2019.

```
ab unbeschränkt abziehbare Sonderausgaben
  im Kalenderjahr 2015 geleistete
   Zuwendungen nach § 10b Abs. 1 EStG . . . . . . . . . . .    50
  im Veranlagungszeitraum abziehbar . . . . . . . . . . . .    50          50
   gezahlte Kirchensteuer . . . . . . . . . . . . . . . .  1.348
  ab erstattete Kirchensteuer . . . . . . . . . .          -585
   Kirchensteuer                                                         763
  Kinderbetreuungskosten                                               1.139
  Summe der unbeschränkt abziehbaren Sonderausgaben                             -1.952
```
Ausschnitt 5: Zweite Seite des Korrekturbescheides vom 12.4.2019.

Außergewöhnliche Belastungen – auch Kinder

In diesem Kapitel erfahren Sie, wie aus Ihren Kindern steuerlich außergewöhnliche Belastungen werden, die der Fiskus anerkennt. Und es gibt noch viele andere Belastungen, die die Steuerschuld senken können.

Bei „außergewöhnlichen Belastungen" handelt es sich um einen weiteren genau definierten Steuerfachbegriff. In § 33 EStG heißt es:

> „Erwachsen einem Steuerpflichtigen zwangsläufig größere Aufwendungen als der überwiegenden Mehrzahl der Steuerpflichtigen [...]."

Für den steuermindernden Ansatz dieser **privaten** Aufwendungen müssen Ihnen diese **zwangsläufig** entstehen. In diesem Zusammenhang ist „zwangsläufig" das Gegenteil von „freiwillig". Beispielsweise spenden Sie freiwillig, während Sie zum Unterhalt an Familienangehörige in gerader Linie sogar gesetzlich verpflichtet sind. Außerdem müssen die Aufwendungen „außergewöhnlich" sein – außergewöhnlich im Verhältnis zu anderen, vergleichbaren Steuerpflichtigen. Zu guter Letzt müssen die Aufwendungen Sie auch „belasten". Deshalb wird Ihnen bislang eine gewisse Eigenbelastung zugemutet, abhängig von der Höhe Ihres Einkommens und Ihrem Familienstand. Diese „zumutbare Eigenbelastung" ist derzeit strittig – noch liegt jedoch kein Urteil über die Verfassungsmäßigkeit vor. Alle Steuerbescheide ergehen aber seit einiger Zeit diesbezüglich „unter Vorbehalt" und werden gegebenenfalls rückwirkend korrigiert.

Solange die zumutbare Eigenbelastung nicht durch höchstrichterliche Urteile gekippt ist, können Sie anhand der Tabelle → Seite 128 Ihren persönlichen Betrag ermitteln.

Beachten Sie: Die Berechnungsmethode hat sich zu Ihren Gunsten geändert. Seit Mai 2017 findet die stufenweise Berechnung An-

Zumutbare Belastung

FAMILIENSTAND	GESAMTBETRAG DER EINKÜNFTE IN EURO		
	bis 15.340	bis 51.130	über 51.130
Ledige ohne Kind	5 %	6 %	7 %
Verheiratete ohne Kind	4 %	5 %	6 %
mit 1 oder 2 Kindern	2 %	3 %	4 %
mit mehr als 2 Kindern	1 %	1 %	2 %

 FINANZEN

Beispielrechnung

Martin und Martina Trick-Reich sind verheiratet und haben keine kindergeldberechtigten Kinder. Ihr Gesamtbetrag der Einkünfte (GdE) beträgt in 2018 (ähnlich wie in den Vorjahren) 64.000 €. Sie berechnen ihre zumutbare Belastung:

15.340 € x 4 % = **613,60 €**
51.130 € – 15.340 € = 35.790 € x 5 %
= **1.789,50 €**
64.000 € – 51.130 € = 12.870 € x 6 %
= **722,20 €**

Das ergibt die zumutbare Eigenbelastung in Höhe von: **3.125,30 €**
(Die alte Berechnung wäre gewesen: 64.000 € x 6 % = 3.840 €.)

wendung. Inzwischen haben die Finanzämter von Amts wegen bereits viele Steuerbescheide zu Gunsten der Steuerpflichtigen korrigiert und entsprechende Beträge – zum Teil einschließlich Zinsen – erstattet. Das war natürlich nur möglich, wenn die Eintragungen von Ihnen auch in den zurückliegenden Jahren (meist ab 2013) erfolgten. Wer nichts eingetragen hatte, weil er oder sie glaubte, die „Hürde" der zumutbaren Eigenbelastung nicht zu überschreiten, muss wissen: Noch ist es nicht zu spät! Falls Sie mit der neuen stufenweisen Berechnung nun doch die „magische Hürde" nehmen, reichen Sie Ihre Aufstellungen nebst Belegen bei Ihrem Finanzamt ein und bitten Sie um entsprechende Berücksichtigung.

Bei der „Anzahl der Kinder" sind Kinder im Haushalt gemeint, für die Sie Kindergeldanspruch haben.

GUT ZU WISSEN

Im Todesfall

Korrekturbescheide vom Finanzamt
ergehen auch an bereits Verstorbene.
In diesem Fall werden die Erstattungen
den Erben ausgezahlt.

Nach bisheriger Rechtsprechung müssen die
Trick-Reichs also außergewöhnliche Belastungen bis zum Betrag von 3.125 € selbst
tragen. Somit ergibt sich eine steuerliche
Auswirkung für die beiden erst dann, wenn
sie entsprechend höhere Aufwendungen innerhalb eines Kalenderjahres nachweisen
können.

Und genau hier liegt, durch geschickte
Steuerung der Aufwendungen, erhebliches
Steuersparpotenzial. Wenn Sie die Ausgaben
zum Beispiel für eine neue Gleitsichtbrille,
die Anschaffung des Hörgerätes und auch die
hohen Zahnarztzuzahlungen in einem Kalenderjahr „bündeln", wird zumindest in
diesem einen Jahr die zumutbare Eigenbelastung steuermindernd überschritten.

Martin benötigt ein neues Hörgerät. Eigentlich wollte er sich erst Anfang 2021 darum
kümmern; der Kostenvoranschlag hatte eine
Eigenleistung von rund 2.000 € ausgewiesen. Er hatte bereits Zuzahlungen für seine

Gleitsichtbrille im Sommer 2020 von fast
1.000 € bezahlt. Martina ließ im Frühjahr
Zahnimplantate machen und hatte dafür
etwa 1.250 € Versichertenanteil bezahlt. Auch
die neue Brille für Martina – vermutlich weitere 1.000 € Zuzahlung – wollten die beiden
auf nächstes Jahr verschieben. Obwohl – das
Geld hätten sie ja schon gespart.

Noch im Herbst 2020 rechnen die beiden:
Brille Martin: 1.000 € plus Zähne Martina
1.250 € sowie ein paar kleinere Apothekenzuzahlungen, bisher 125 €, ergibt bisherige
Ausgaben in 2020: 2.375 €. Martin hat ab März
2020 eine Schwerbehinderung GdB 70 mit
Buchstabe „G" (Gehbehinderung). Er kann
noch private Fahrtkosten von 3.000 km x
0,30 € ansetzen; allerdings zeitanteilig für
10 Monate (3.000 km / 12 Monate x 10 Monate x 0,30 €) weitere 750 €. Bei einer zumutbaren Eigenbelastung von 3.125 € keine
Steuerauswirkung in 2020 (2.375 € + 750 € =
3.125 €) und voraussichtlich auch nicht für
2021. Da hatten die beiden ja geplant: Brille
Martina 1.000 € und Hörgerät Martin 2.000 €,
zusammen bisher rund 3.000 €, zuzüglich
900 € für Privatfahrten aufgrund der Behinderung. Kurzfristig entscheiden sich die
Trick-Reichs, noch in 2020 sowohl Brille als
auch Hörgerät anzuschaffen. Somit entstehen in 2020 insgesamt 6.125 € als außergewöhnliche Belastungen, die sich nach Abzug
der zumutbaren Eigenbelastung mit immerhin 3.000 € auswirken werden. Dabei haben

die beiden die Fahrten zu den Ärzten, zum Hörgeräteakustiker und Optiker noch gar nicht berücksichtigt.

Ob es sich bei ihren Aufwendungen um außergewöhnliche Belastungen handelt, ist sicherlich im Zweifel im Einzelfall anhand der zuvor zitierten Definition zu prüfen.

Unbestritten sind krankheitsbedingte Kosten außergewöhnlichen Belastungen. Allerdings müssen Sie die „Zwangsläufigkeit" dem Finanzamt nachweisen. So sind beispielsweise die Kosten einer Schönheits-OP nur in ganz seltenen Ausnahmefällen absetzbar. Das Finanzamt geht regelmäßig von einer Zwangsläufigkeit aus, wenn sich Ihre Krankenkasse an den Kosten beteiligt hat oder eine Verordnung vorliegt. Verordnen können zum Beispiel Optiker, Ärzte, Heilpraktiker, Zahnärzte. Auf jeden Fall sollten Sie Ihre Zuzahlungsbelege, Rezeptgebühren, aber auch Privatrezepte sammeln. Auch die mit der Krankheit verbundenen Fahrten zum Arzt, Zahnarzt oder Krankenhaus stellen außergewöhnliche Belastungen dar. Es lohnt sich durchaus, bereits ab Beginn des Jahres alle diesbezüglichen Fahrten in einer Liste oder einem Kalender einzutragen (→ Seite 137).

Am Jahresende errechnen Sie dann Ihre insgesamt gefahrenen Kilometer (hin und zurück). Pro Kilometer dürfen Sie 0,30 € als Kosten ansetzen. Wenn Sie eine Schwerbehinderung von mindestens 70 % mit Buchstabe G oder 80 % ohne Buchstabe haben, können Sie zusätzlich zum Behindertenpauschbetrag **ohne Einzelnachweis** 3.000 km x 0,30 € = 900 € jährlich für private Fahrten geltend machen. Tritt die Behinderung erst im Laufe des Jahres ein, werden die Kilometer-Kosten nur zeitanteilig berücksichtigt. Liegen die Merkzeichen aG, H oder Bl vor, können sogar bis zu 15.000 Kilometer Privatfahrten angesetzt werden; allerdings müssen diese zum Beispiel durch eine Auflistung und Nachweise glaubhaft gemacht werden.

Pflege und Pflegepauschbeträge: Pflegen Sie einen Angehörigen, gewährt Ihnen das Finanzamt einen Pauschbetrag von 924 € pro Jahr je pflegebedürftiger Person. Der Betrag wird auch dann in voller Höhe angesetzt, wenn nur für einen Teil des Jahres die Voraussetzungen vorgelegen haben (ein Tag reicht aus). Teilen Sie sich die Pflege mit einem oder mehreren anderen Angehörigen, kann der Pauschbetrag aufgeteilt werden. Die Voraussetzung für die Pflegebedürftigkeit müssen Sie nachweisen ab Pflegegrad 4 (seit 2017, davor Pflegestufe III); Kennzeichen H oder Bl im Behindertenausweis. Wenn Sie also sowohl Ihre erblindete Mutter als auch Ihnen pflegebedürftigen Vater versorgen, dürfen Sie zweimal 924 € = 1.848 € vom GdE (Gesamtbetrag der Einkünfte) abziehen. Teilen Sie sich die Pflege mit Ihrer Schwester je zur Hälfte, dürfen Sie und Ihre Schwester jeweils 924 € als außergewöhnliche Belastung absetzen. Es wird keine zumutbare Eigenbelastung abgezogen. Die Eintragungen erfolgen auf Anlage „Außergewöhnliche Belastungen" in den **Zeilen 11 bis 12**.

Außergewöhnliche Belastungen sind auch Ihre Kosten bei einer dauerhaften Heimunterbringung. Erstattungen der Kranken- beziehungsweise Pflegekasse werden gegengerechnet. Allerdings wird von den Aufwendungen die sogenannte „Haushaltsersparnis" in Abzug gebracht, wenn der eigene Haushalt aufgelöst wurde. Denn Kosten für Miete, Strom, Heizung usw. wären ja ohnehin angefallen. Bei einer nur vorübergehenden Unterbringung im Pflegeheim gilt dieses natürlich nicht, denn Ihre Kosten laufen

ja weiter. Auch der Grund der Heimunterbringung ist von großer Bedeutung. Wenn Sie altersbedingt in ein Pflegeheim ziehen, handelt es sich nicht um außergewöhnliche Belastungen, weil das Altern eben **nicht** außergewöhnlich im Sinne des Steuergesetzes ist. Sie müssen den Nachweis der Pflegebedürftigkeit (Pflegegrad) oder der Hilflosigkeit (Kennbuchstabe H oder Bl im Behindertenausweis) erbringen.

 GUT ZU WISSEN

Gut zu wissen: Ab 2021 gelten neue Regelungen für Schwerbehinderungen und Pflege. Mehr dazu lesen Sie ab Seite 181.

Beerdigungskosten eines nahen Angehörigen sind ebenso unstrittig dem Grunde nach außergewöhnliche Belastungen. Trauerkleidung, Reisekosten und der Leichenschmaus gehören nicht zu den absetzbaren Aufwendungen. Allerdings müssen Sie ausgezahlte Sterbegeldversicherungen oder ein eventuelles Erbe gegenrechnen, denn grundsätzlich sind Beerdigungskosten zunächst aus dem Nachlass zu bestreiten.

Wenn Sie bei einer privaten Krankenkasse versichert sind, haben Sie vielleicht einen kostengünstigeren Tarif mit Eigenbeteiligung gewählt. Diese Eigenbeteiligung – also von Ihnen selbst bezahlte Rechnungen – ist ebenfalls eine außergewöhnliche Belastung; genau wie bei Beamten die einbehaltene Kostendämpfungspauschale. Auch Ihre Aufwendungen für die Zuzahlungsbefreiung bei der Krankenkasse und Krankenhauszuzahlungen stellen außergewöhnliche Belastungen dar.

Alle außergewöhnlichen Belastungen werden in dem neuen Formblatt „Anlage Außergewöhnliche Belastungen" (→ Seite 195) eingetragen.

 HINTERGRUND

Heirat und Scheidung nicht absetzbar

Die Aufwendungen für eine Hochzeit galten noch nie als „außergewöhnliche Belastungen". Scheidungskosten und Zivilprozesskosten sind, bis auf ganz wenige Ausnahmen, seit 2013 auch keine außergewöhnlichen Belastungen mehr. Immerhin werden hierzulande fast 40 % aller Ehen geschieden, somit kann von „außergewöhnlich" keine Rede mehr sein.

Neben den außergewöhnlichen Belastungen allgemeiner Art gibt es noch die „außergewöhnlichen Belastungen in besonderen Fällen"; und in diesen Fällen gibt es keine zumutbare Eigenbelastung (→ Seite 128/129).

Steuerrechtlich ist Ihnen ein Kind immer dann zuzurechnen, wenn Sie für dieses Kind Anspruch auf Kindergeld haben. Alle entsprechenden Angaben hierzu machen Sie auf der **Anlage Kind** (→ Seite 223). Grundsätzlich sind mit den gewährten Kinderfreibeträgen alle Aufwendungen für Ihr Kind abgegolten. Eine Ausnahme gibt es, wenn Ihr Kind **zu Ausbildungszwecken** auswärts untergebracht ist. Eintragungen auf **Anlage Kind**, Seite 3, **Zeilen 61 bis 64**. Es wird Ihnen je Kind eine Pauschale in Höhe von 924 € (anteilig monatlich 77 €) als außergewöhnliche Belastung (ohne zumutbare Eigenbelastung) gewährt.

Beginnt oder beendet Ihr Kind innerhalb des Jahres die auswärtige Unterbringung, so wird der Pauschbetrag nur anteilig für die betreffenden Monate gewährt. Getrennt lebende Elternteile können sich diesen Betrag teilen. Dieser Betrag ist eine Pauschale ohne Nachweis einzelner Kosten. Auch wenn Sie tatsächlich weitaus höhere Aufwendungen hatten – mehr als die Pauschale wird nicht anerkannt.

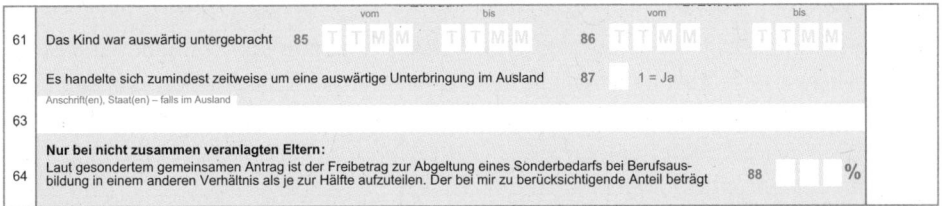

Anlage Kind, Seite 3, Zeilen 61 bis 64.

Die zweite „besondere" außergewöhnliche Belastung ohne Anrechnung einer zumutbaren Eigenbelastung sind Ihre **Unterstützungsleistungen an unterhaltsberechtigte Personen**; jedoch **keine** Personen, für die ein Anspruch auf Kindergeld besteht. Nur wenn Sie für Ihre Kinder keinen Kindergeldanspruch mehr haben, sollten Sie prüfen, ob Sie „außergewöhnliche Belastungen" geltend machen können. Verwandte in gerader Linie (Großeltern, Eltern, Kinder) sind gesetzlich unterhaltsverpflichtet. Auch wer in „wilder Ehe" lebt, ist dem Partner gegenüber zum Unterhalt verpflichtet.

Eine Bedürftigkeit liegt vor, wenn die unterstützte Person kein eigenes Einkommen und auch kein nennenswertes Vermögen hat. Sie können die Unterstützungen in Form von Naturalien oder Geld leisten. Der als außergewöhnliche Belastung anerkannte Jahres-Höchstbetrag beträgt 9.000 € für 2018, 2019 steigt er auf 9.168 € und in 2020 auf 9.408 € zuzüglich eventuell übernommenen Kranken- und Pflegeversicherungsbeiträgen (Ba-

sisversorgung). Auf diese Beträge angerechnet wird jedoch immer das gesamte eigene Einkommen der Person.

Als Einkommen zählen sowohl eine Ausbildungsvergütung als auch BAföG (nicht das Darlehen; nur der Zuschuss), Rente, Wohngeld, Arbeitslosengeld, Mutterschaftsgeld, Elterngeld usw. Tragen mehrere Personen zum Unterhalt bei, werden als außergewöhnliche Belastungen Ihre Unterhaltsleistungen nur anteilig angesetzt.

Lebt die unterstützte Person im Ausland, beispielsweise Ihre betagten Eltern mit einer ganz geringen Rente, gelten je nach Land andere Höchstbeträge und sehr strenge Anforderungen an die Nachweise. Sie müssen grundsätzlich Ihre Aufwendungen immer genau nachweisen und auch die Steuer-ID-Nummer angeben. Lebt die unterstützte Person bei Ihnen im Haushalt, setzen Sie für die Naturalleistungen den Höchstbetrag an. Besonders häufig entsteht so eine Situation, wenn Kinder über 25 Jahren das Studium noch nicht beendet haben. Wenn volljährige

Kinder aufgrund einer „aktiven Selbstfindungsphase" einfach nichts tun, besteht kein Kindergeldanspruch, gleichwohl aber eine Unterhaltspflicht der Eltern. Wenn Sie an einen Ex-Ehepartner Unterhaltszahlungen leisten und **nicht** das bereits erläuterte Realsplitting/Sonderausgabenabzug (→ Seite 116) wählen, können Sie die Zahlungen als außergewöhnliche Belastungen geltend machen. Sie benötigen dann keine Unterschrift des Expartners, sondern nur die Steuer-ID-Nummer und Sie müssen keinen Nachteil ausgleichen. Allerdings gelten auch in diesem Fall sowohl der Höchstbetrag als auch die Anrechnung des eigenen Einkommens. Die entsprechenden Eintragungen machen Sie in der **Anlage Unterhalt** (→ Musterfor-

mular Seite 232 und 233). Bitte verwechseln diese neue Anlage nicht mit der Anlage U – Letztere ist ausschließlich für Ehepartner beziehungsweise Ex-Ehepartner (→ Seite 116, Realsplitting/Sonderausgaben).

Wenn Sie eine nachgewiesene Schwerbehinderung haben, können Sie die damit in Zusammenhang stehenden Kosten als außergewöhnliche Belastungen von der Steuer absetzen. Sie haben grundsätzlich ein Wahlrecht, ob Sie Ihre entsprechenden Ausgaben im Einzelnachweis mühselig auflisten oder einen Pauschbetrag ohne Einzelnachweise absetzen möchten. Wählen Sie die Einzelnachweise, gilt die bereits erläuterte „zumutbare Eigenbelastung". Wählen Sie die Pauschale, so ist diese stets zusätzlich zu eventuellen anderen außergewöhnlichen Belastungen und es wird keine zumutbare Eigenbelastung abgezogen. Je nach Grad der Behinderung beträgt der jährliche Pauschbetrag:

Beträgt der Grad der Behinderung weniger als 50 %, müssen weitere Voraussetzungen gegeben sein, um den Pauschbetrag zu bekommen. Entsprechende Hinweise stehen auf dem Schwerbehindertenbescheid, zum Beispiel „dauerhafte Einbuße der körperlichen Beweglichkeit". Ein erhöhter Pauschbetrag von 3.700 € steht Blinden oder hilflosen Menschen zu. Im Behindertenausweis

10	Angaben zur Inanspruchnahme von Nachteilsausgleichen und Ausstellung eines Ausweises								
10.1	Es soll festgestellt werden, dass die gesundheitlichen Voraussetzungen für folgende Merkzeichen vorliegen: (Bitte beachten Sie die Erläuterungen unter 10.1 auf der Seite 7 und kreuzen Sie gegebenenfalls an)								
	☐ - G -	☐ - aG -	☐ - B -	☐ - RF -	☐ - TBl -	☐ - H	☐ -.1.Kl -	☐ - Bl -	☐ - Gl -
10.2	☐ Ich benötige keinen Ausweis.								
10.3	Die Feststellung ist ab dem Tag des Antragseingangs gültig. Wenn Sie ein **besonderes Interesse** (z.B. Steuer/ Rente) glaubhaft machen, kann auch ein früherer Gültigkeits-Zeitpunkt bescheinigt werden. Ich beantrage eine Rückwirkung ab: _____ wegen ☐ Steuer ☐ Rente oder wegen _____ **Hinweis:** Das Finanzamt gewährt den Pauschbetrag nach dem Einkommensteuergesetz (EStG) bereits für das Jahr der Antragstellung, wenn die Voraussetzungen an mindestens einem Tag im Kalenderjahr vorgelegen haben.								

Auszug aus dem Formular Antrag auf Schwerbehinderung (Seite 4).

wird das Merkzeichen H für „hilflos" oder „Bl" für blind ausgewiesen. Sie können aber diesen Nachweis auch über den Pflegegrad 4 (seit 2017; vorher Pflegestufe III) oder die Zahlungen von Blindengeld führen; mitunter wird gerade bei Schwersterkrankten versäumt, einen Antrag auf Feststellung einer Behinderung zu stellen.

→ TIPP Post mortem Gutachten

Oft versagt das Finanzamt den Pauschbetrag, weil eben eine Behinderung nicht nachgewiesen ist, sondern lediglich die Pflegebedürftigkeit. Ist der Betreffende zwischenzeitlich verstorben, ist ein Antrag auf Schwerstbehinderung nicht mehr möglich. **Aber** gemäß §65 (4) EStDV **muss** dann gegebenenfalls das Finanzamt eine gutachterliche Stellungnahme einholen.

Ein Behindertenpauschbetrag wird immer jährlich gewährt. Dies gilt auch dann, wenn die Behinderung nur an einem einzigen Tag im Kalenderjahr vorgelegen hat. Auf dem Behindertenausweis oder dem Schwerbehindertenbescheid ist immer eine Gültigkeit/ Befristung angegeben. Meist ist der Gültigkeitsbeginn der Tag der Antragstellung. Die Eintragungen erfolgen seit 2019 in der Anlage „Außergewöhnliche Belastungen", **Zeile 4 bis 9** (→ Musterformular Seite 195).

Mit dem Pauschbetrag werden lediglich die typischen außergewöhnlichen Belastungen, die durch die Behinderung entstehen und ohnehin schwierig nachzuweisen sind, abgegolten. Das sind zum Beispiel Kosten für die Hilfe bei den gewöhnlichen und regelmäßig wiederkehrenden Verrichtungen des täglichen Lebens, erhöhter Wäschebedarf, Pflegeaufwendungen usw. Diese dürfen nicht nochmals geltend gemacht werden. Untypische außergewöhnliche Belastungen können trotzdem noch zusätzlich berücksichtigt werden. Beispielsweise zählen dazu Kurkosten, Operationskosten, Eigenleistungen für Körperersatzteile, Orthesen, Kfz-Kosten. Auch allgemeine, selbst getragene Krankheitskosten sind keineswegs mit dem Ansatz des Behindertenpauschbetrags erledigt. Bei einem Steuerpflichtigen, der seine Schwerbehinderung aufgrund einer Armamputation hat, mögen beispielsweise die Spezial-Reinigungstücher zur Pflege der Armprothese oder Salbe zur Stumpfpflege mit dem Pauschbetrag abgegolten sein; nicht jedoch seine Zahnarztkosten. Auch die Zuzahlungen zur Brille, die Fahrten zum Arzt wegen einer Grippe sind wie bei jedem nicht behinderten Steuerpflichtigen entsprechend als außergewöhnliche Belastungen ansetzbar. Alle Eintragungen erfolgen in der Anlage „Außergewöhnliche Belastungen", **Zeile 13 bis 18** (→ Seite 195).

→ **TIPP Rückwirkung nutzen**

Häufig bestand jedoch eine gesundheitliche Beeinträchtigung bereits mehr oder weniger lange vor der Antragstellung. Es ist auf jeden Fall ratsam, im Zweifel bei der Antragstellung (→ Seite 135) eine „Rückwirkung wegen Steuer" zu begehren. Der Pauschbetrag kann vom Behinderten oder von dessen Eltern (Großeltern) in Anspruch genommen werden. Wenn behinderte Kinder (zum Beispiel in Berufsausbildung) eine eigene Steuererklärung abgeben, ist es mitunter steuerlich vorteilhaft, wenn der Behindertenpauschbetrag trotzdem auf die Eltern übertragen wird beziehungsweise bleibt. In diesem Fall erfolgt die Beantragung über Eintragung auf Anlage Kind Seite 3, **Zeilen 68 bis 72.**

Behindertenpauschbetrag

GRAD DER BEHINDERUNG (IN PROZENT)	BEHINDERTEN-PAUSCHBETRAG (JÄHRLICH)
25–30	310,00 €
35–40	430,00 €
45–50	570,00 €
55–60	720,00 €
65–70	890,00 €
75–80	1.060,00 €
85–90	1.230,00 €
95–100	1.420,00 €
H oder Bl	3.700,00 €

Hinweis: Eine sehr großzügige Erhöhung dieser Pauschbeträge ist ab 2021 verabschiedet worden. Mehr dazu ab Seite 181/182.

KALENDER 2020

JANUAR

01	Mi	KW 01
02	Do	
03	Fr	
04	Sa	
05	So	
06	Mo	KW 02
07	Di	
08	Mi	OPTIKER
09	Do	
10	Fr	Hausarzt
11	Sa	
12	So	
13	Mo	KW 03
14	Di	
15	Mi	Gyn
16	Do	
17	Fr	Apotheke
18	Sa	
19	So	
20	Mo	KW 04
21	Di	
22	Mi	Optiker
23	Do	HNO
24	Fr	
25	Sa	
26	So	
27	Mo	Hausarzt KW 05
28	Di	
29	Mi	
30	Do	
31	Fr	

FEBRUAR

01	Sa	
02	So	
03	Mo	KW 06
04	Di	
05	Mi	
06	Do	
07	Fr	Physio
08	Sa	
09	So	
10	Mo	KW 07
11	Di	
12	Mi	
13	Do	
14	Fr	KLINIK
15	Sa	
16	So	
17	Mo	KW 08
18	Di	
19	Mi	
20	Do	APOTHEKE
21	Fr	
22	Sa	
23	So	
24	Mo	KW 09
25	Di	
26	Mi	Physio
27	Do	
28	Fr	
29	Sa	

MÄRZ

01	So	
02	Mo	Zahnarzt KW 10
03	Di	
04	Mi	
05	Do	
06	Fr	
07	Sa	
08	So	
09	Mo	KW 11
10	Di	Hausarzt
11	Mi	
12	Fr	
13	Sa	
14	So	
15	Mo	KW
16	Di	
17	Mi	
18	Do	Hausarzt
19	Fr	
20	Sa	
21	So	
22	Mo	KW 13
23	Di	
24	Mi	
25	Fr	
26	Sa	
27	S	
28	M	
29		
30	M	
31		

Martina / MARTIN

Entfernung in km

Optiker 8
HNO   11
Gyn   4
Physio   3
Zahnarzt 17
Apotheke 2
Hausarzt 5
Klinik 48

1. Quartal 2020

Entfernungen	(km)
Klinik	48
Hausarzt (4 x 5)	20
Optiker (2 x 8)	16
Gyn	4
HNO	11
Physio (2x 3)	6
Apotheke	2
Zahnarzt	17

124 x 2 (hin und zurück) =
248 x 0,30 = 74,40 €

Was Sie auch noch kennen sollten

In diesem Kapitel stellen wir dar, warum Sie Zu- und Abflussdaten genau dokumentieren sollten. Zudem erhalten Sie Tipps bei der Qual der Veranlagungswahl.

Zu- und Abflüsse entscheiden

Vielleicht haben Sie sich schon einmal gefragt, in welches Jahr gehört dieser Beleg. Berechnet werden Ihnen Kosten für das zurückliegende Jahr 2020, aber die Rechnung kam erst Anfang 2021 und wurde dann auch erst bezahlt. Im Einkommensteuerrecht gilt prinzipiell das strenge Zu- und Abflussprinzip. Erst wenn Sie eine Zahlung tatsächlich erhalten haben, müssen Sie diese auch der Besteuerung unterwerfen. Aufwendungen dürfen Sie erst absetzen, wenn Sie diese auch bezahlt haben.

Bei Barzahlungen oder Überweisungen ist das Zu- beziehungsweise das Abflussdatum recht einfach zu erkennen. Schwieriger wird es, wenn Sie beispielsweise eine höhere Zahnarztrechnung in mehreren Raten bezahlen.

Oder: Als Vermieter stunden Sie – mehr oder weniger freiwillig – Ihrem Mieter die Kaltmiete, jeweils 500 € für die Monate Oktober bis Dezember 2020. Im März 2021 zahlt Ihr Mieter dann außer der regulären Miete auch noch die 1.500 € für die letzten drei Monate des Vorjahres. Diese Mietzahlungen sind Ihnen somit erst in 2021 „zugeflossen" und auch erst in 2021 zu versteuern. In 2020 setzen Sie nur ein, was Sie auch tatsächlich bekommen haben.

Insbesondere bei den „außergewöhnlichen Belastungen" (→ Seite 127) ergeben sich ja ganz erhebliche Unterschiede in der Besteuerung. Für Sie wäre es auf jeden Fall vorteilhaft, die gesamte Rechnung in **einem** Kalenderjahr ansetzen zu können. Gewährt Ihnen der Zahnarzt selbst Teilzahlungsraten, so können Sie leider kalendarisch nur ansetzen, was Sie tatsächlich auch bereits bezahlt haben. Allerdings tritt Ihr Zahnarzt meistens seine Forderung Ihnen gegenüber an ein Kreditinstitut ab. Sie zahlen dann die Raten gar nicht mehr an den Zahnarzt, sondern haben, ohne sich dessen bewusst zu sein, an ein Kreditinstitut gezahlt. In diesem Fall können Sie sehr wohl die gesamte Zahnarztrechnung auf einmal von der Steuer absetzen. Natürlich dürfen Sie dann die Ratenzahlungen nicht nochmals als außergewöhnliche Belastungen eintragen. Bei den haushaltsnahen Dienstleistungen kann es für Sie vorteilhaft sein, Zahlungen auf zwei Kalenderjahre zu verteilen (→ Seite 151).

 BEISPIEL

Ihre Krankenkasse teilt Ihnen im März 2021 mit, dass Sie für die ausgezahlte Direktversicherung ab Oktober 2020 monatlich 40 € Beiträge zu entrichten haben. Sie zahlen im April 2021 in einer Summe 280 € an die Krankenkasse für die sieben Monate von Oktober 2020 bis April 2021 und richten dann einen Dauerauftrag ein. Auch die in 2021 für 2020 gezahlten 120 € (3 x 40 €) fließen auf Ihrem Konto erst in 2021 ab und können daher erst in 2021 als Sonderausgaben berücksichtigt werden.

 GUT ZU WISSEN

Ausnahme beim Zu- und Abflussprinzip, wenn es um außergewöhnliche Belastungen geht

Wenn Sie Erstattungen von dritter Seite erwarten – also zum Bespiel ein „Festzuschuss" des Arbeitgebers zur Brille und Ihnen diese erst im folgenden Jahr „zufließt" muss dieser Zuschuss gleichwohl bereits im Jahr des Brillenkaufs in Abzug gebracht werden.

Gleiches gilt, wenn Sie eine Erstattung der Beihilfe erst im Folgejahr Ihrem Konto gutgeschrieben wird.

Ist eine Erstattung ungewiss – das ist beispielsweise der Fall, wenn die Krankenkasse Zuschüsse zur Zahnspange nur gewährt, wenn Sie Behandlung bis zum Ende durchgehalten, sind Sie in der Pflicht, die Erstattungszahlung dem Finanzamt mitzuteilen. „Vergessen" kann Ihnen als Steuerstrafbestand ausgelegt werden.

Von dieser Regel gibt es nur ganz wenige Ausnahmen. Bei regelmäßigen Einnahmen und Ausgaben (zum Beispiel Miete) ist eine Abweichung von kurzer Zeit (maximal zehn Tage) statthaft. Laufender Arbeitslohn gilt immer als im Lohnzahlungszeitraum bezogen, auch wenn er erst verspätet ausgezahlt wird. Die Lohnabrechnung Dezember wird erst am 15. Januar bezahlt; gleichwohl gilt der Dezemberlohn als auch im Dezember zugeflossen.

Die Qual der (Veranlagungs-)Wahl

Grundsätzlich wird jeder Steuerpflichtige für sich einzeln zur Steuer veranlagt (Einzelveranlagung). Verheiratete, nicht dauernd getrennt lebende, Ehepaare können die gemeinsame Veranlagung beantragen (Zusammenveranlagung). Gleichgeschlechtliche Paare wurden zwischenzeitlich bezüglich der Besteuerung gleichgestellt. Zur Gewährung der gemeinsamen Veranlagung reicht es aus, wenn mindestens an einem Tag im Kalenderjahr die Voraussetzungen erfüllt waren. Die sogenannte „besondere Veranlagung" gibt es seit 2013 nicht mehr.

Bei der Zusammenveranlagung wird für beide Ehepartner zusammen nur ein gemeinsamer Steuerbescheid erlassen. Zunächst werden für beide Partner getrennt die Einkünfte ermittelt und danach zusammengerechnet (GdE). Die Ermittlung des zu versteuernden Einkommens (ZVE) erfolgt dann für beide gemeinsam. Auf das zu versteuernde Einkommen wird dann der Splittingtarif angewandt.

GUT ZU WISSEN

Umwandlung in Ehe

Die Umwandlung einer eingetragenen Lebenspartnerschaft (möglich seit Sommer 2001) in eine Ehe gilt als „rückwirkendes Ereignis". Somit wäre eine gemeinsame steuerliche Veranlagung von Ehegatten für die Jahre 2001 bis 2012 möglich – sogar dann, wenn die Steuerbescheide bereits bestandskräftig sind. Denn der Splittingtarif gilt für die eingetragenen Lebenspartnerschaften erst ab Veranlagungszeitraum 2013.

Insgesamt ergibt sich bei einer Zusammenveranlagung ein steuerlicher Vorteil für die Ehepartner, wenn die Einkünfte unterschiedlich hoch sind. Dies ergibt sich insbesondere aufgrund des progressiven Steuersatzes (→ Steuerprogression, Seite 17).

→ **TIPP Wann Einzelveranlagung lohnt**
Bei der Zusammenstellung von Sonderausgaben (→ Seite 116 Versicherungen, Spenden) aber auch den außergewöhnlichen Belastungen (→ Seite 127) ist es sinnvoll, die Aufwendungen der Ehepartner jeweils getrennt zu erfassen. In einigen Konstellationen kann es vorteilhaft sein, die „Einzelveranlagung von

Ehegatten" zu beantragen. Dann haben Sie die Wahl, ob die Ausgaben je zur Hälfte den beiden Ehegatten angerechnet werden oder aber genau zugeordnet. Dazu ist es notwendig, dass sie eben zuvor auch getrennt erfasst werden. Elektronische Steuerprogramme rechnen meist automatisch die für Sie beste Variante und geben einen entsprechenden Hinweis wenn alle Eingaben beendet sind.

Beantragt einer der Ehepartner eine „Einzelveranlagung von Ehegatten" (früher „getrennte Veranlagung"), muss das Finanzamt diese durchführen. Hiergegen kann der andere Ehepartner nur vorgehen, wenn die Einzelveranlagung für Ehegatten willkürlich beantragt wurde. Willkür kann gegeben sein, falls der beantragende Partner über keine oder nur geringe Einkünfte beziehungsweise über keine oder nur geringe Verluste verfügt.

Nur in einigen Fällen ist die Einzelveranlagung von Ehegatten günstiger. Zusätzlich kann noch über die Aufteilung von Sonderausgaben, außergewöhnlichen Belastungen und haushaltsnahen Aufwendungen entschieden werden. Ein entsprechender Antrag muss in der neuen Anlage „Sonstiges" (→ Seite 200), **Zeile 11,** gestellt werden.

Soll auch der Pauschbetrag für auswärtige Unterbringung von Kindern zur Berufsausbildung oder Behindertenpauschbeträge von Kindern abweichend – also **nicht** hälftig aufgeteilt werden, müssen Sie diese Angaben auf der entsprechenden **Anlage Kind** Seite 3, **Zeile 64** beziehungsweise **Zeile 72** eintragen. Wenn Sie ein PC-Steuerprogramm (→ Seite 169) nutzen, werden Sie in der Regel bereits vom Programm auf die für Sie günstigste Veranlagung hingewiesen.

Verstirbt ein Ehegatte, erfolgt im Jahr des Todes die Veranlagung ohne weitere Einschränkungen wie bei einer Zusammenveranlagung. Im Folgejahr ist keine Zusammenveranlagung mehr möglich. Es besteht jedoch Anspruch auf Anwendung des Splittingtarifes (sogenanntes Witwen- oder Witwersplitting). Darüber hinaus gibt es, soweit beide Ehegatten Arbeitnehmer sind/waren, nochmals eine Verdoppelung der Vorsorgepauschale (Sonderausgaben). Nicht zu verwechseln ist dieses Splitting mit dem sogenannten „Gnadensplitting" – ein besonderer Steuertarif für Ausnahmefälle. Erfolgt innerhalb eines Jahres die Trennung, Scheidung und Neuverheiratung, findet dieses Gnadensplitting Anwendung.

Mit der Steuerklasse wählen Sie als Steuerpflichtiger eigentlich nur die Höhe Ihrer „Vorweg-Steuerabzüge". Sie sind ohnehin nur dann betroffen, wenn Sie Einkünfte aus Nichtselbstständiger Tätigkeit (→ Seite 31) haben. So große Auswahl haben Sie dabei auch nicht, denn die Steuerklassen sind je nach Ihrer persönlichen Lebenssituation bereits vorgegeben. So ist die Steuerklasse I für Alleinstehende. Bei der Steuerklasse II wurde bereits der Alleinerziehungsfreibetrag für ein Kind (→ Seite 94) für Alleinstehende, die alleinerziehend sind, in die Steuertabelle eingearbeitet. Das gilt jedoch nicht für den „Corona-Aufschlag" 2020. Betroffene sollten auf jeden Fall eine Steuererklärung einreichen. Der höhere Freibetrag für weitere Kinder ist auf jeden Fall gesondert zu beantragen. Der Steuerabzug ist entsprechend geringer. Steuerklasse IV ist für Verheiratete und entspricht weitestgehend der Steuerklasse I.

Kleine Eselsbrücke: Die möglichen Steuerklassenkombinationen für Verheiratete ergeben immer eine „8": IV plus IV; III plus V. Wenn Sie nach der Eheschließung dem Finanzamt gegenüber keine Erklärung abgeben, bekommen beide Ehegatten automatisch die Steuerklasse IV. Ehegatten können die Steuerklassenkombination III/V wählen. Die Steuerabzüge bei Steuerklasse III sind deutlich geringer als bei den anderen Steuerklassen. Diese „günstige" Steuerklasse gibt es aber nur **einmal** je Ehepaar. Haben beide Ehepartner Einkünfte aus nichtselbstständiger Tätigkeit, wird einer der beiden dann automatisch mit Steuerklasse V abgerechnet. Zu guter Letzt gibt es auch noch die Steuerklasse VI. Sie wird im Volksmund auch „zweite Steuerkarte" genannt. Arbeitnehmer mit mehreren Arbeitsstellen oder Rentner mit zwei Betriebsrenten müssen bei einem der beiden Arbeitgeber die Abzüge der Steuerklasse VI hinnehmen.

Ihr Arbeitgeber beziehungsweise Dienstherr führt von Ihrem Lohn oder der Pension Lohnsteuer, Solidaritätszuschlag und gegebenenfalls Kirchensteuer an das Finanzamt ab. Die Höhe der abzuführenden Steuern ermittelt die entsprechende Abrechnungsstelle anhand einer Steuer-Abzugstabelle unter Berücksichtigung Ihrer Steuerklasse. Diese Abzugstabelle wird regelmäßig vom Gesetzgeber angepasst. Diese so ermittelten Steuerabzüge sind aber nur bedingt korrekt. Ihr Arbeitgeber weiß ja zum Beispiel gar nichts über die Einkünfte Ihres Ehegatten oder Ihre anderen Einkünfte zum Beispiel aus Vermietung und Verpachtung. Eben deshalb geben Sie ja Ihre Steuererklärung ab, errechnen Ihr ZVE und ermitteln die tatsächlich zu zahlende Steuer. Die vom Arbeitgeber bereits für Sie gezahlten Steuern und Ihre eigenen Vorauszahlungen ziehen Sie ab. Erst dann ergibt sich Ihre Erstattung oder Nachzahlung. Sie können also mit der Wahl Ihrer Steuerklasse keine Steuern sparen, aber Ihren Nettolohn beeinflussen.

→ **TIPP** Lohnersatzleistungen

Der Nettolohn ist auch die Berechnungsgrundlage für all Ihre Lohnersatzleistungen wie Arbeitslosengeld, Krankengeld, Insolvenzgeld, Mutterschaftsgeld, Elterngeld, Verletztengeld, Übergangsgeld, Kurzarbeitergeld usw. Eine geschickte Steuerklassenwahl kann die Höhe der Lohnersatzleistungen deutlich verändern. Allerdings sollten Sie sich sehr zeitig Gedanken dazu machen. Für die Berechnung werden stets zurückliegende Monate zugrunde gelegt.

Antrag auf Steuerklassenwechsel.

Ihr Nettolohn hat mitunter Auswirkungen bei der Berechnung von Unterhaltszahlungen und Lohnersatzleistungen.

Wenn bislang die Steuerklasse nur innerhalb eines Jahres – und nur in Ausnahmefällen mehrmals – gewechselt werden konnte, so ist seit dem 1.1.2020 der beliebig häufige Wechsel möglich - allerdings nur bis zum 30. November des Jahres.

Aktuell wirbt das Finanzamt als Erläuterungstext in Steuerbescheiden mit dem sogenannten Faktorverfahren ($\rightarrow$ Abbildung unten). Beim Faktorverfahren haben beide Ehegatten die Steuerklasse IV. Sie können beim Finanzamt den Antrag (Formular $\rightarrow$ Seite 228) stellen, die Steuerabzüge zu „egalisieren". Sie geben das voraussichtliche Einkommen beider Ehepartner an und das Finanzamt berechnet die einzubehaltende Steuer anhand des „Faktors". So soll die mög-

lichst faire Verteilung der Steuerabzüge auf die beiden Ehegatten erreicht werden. Je genauer Ihre Angaben mit den (sich ja erst später ergebenden) tatsächlichen Verhältnissen übereinstimmen, desto geringer werden Nachzahlungen beziehungsweise Steuererstattungen ausfallen.

Progressionsvorbehalt

Gewiss haben Sie auf Bescheinigungen des Arbeitsamts oder Ihrer Krankenkasse schon einmal einen Hinweis gelesen: „Diese Leistung ist steuerfrei, muss aber in der Steuererklärung angegeben werden und unterliegt dem Progressionsvorbehalt." Tatsächlich wird für Lohnersatzleistungen keine Steuer einbehalten. Sie bleiben auch steuerfrei, allerdings wird Ihr persönlicher Steuersatz angepasst.

Sie haben im Veranlagungszeitraum die Steuerklassenkombination III/V gewählt. Bei der Person mit Steuerklasse V ergibt sich oftmals eine überproportionale Belastung mit Lohnsteuer. Außerdem kann es zu Nachzahlungen bei der Einkommensteuerveranlagung kommen. Alternativ haben Sie die Möglichkeit, die Steuerklassenkombination IV/IV mit Faktor zu wählen. Damit wird der Lohnsteuerabzug der voraussichtlichen gemeinsamen Jahressteuerschuld weitgehend angenähert. Das Faktorverfahren kann bei Ihrem Wohnsitzfinanzamt mit dem Vordruck "Antrag auf Steuerklassenwechsel bei Ehegatten / Lebenspartnern" beantragt werden und ist zwei Kalenderjahre gültig. Soll das Faktorverfahren darüber hinaus Anwendung finden, ist eine erneute Antragstellung erforderlich. Bei der Steuerklassenkombination IV/IV mit Faktor besteht ebenfalls die Verpflichtung zur Abgabe einer Einkommensteuererklärung.

Unter Progressionsvorbehalt stehen neben diversen Lohnersatzleistungen auch ausländische Einkünfte, die nach Doppelbesteuerungsabkommen in Deutschland steuerfrei bleiben. Der Gesetzgeber will so verhindern, dass Steuerpflichtige, die zum Teil steuerfreie Einkünfte haben, die restlichen steuerpflichtigen Einkünfte nur mit einem geringen Steuersatz versteuern.

Sie berechnen Ihr ZVE. Dann addieren Sie die unter Progressionsvorbehalt stehenden Leistungen hinzu. Mit diesem erhöhten „fiktiven" steuerpflichtigen Betrag ermitteln Sie Ihren persönlichen Steuersatz. Diesen nunmehr höheren Steuersatz wenden Sie dann auf Ihr ZVE (ohne die Progressionsleistungen) an (→ Seite 17).

Es gibt auch negative Progressionsleistungen. Diese wirken sich dann entsprechend steuermindernd aus. Sie haben beispielsweise negative Progressionsleistungen, wenn Sie Krankengeld oder Arbeitslosengeld zurückzahlen mussten oder ausländische Verluste einbezogen werden können.

Mäßige Ermäßigung: „Fünftel-Regelung"

Hartnäckig hält sich das Gerücht, Abfindungen seien steuerfrei oder würden nur zu einem Fünftel besteuert. Tatsächlich waren noch bis 2003 Abfindungen steuerbefreit. Heute sind Abfindungszahlungen grundsätzlich in voller Höhe zu versteuern; allerdings sind sie meistens sozialversicherungsfrei. Abfindungen und Vergütungen für mehrjährige Tätigkeit zählen steuerrechtlich zu den „außerordentlichen Einkünften". Wenn Sie

eine Abfindung für den Jobverlust erhalten, erhöhen sich in diesem einen Jahr Ihre Einkünfte außerordentlich. Aufgrund der Steuerprogression steigt dann auch Ihr persönlicher Steuersatz. Ohne die ermäßigte Besteuerung würden Sie unter Umständen auch außerordentlich stark mit Steuer belastet. Das Finanzamt prüft sehr genau, ob es sich überhaupt um eine Abfindung, Entlassungs-

entschädigung wegen Aufgabe des Arbeitsplatzes handelt. Nicht ausgezahlte Überstunden, Urlaubsansprüche, Bonuszahlungen gehören nicht zu den begünstigten Einkünften. Auch Abfindungszahlungen in Raten führen meist zu einem Verlust der Steuerbegünstigung. In Einzelfällen kann sich sogar eine höhere Steuerbelastung ergeben.

 BEISPIEL

Selma Wühlmaus hat ein „normales" Einkommen abzüglich Werbungskosten von 50.000 € jährlich. In diesem Jahr erhält sie zusätzlich eine Abfindung für die Aufgabe ihres Arbeitsplatzes in Höhe von immerhin 20.000 € – mehr als sechs Jahre war sie dort beschäftigt. Die Fünftel-Regelung findet Anwendung.
Zunächst wird die Steuer laut Steuertabelle auf das „normale" Einkommen (50.000 €) mit 12.636 € ermittelt.
Im nächsten Schritt wird 1/5 der Abfindung (20.000 € x 20 % = 4.000 €) zu dem „normalen" Einkommen hinzugerechnet – also 50.000 € + 4.000 € ergibt Total 54.000 € und die hierauf entfallende Steuer in der Tabelle abgelesen. Das sind bei Selma Wühlmaus 14.285 € fiktive Steuer.
Im dritten Rechenschritt wird die Differenz

zwischen der „normalen" und der fiktiven Steuer ermittelt (14.285 € – 12.636 € = 1.649 €. Da ja nur ein Fünftel der Abfindung zugrunde gelegt wurde, muss dieses Ergebnis nun noch hochgerechnet werden. Also 1.649 € x 5 = 8.245 €. Diese Steuer muss Selma wohl oder übel auf Ihre Abfindung zahlen.
Würde die Fünftel-Regelung keine Anwendung finden, müsste allein die Abfindung (50.000 € + 20.000 € = 70.000 €) mit 8.369 € besteuert werden. Die Steuerermäßigung ist im Beispielfall mit 124 € mäßig, sehr mäßig (8.369 € – 8.245 €). Je höher die Differenz zwischen dem normalen Lohn und der Abfindung ist, desto höher ist jedoch der Steuerspareffekt. Hinzu kommen dann auch noch die Ermäßigung beim Solidaritätszuschlag und gegebenenfalls der Kirchensteuer.

FORTFÜHRUNG BEISPIEL

Das bedeutet für Selma Wühlmaus: Aufgabe des Arbeitsplatzes in 2020 mit mehr als sechsjähriger Betriebszugehörigkeit: 3.312 € x 6 Jahre = 19.872 € könnte sie also steuerfrei in eine betriebliche Altersvorsorge einzahlen.

Von den zugesagten 20.000 € Abfindung würden dann nur die verbleibenden 128 € direkt versteuert; der Rest dann eben bei Auszahlung – nachgelagert.

Selma überlegt noch, ob sie nur die Hälfte, also 10.000 € einzahlen soll und für den Rest die Fünftel-Regelung in Anspruch nimmt – obwohl, dann rechnet sich der Vorteil ja noch weniger, denkt sie ...

Seit 2018 gibt es eine neue Möglichkeit, steuerbegünstigt für das Alter vorzusorgen. Der Gesetzgeber fördert großzügig, wenn Sie Beträge aus einer Abfindung wegen Beendigung des Arbeitsverhältnisses in eine betriebliche Altersvorsorge einzahlen. Möglich sind Einzahlungen in eine Direktversicherung, eine Pensionskasse oder einen Pensionsfond.

Mit dieser Sonderregelung können Beträge bis zu 33.120 € (Ausscheiden in 2020) steuerfrei in eine bAV (= betriebliche Altersvorsorge) eingezahlt werden. Aber denken Sie daran - diese Beträge werden „nachgelagert" besteuert, das heißt bei der späteren Auszahlung so wie im Kapitel über Altersvorsorgeverträge Seite 71 ff. beschrieben.

Der geförderte Höchstbetrag errechnet sich aus der im Jahr des Ausscheidens geltenden Beitragsbemessungsgrenze in der allgemeinen Rentenversicherung/West x 4 % und der Anzahl der Kalenderjahre, in denen das Arbeitsverhältnis bestanden hat; maximal werden jedoch 10 Jahre berücksichtigt. Der Fachmensch spricht daher von „Vervielfältigungsregelung".

Beitragsmessungsgrenzen (BMG) der allgemeinen Rentenversicherung (West) der letzten Jahre (alle Angaben in Euro)

BMG	MONATLICH	JÄHRLICH	4%	MAX. 10 JAHRE
2018	6.500 €	78.000 €	3.120 €	31.200 €
2019	6.700 €	80.400 €	3.216 €	32.160 €
2020	6.900 €	82.800 €	3.312 €	33.120 €

Hundedame Holleena, Bürohund unserer Autorin – steuererprobt.

Haushaltsnahe Aufwendungen und Energieersparnis

Hier geht es um haushaltsnahe Dienstleistungen und Handwerkerrechnungen. Wir zeigen Ihnen außerdem, wie Sie mit energetischen Maßnahmen nicht nur Energie, sondern auch Steuern sparen können.

Diese relativ neue Regelung im Steuerrecht § 35a EStG (erste Anwendung 1.1.2009) birgt ein interessantes Sparpotenzial. Regelmäßig gibt es gerade zu diesem Thema neue Urteile bezüglich Anwendung und Auslegung. Bevor Sie in den „Spargenuss" kommen, müssen Sie unbedingt einige Regeln beachten. Dafür ist dann aber die Steuerersparnis beachtlich – denn die Ermäßigung nach § 35a EStG wird nicht wie die Werbungskosten, Sonderausgaben oder außergewöhnliche Belastungen vom ZVE abgezogen, sondern direkt von der geschuldeten Steuer. Das bedeutet im Umkehrschluss – wer gar keine Steuer bezahlen muss, bekommt auch keine Erstattung für „Handwerkerleistungen" wie oft rechtsirrtümlich versprochen wird.

Mit dieser Gesetzesregelung wurde der Schwarzarbeit der Kampf angesagt. Wenn Sie Ihre entsprechenden Ausgaben geltend machen wollen, ist eine **ordnungsgemäße Rechnung** und **unbare Zahlung** – also zum Beispiel Überweisung oder Lastschrift – zwingend notwendig. Eine Barquittung reicht leider nicht aus.

Auf der Rechnung müssen Material, Lohn, Maschinenstunden (zum Beispiel auch Baggereinsatz) und Anlieferung getrennt aufgeführt werden. Maschinenstunden und Lieferung gehören wie der Arbeitslohn zu den begünstigten Leistungen, und zwar zuzüglich gezahlter Umsatzsteuer. Denken Sie beispielsweise daran, wenn Sie ein neues Elektrogerät kaufen. Auch bei einer neuen Einbauküche sollten Lieferung und Montagekosten stets separat ausgewiesen werden. Materialkosten werden steuerlich grundsätzlich nicht berücksichtigt.

Eine weitere Voraussetzung ist, dass die Leistungen **in** Ihrem Haushalt erledigt wurden – nicht **für** Ihren Haushalt. Als Haushalt versteht der Gesetzgeber Ihre selbst bewohnte Wohnung oder Haus, aber auch eine eigengenutzte Zweit- oder Ferienwohnung in der EU oder EWR (also auch die Finca in Spanien). Insofern gehört die Grabpflege des Friedhofgärtners ebenso wenig dazu wie die Reinigung von Gardinen und Teppichen, wenn Sie diese außer Haus geben. Holt der Dekorateur jedoch die Gardinen ab und bringt sie gewaschen und gebügelt retour, ist dieser Anteil für Abholung/Lieferung und Aufhängen begünstigt.

Zum Haushalt gehört auch das Grundstück und sogar die öffentlichen Gehwege, die Sie ja vom Laub befreien und im Winter schnee- und eisfrei halten müssen. Auch Ihr Haustier lebt in Ihrem Haushalt. Bringen Sie während des Urlaubs Hund oder Katze in eine Pension, besteht kein Zusammenhang mit Ihrem Haushalt. Sie können diese Kosten nicht absetzen. Bestellen Sie jedoch einen „Haussitter", der die Blumen gießt, Post aus dem Kasten holt und Ihre Haustiere füttert, handelt es sich um eine begünstigte Dienstleistung.

Wer mit mehreren Personen in einem Haushalt lebt, zum Beispiel in Wohngemeinschaften oder „wilder Ehe", kann die Höchstbeträge nur einmal je Haushalt bekommen. Allerdings können Sie entsprechend der Zahlung eine genaue Zuordnung vornehmen.

Bei einem Umzug wird die neue Wohnung erst zu Ihrem Haushalt, wenn Sie auch darin wohnen. Steuerlich interessant ist es also, kleinere Renovierungen erst **nach** dem Einzug machen zu lassen.

Als Steuerabzug gibt es immer 20 % der begünstigten Leistungen. Die Höchstbeträge je Kalenderjahr und Haushalt sind insgesamt 5.710 €, aufgeteilt in:

LEISTUNG	STEUERERSPARNIS
Handwerker-leistungen: 6.000 €	maximal 1.200 €
Haushaltshilfe/ Minijob: 2.550 €	maximal 510 €
Haushaltsnahe Dienstleistung/Pflege: 20.000 €	maximal 4.000 €
Gesamtsumme	maximal 5.710 €

Die Grenzen sind häufig fließend. So gehört die Gartengestaltung beispielsweise zu den Handwerkerleistungen, während Rasenmähen und Heckeschneiden haushaltsnahe Dienstleistungen darstellen. Bei höheren Ausgaben innerhalb eines Jahres lohnt sich eine geschickte Aufteilung. Sollten Sie mit einem Steuerprogramm Ihre Erklärung erstellen, berechnet häufig das Programm selbstständig, welche Aufteilung zur größten Steuerersparnis führt. Wenn Sie Ihre Haushaltshilfe bei der Minijob-Zentrale/ Haushaltsscheckverfahren angemeldet haben, können Sie den Lohn **und** die Sozialabgaben bis zu 2.550 € im Jahr bei der Steuer angeben. Ihre Haushaltshilfe ist ordnungsgemäß beschäftigt, die Pauschalsteuer wird abgeführt und Sie sparen sogar:

 BEISPIEL I

Die Haushaltshilfe Maria Sauber ist Hausfrau und über ihren berufstätigen Ehemann familienversichert. Für 3 bis 4 Stunden die Woche unterstützt sie die berufstätige Patricia Streber im Haushalt und erhält hierfür 120 € je Monat. Patricia hat Maria bei der Minijob-Zentrale angemeldet und zahlt monatlich Beiträge an die Minijob-Zentrale sowie 120 € an Maria. Im Kalenderjahr also 12 x 120 € = 1.440 € plus 211,84 €, gesamt also 1.651,84 €. Für Maria ist das Geld legal und sogar versteuert; Patricia hingegen kann sich 330,37 € (20 % von 1.651,84 €) vom Finanzamt als Steuererstattung zurückholen.

 BEISPIEL 2

Hartmut Schlau will seine Haushaltshilfe „Perla Anonym" nicht anmelden, weil er die Sozialversicherungsabgaben sparen möchte. Ganz wohl ist ihm nicht dabei – er hat Krach mit dem Nachbarn und befürchtet immer, dass er eine Anzeige bekommt. Auch er zahlt 120 € im Monat – kann aber nichts bei seiner Steuer angeben. Außerdem hat ihm sein Versicherungsberater eine private Unfallversicherung für die Haushaltshilfe empfohlen – weitere nicht absetzbare Kosten in Höhe von circa 60 € pro Jahr.
Von seiner Bekannten, Patricia Streber, erfährt er, dass die Minijob-Zentrale ja gar nicht so viel berechnet: knapp 18 €/ Monat = 211,84 € abzüglich private Unfallversicherung 60 €, denn die braucht er dann ja nicht mehr. Das macht für ihn Mehrkosten von 151,84 € im ganzen Jahr und gibt ihm ein gutes Gewissen. Die Steuererstattung – genau wie bei Patricia 330,37 € – ist ein zusätzliches „Bonbon". Die Zahlungen an die Minijob-Zentrale sind ja sogar niedriger als die Steuerersparnis – und die Anmeldung ist wirklich kinderleicht!

Anlage

die
minijob zentrale

einfach. informieren. anmelden.

Deutsche Rentenversicherung
Knappschaft-Bahn-See
Dezernat VII.3/HHS
45115 Essen
minijob-zentrale.de

Minijob-Zentrale • 45115 Essen

Haushaltsscheck-Verfahren

Ihr/e Ansprechpartner/in

Servicezeit
Montag - Freitag 07.00 - 17.00 Uhr

Tel. 0201
Fax 0201
E-Mail minijob@minijob-zentrale.de

Online-Kontaktformular
minijob-zentrale.de/kontaktformular
(Gesicherte Datenübertragung)

| Ihr Zeichen, Ihre Nachricht vom | Bitte bei allen Rückfragen angeben!
Betriebsnummer | **Datum**
11. Februar 2020 |

Haushaltsscheck-Verfahren, Betriebsnummer:
Bescheinigung für das Finanzamt

Name, Vorname der/des Beschäftigten:
Versicherungsnummer (gegebenenfalls nur Geburtsdatum):

Abgabenberechnung/-übersicht
Beträge in Euro

Zeitraum	Arbeits-entgelt	KV	RV	UV	U1	U2	Einheit-liche Pausch-steuer	Summe der Abgaben
01.01.19-31.05.19	600,00	30,00	30,00	9,60	5,40	1,44	12,00	88,44
01.06.19-30.06.19	120,00	6,00	6,00	1,92	1,08	0,23	2,40	17,63
01.07.19-31.12.19	720,00	36,00	36,00	11,52	6,48	1,37	14,40	105,77
Summe	1440,00	72,00	72,00	23,04	12,96	3,04	28,80	211,84
Aufwendungen für geringfügige Beschäftigungen im Privathaushalt								1651,84

Erläuterungen zur vorstehenden Tabelle finden Sie auf der Rückseite.

Mit freundlichen Grüßen
Ihre Minijob-Zentrale
Dieses Schreiben ist auch ohne Unterschrift gültig.

= 1.651,84 €

Bitte geben Sie bei jedem Schriftwechsel unbedingt die Betriebsnummer an.

Wir gehen sorgfältig mit Ihren Daten um. Hinweise zum Datenschutz finden Sie in der Fußleiste auf unserer Homepage.

Abb. 17: Bescheinigung Minijobzentrale. 2020 lag bei Drucklegung noch nicht vor.

Wenn Sie Rechnungen bereits bei den Werbungskosten (zum Beispiel Umzugskosten), Sonderausgaben oder außergewöhnlichen Belastungen eingetragen haben, können Sie diese nicht nochmals als haushaltsnahe Dienstleistung ansetzen. Mieter können die entsprechenden Beträge aus der jährlichen Nebenkostenabrechnung des Vermieters ablesen. Bei Wohnungseigentumsgemeinschaften stellt der Verwalter die Beträge für die selbst genutzte Wohnung zusammen. Es gilt das Zu- und Abflussprinzip (→ Seite 139). Da Sie die Abrechnungen erst im Folgejahr bekommen, können Sie in Ihrer Steuererklärung 2021 die Nebenkosten des Jahres 2020 angeben. Wenn sich Arbeiten über längere Zeit hinziehen, können Sie unter Umständen durch Abschlagszahlungen an den Handwerker Ihren Freibetrag von ZWEI Kalenderjahren nutzen. Auch in Seniorenheimen und Einrichtungen „Betreutes Wohnen" sind meist neben der Miete begünstigte Pflegeleistungen, haushaltsnahe Dienstleistungen und Handwerkerleistungen enthalten. Diese sollten Sie sich bescheinigen lassen.

Eine beispielhafte Aufzählung begünstigter und nicht begünstigter haushaltsnaher Dienstleistungen und Handwerkerleistungen finden Sie auf Seite 158/159.

Alle Eintragungen erfolgen in der neuen Anlage **„Haushaltsnahe Aufwendungen"** → Seite 196.

„Das Steuerrecht
ist Erziehung
zur Kleinlichkeit."

Otto Galo

→ **TIPP** Hundebesitzer
Hundebesitzer sollten die Gassigehkosten in der Steuererklärung angeben. Lehnt das Finanzamt ab, legen Sie Einspruch unter Hinweis auf das BFH-Urteil ein (→ Seite 184).

Kostenaufstellung für steuerliche Zwecke
Haushaltsnahe Dienstleistungen

Frau ▓▓▓▓▓▓▓▓▓▓▓▓ hat in der Zeit von 01.01.07 bis 31.12.07 im

▓▓▓▓▓▓▓▓▓▓

gewohnt. Trägerin der Einrichtung ist die ▓▓▓▓▓▓▓▓▓▓▓▓▓

Bei der Wohnung im o.g. Wohnstift handelt es sich um ein abschließbares Appartement, welches Küche, Bad und mindestens einen Wohn- und Schlafraum enthält. Es ist zur selbständigen Haushaltsführung geeignet, es findet eine individuelle Wirtschaftsführung statt. Das Wohnstiftsentgelt für dieses Appartement enthielt im o.g. Zeitraum u.a. folgende Bestandteile:

mtl. Entgeltbestandteil Wohnen	1.381,14 €
mtl. Entgeltbestandteil Service	465,28 €

In diesem Entgelt sind **im Jahr 2007** Ausgaben im Sinne des § 35a Einkommensteuergesetz (EstG) enthalten, die wie folgt zu verteilen sind:

Haushaltsnahe Dienstleistungen	
Reinigung (Wohnung und Gemeinschaftsflächen)	6,7 % des Entgeltbestandteiles **Wohnen**
Hausmeister und Gartenpflege	4,0 % des Entgeltbestandteiles **Wohnen**
Kleinere Verrichtungen im Haushalt (keine persönlichen Pflege- und Betreuungsleistungen!)	4,0 % des Entgeltbestandteiles **Service**
Empfang (24-Stunden-Besetzung am Eingang des Wohnstiftes)	3,9 % des Entgeltbestandteiles **Wohnen**

für Renovierungs-, Erhaltungs- und Modernisierungsmaßnahmen	
Renovierungsarbeiten (Fassade, Dach des Gebäudes usw.)	6,2 % des Entgeltbestandteiles **Wohnen**
Instandsetzungsarbeiten (Gebäude und Gartenanlagen)	0,9 % des Entgeltbestandteiles **Wohnen**
Wartungsarbeiten (technische Geräte wie Telefon usw.)	0,3 % des Entgeltbestandteiles **Wohnen**

Die Aufwandsermittlung beruht auf den tatsächlich verbuchten **Gesamtaufwendungen** des Trägers für die genannten Tätigkeiten im Jahr 2007 (vorläufiger Jahresabschluss vom 08.01.2008). Die Kostenzurechnung auf die jeweilige Wohnung erfolgte anhand der von den Bewohnern gezahlten Entgeltanteile für Wohnen und Service (wie oben angegeben). Die Aufwendungen für Handwerkerleistungen enthalten keine Materialkosten. Insgesamt ergeben sich folgende Jahresaufwendungen:

Aufwendungen für die Inanspruchnahme von **haushaltsnahen Dienstleistungen** (§ 35a Abs. 2 Satz 1, 1. Halbsatz EStG)	2.643,09 €
Aufwendungen für die Inanspruchnahme von **Handwerkerleistungen für** Renovierungs-, Erhaltungs- und Modernisierungsmaßnahmen (§ 35a Abs. 2 Satz 2 EStG)	1.226,45 €

Abb. 18: Bescheinigung für haushaltsnahe Dienstleistungen/Handwerker (Beispiel).

Mit der Tabelle auf Seite 158/159 können Sie sich vielleicht einen besseren Eindruck verschaffen, was alles zu den geförderten haushaltsnahen Dienst- und Handwerkerleistungen zählt. Sie zeigt aber nur einen Ausschnitt der Möglichkeiten. Die komplette Liste und weitere Informationen finden Sie zum Beispiel als PDF-Download beim Finanzministerium Mecklenburg-Vorpommern: www.steuerportal-mv.de/Steuerrecht/Rund-ums-Grundstück/Haushaltsnahe-Dienstleistungen/(§35a EStG, Anlage zum BMF-Schreiben vom 9. November 2016).

 GUT ZU WISSEN

Software berechnet Vorteile

PC-Steuerprogramme (→ Seite 169) prüfen, welcher Ansatz von haushaltsnahen Aufwendungen für Sie vorteilhafter ist: zum Beispiel Werbungskosten oder Dienstleistungen beim berufsbedingten Umzug; außergewöhnliche Belastungen oder haushaltsnahe Dienstleistungen beim behindertengerechten Umbau.

Haushaltsnahe Dienstleistungen (HhnDL) & Handwerkerleistungen (HWL)

MASSNAHME	NICHT BEGÜNSTIGT	BEGÜNSTIGT ALS	
		HHNDL	HWL
Abflussrohrreinigung			X
Ablesedienste und Abrechnung bei Verbrauchszählern (Strom, Gas, Wasser, Heizung usw.)	X		
Arbeiten an Dach, Bodenbelägen, Fassade, Garage, Innen-/Außenwänden, Zu-/Ableitungen			X
Architektenleistung	X		
Aufstellen eines Baugerüstes			X
Aufzugnotruf	X		
Austausch/Modernisierung Einbauküche, Bodenbeläge, Fenster, Treppen, Türen			X
Carport, Terrassenüberdachung			X
Dachgeschossausbau			X
Dachrinnenreinigung			X
Dichtheitsprüfung von Abwasseranlagen			X
Elektroanlagen, Wartung/Reparatur			X
Energiepass	X		
Erstellung oder Hilfe bei der Erstellung der Steuererklärung	X		
„Essen auf Rädern"	X		
Fäkalienabfuhr	X		
Fahrstuhl Wartung/Reparatur			X
Friseur-, Hand-/Fußpflege-, Kosmetikleistungen		X**)	
Gartenpflegearbeiten (z. B. Rasen mähen, Hecken schneiden, inkl. Grünschnittentsorgung als Nebenleistung) innerhalb des Haushalts		X	
Grabpflege	X		
Graffiti-Beseitigung			X
Hausarbeiten/-reinigung (Bügeln, Putzen usw.)		X	
Haushaltsauflösung	X		
Hauslehrer	X		
Hausmeister, Hauswart, Hausreinigung		X	
Hausnotrufsystem		X***)	
Hausverwalterkosten/-gebühren	X		
Heizung: Verbrauch/Zählermiete, Ablesedienst-/Abrechnungskosten	X		
Heizung: Garantiewartungsgebühren, Wartung, Reparatur, Austausch Zähler, Schornsteinfeger			X

Haushaltsnahe Dienstleistungen (HhnDL) & Handwerkerleistungen (HWL)

MASSNAHME	NICHT BEGÜNSTIGT	BEGÜNSTIGT ALS	
		HHNDL	HWL
Kfz-Reparatur	X		
Klavierstimmer			X
Kleidungs-/Wäschepflege und -reinigung innerhalb des Haushalts		X	
TÜV-Kontrollmaßnahmen (z. B. Fahrstuhl, Treppenlift)			X
Legionellenprüfung			X
Makler	X		
Montageleistungen im Haushalt, z.B. beim Erwerb neuer Möbel			X
Pilzbekämpfung			X
Rechtsberatung	X		
Reparatur, Wartung, Pflege von Fenstern, Türen, Maschinen, Geräten (Herd, TV, PC usw.), Schränken			X
Schadensfeststellung, Ursachenfeststellung (z. B. bei Wasserschaden, Rohrbruch)			X
Schadstoffsanierung			X
Schädlings- und Ungezieferbekämpfung		X*)	X*)
Sperrmüllabfuhr	X		
Statiker	X		
Straßenreinigung bei Pflicht des Steuerpflichtigen		X	
Taubenabwehr		X*)	X*)
Tierbetreuung/-pflegekosten innerhalb des Haushalts		X	
Umzäunung, Stützmauer o. Ä. innerhalb des Haushalts			X
Umzugsdienstleistungen für Privatperson		X*)	X*)
Verwaltergebühr	X		
Wachdienst, innerhalb des Haushalts		X	
Wartung: Aufzug, Heizung/-Tankreinigung, Feuerlöscher, CO_2-Warngeräte, Pumpen, Abwasser-Rückstau-Sicherungen			X
Wasserschadensanierung (wenn nicht von Versicherung erstattet)			X
Zubereitung von Mahlzeiten im Haushalt des Steuerpflichtigen		X	

*) Abgrenzung im Einzelfall.

**) nur soweit sie zu den Pflege- und Betreuungsleistungen gehören, wenn sie im Leistungskatalog der Pflegeversicherung aufgeführt sind und der Behindertenpauschbetrag nicht geltend gemacht wird.

***) Kosten innerhalb des sogenannten „Betreuten Wohnens" im Rahmen einer Seniorenwohneinrichtung.

Energetische Maßnahmen

Seit 1.1.2020 gibt es eine weitere Steuerermäßigung – geregelt in § 35c EStG:

Steuerermäßigung für energetische Maßnahmen bei zu eigenen Wohnzwecken genutzten Gebäuden.

Diese großzügige Steuerersparnis gibt es nur für Steuerpflichtige, die ihr Eigenheim oder eine Eigentumswohnung ganzjährig selbst bewohnen. Sie gilt also NICHT für vermietete Häuser/Wohnungen und nicht für Mieter, sondern eben nur für die Eigentümer selbst. Gehört ein Haus/Eigentumswohnung mehreren Personen, zum Beispiel Ehegatten, gibt es das Steuerbonbon jedoch nur EINMAL je Objekt. Außerdem muss es bei Durchführung der begünstigten Maßnahmen älter als 10 Jahre sein. Die 10-Jahresfrist wird ab Bauantrag beziehungsweise ab Baubeginn berechnet (gilt auch im EU/EWR-Gebiet).

Wenn Sie diese Voraussetzungen erfüllen, hat es sich für Sie gelohnt, dass Sie beispielsweise mit der Anschaffung einer neuen Heizung gewartet haben. Denn so üppig gefördert werden nur „energetische Maßnahmen" wie die Überschrift des neuen Paragrafen bereits vermuten lässt:

„Energetische Maßnahmen im Sinne des Satzes 1 sind:
1. Wärmedämmung von Wänden,
2. Wärmedämmung von Dachflächen,
3. Wärmedämmung von Geschossdecken,
4. Erneuerung der Fenster oder Außentüren,
5. Erneuerung oder Einbau einer Lüftungsanlage,
6. Erneuerung der Heizungsanlage,
7. Einbau von digitalen Systemen zur energetischen Betriebs- und Verbrauchsoptimierung und
8. Optimierung bestehender Heizungsanlagen, sofern diese älter als zwei Jahre sind."

Die Steuermäßigung beträgt immerhin bis zu 40.000 € je Objekt verteilt auf 3 Jahre. Ähnlich wie bei den haushaltsnahen Aufwendungen ist die Grundvoraussetzung, dass Sie Rechnungen UNBAR begleichen. Sie dürfen für diese Maßnahme keine anderen Förderungen zum Beispiel von der KfW in Anspruch nehmen. Außerdem müssen Sie eine Bescheinigung eines Fachunternehmens über die Durchführung der energetischen Maßnahmen vorlegen. Wer als „Fachmann" im Sinne dieses Gesetzes gilt, ist in einer eigenen Verordnung geregelt.

Ganz neu ist, dass nicht nur der Lohn, sondern auch das Material – also die komplette energetische Maßnahme – gefördert wird. Die Steuerermäßigung gibt es für das Kalenderjahr, in dem die Maßnahme beendet ist und das darauf folgende Jahr – jeweils 7 % der Kosten – höchstens jedoch 14.000 € pro Jahr. Weitere 6 % höchstens jedoch 12.000 € gibt es im dritten Jahr. Alles zusammen maximal 2 x 14.000 € + 12.000 € = 40.000 € als Abzug von der zu zahlenden Steuer. Mehrere Maßnahmen in/an einem Objekt sind möglich.

Besonders gefördert wird auch fachliche Beratung, Begleitung und Beaufsichtigung der Maßnahmen durch zugelassene Energieberater zum Beispiel. Für diese Aufwendungen werden nicht nur 20 % (7 + 7 + 6 Prozent), sondern sogar 50 % in Abzug gebracht.

Um diese Förderung zu erhalten, ist kein gesonderter Antrag notwendig – Sie machen Ihre Eintragungen auf dem neuen Formular „Anlage energetische Maßnahmen" → Seiten 197.

→ **TIPP Energieberatung der Verbraucherzentralen** Die Verbraucherzentralen bieten bundesweit eine Energieberatung an. Schauen Sie einfach mal unter **https://verbraucherzentrale-energieberatung.de/**. Dort finden Sie auch entsprechende Kontaktdaten für eine Beratung bei Ihnen zu Hause.

▶ **BEISPIEL**

Paul Penibel hat ein Haus aus den 1950er-Jahren geerbt und wohnt seit Sommer letzten Jahres selbst darin. Er wollte schon länger eine neue Heizung einbauen lassen, hatte aber auf das Frühjahr gewartet. Das Fachunternehmen Heiß & Kalt bekam letztlich den Zuschlag und alles in allem kostete die neue Heizung rund 20.000 €. Der Heizungsfachmann hatte ihn schon auf die verschiedenen Förderungsmöglichkeiten aufmerksam gemacht und Paul Penibel hatte sich zunächst bei seiner steuerlichen Beraterin Lilli Fee informiert. Schnell war klar: Für Paul lohnt es sich auf jeden Fall das „Steuergeschenk"zu wählen.

Er hat ein gutes Einkommen und als Junggeselle mit Steuerklasse 1 hat er auch erhebliche Steuerabzüge.
Lilli Fee hat für ihn berechnet:
7 % Förderung von 20.000 € Kosten
in 2020   = 1.400 €
7 % Förderung   in 2021   = 1.400 €
6 % Förderung   in 2022   = 1.200 €
Gesamt Steuerersparnis   = 4.000 €
Das gefällt Paul prima und er überlegt, weitere energetische Maßnahmen anzugehen. Vielleicht sollte er doch noch die Beratung durch einen Spezialisten in Anspruch nehmen, denn Lilli Fee hatte ihm erklärt, dass es hierfür besondere Förderungen gibt.

DAS A und O – die AO

Rund ums Steuerrecht gibt es einige „Spezialitäten", die Ihnen dieses Kapitel näherbringen möchte. Oder um es mit Baron Amschel Meyer Rothschild zu sagen: „Die Unkenntnis der Steuergesetze befreit nicht von der Pflicht zum Steuerzahlen. Die Kenntnis aber häufig."

In der **Abgabenordnung (AO)** sind grundsätzliche Bestimmungen geregelt, die nicht nur das Einkommensteuerrecht betreffen. So werden zum Beispiel Begriffe wie Steuerpflichtiger, Wohnsitz und Betriebsstätte definiert. Es gibt Erläuterungen zum Ermessen, Befangenheit, Zuständigkeiten, Fristen, Einsprüchen und vieles mehr.

Fristen

Gegen Ihren Steuerbescheid können Sie innerhalb eines Monats „Einspruch" einlegen. Wie aber berechnet sich dieser Monat?

BEISPIEL: Ihr Steuerbescheid trägt das Datum 20.5.2020. Am Donnerstag den 21.5.2020 war Christi Himmelfahrt – ein bundeseinheitlicher Feiertag. Der Steuerbescheid war bereits am 22.5.2020 in Ihrem Briefkasten.

Unabhängig davon berechnet sich die Frist: 20.5. plus 3 Werktage (Donnerstag 21.5./ Feiertag zählt nicht; also Freitag 21.5. + Samstag 23.5. und Montag 25.5.), zugegangen somit am Montag, 25. Mai 2020 plus 1 Monat, also Donnerstag, 25. Juni 2020 Mitternacht ist das Fristende. Wenn das Fristende auf einen Samstag, Sonn- oder Feiertag fällt, endet die Frist erst am nächsten Werktag (§ 193 BGB).

 GUT ZU WISSEN

Das Ende einer Frist ist stets 0 Uhr des jeweiligen Tages – nicht etwa der Dienstschluss des Finanzamtes. Zur Fristwahrung genügt es, die Post kurz vor Mitternacht in den Briefkasten des Finanzamtes einzuwerfen.

Ja, ich will: Antragsveranlagung

Grundsätzlich ist zunächst jeder zur Abgabe einer Steuererklärung verpflichtet. Wer jedoch ausschließlich Einnahmen aus Nichtselbstständiger Tätigkeit (→ Seite 31) hatte, ist von der Abgabe befreit, denn seine Steuern wurden ja bereits vom Arbeitgeber abgeführt. Trotzdem kann jeder einen Antrag auf Veranlagung stellen; derjenige macht dann eine Antragsveranlagung. Antragsveranlagungen können Sie für das letzte Jahr und drei weitere Jahre, insgesamt also höchstens für vier zurückliegende Veranlagungszeiträume einreichen. Eine Antragsveranlagung kann grundsätzlich nur eine Steuererstattung ergeben. Wenn Sie jedoch – wenn auch nur zeitweise – nach Steuerklasse V oder VI beziehungsweise Faktor IV abgerechnet wurden, die Vorsorgepauschale berücksichtigt wurde, mehr als 410 € Progressionsleistungen hatten oder Steuerfreibeträge haben eintragen lassen, wird aus dem Antrag eine Pflicht – die Pflichtveranlagung.

Aus Kür wird Pflicht

Im Umkehrschluss ist also jeder, der entsprechende Steuerklassen-Kombinationen gewählt hat, mehr als 410 € Progressionsleistungen bekam oder andere unversteuerte Einkünfte hatte, zur Abgabe einer Steuererklärung verpflichtet. Pflichtveranlagungen können für maximal sieben zurückliegende Veranlagungszeiträume abgegeben beziehungsweise vom Finanzamt verlangt werden. Tatsächlich wartet das Finanzamt häufig mehrere Jahre und fordert dann erst kurz vor Ablauf der Verfristung zur Abgabe der Steuererklärung auf.

Steuerverkürzungen und Steuerhinterziehung

Steuerverkürzungen stellen eine Ordnungswidrigkeit dar, während es sich bei Steuerhinterziehung um eine Straftat handelt. Bei leichtfertiger Steuerverkürzung beträgt die Verjährungsfrist fünf Jahre, bei Steuerhinterziehung zehn Jahre. Und das Fazit daraus ist ganz einfach, um es mit Ovid zu sagen:

„Dat census honores."

**Frei übersetzt:
Es ist ehrenvoll,
Steuern zu zahlen.**

„Eine Steuerhinterziehung begeht, wer dem Finanzamt über steuerlich erhebliche Tatsachen bewusst unrichtige oder unvollständige Angaben macht oder es über steuerlich erhebliche Tatsachen in Unkenntnis lässt."

Also wer falsche Angaben über zu hohe Werbungskosten macht, die erzielten Einnahmen aus der Vermietung der Ferienwohnung oder die belgische Rente bewusst verschweigt.

Zu einer Steuerverkürzung kann es auch „leichtfertig" kommen. Leichtfertigkeit bedeutet einen besonderen, höheren Grad an Fahrlässigkeit. So entspricht die Leichtfertigkeit in etwa der groben Fahrlässigkeit. Grobe Fahrlässigkeit ist gegeben, wenn der Steuerpflichtige aus besonderem Leichtsinn oder besonderer Gleichgültigkeit fahrlässig gehandelt hat. Welches Maß an Sorgfalt von dem Steuerpflichtigen verlangt werden kann, ist nach seinen persönlichen Kenntnissen und Fähigkeiten zu beurteilen. Diese Anforderungen sind an einen Steuerberater gewiss höher zu stellen als beispielsweise an einen Künstler.

Ein Steuerpflichtiger muss sich über seine steuerlichen Pflichten informieren, die ihn im Rahmen seiner Lebenssituation betreffen. Jeder muss sich um seine steuerlichen Pflichten kümmern. Hegt der Steuerpflichtige erhebliche Zweifel an der Richtigkeit seiner steuerlichen Auffassung, so muss er sich erkundigen. Die Erkundigungspflicht entfällt nicht durch Alter, Behinderung, oder Krankheit. Auch eine etwaige Arbeitsüberlastung stellt keinen Rechtfertigungsgrund dar. Der Nachbar oder Kumpel in der Kneipe ist meistens nicht der richtige Ansprechpartner in Sachen Steuerhilfe (→ Seite 168).

Mitunter spricht auch die Höhe der Steuerverkürzung für das Vorliegen der Leichtfertigkeit. Je größer die Abweichung des erklärten von dem wirklich zu versteuernden Einkommen ist, desto eher kann vom Steuerpflichtigen erwartet werden, dass ihm der Fehler auch auffällt.

Wer als Ausländer in Deutschland wohnt und arbeitet, kann sich nicht darauf berufen, mit den deutschen Steuergesetzen nicht vertraut zu sein.

Wer zu spät kommt …

Die Abgabe muss bis zum 31. Juli des Folgejahres erfolgen, d. h., die Steuer 2020 muss bis zum 31. Juli 2021 beim Finanzamt sein. Obwohl schon lange viel darüber berichtet wurde: Die neue, verlängerte Frist gilt erst ab 2018. Bisher war der 31. Mai die „Deadline". Auf Antrag kann Ihnen das Finanzamt bei wichtigen Gründen eine Fristverlängerung gewähren.

→ **TIPP Frist verlängern**
Lassen Sie sich bei Ihrer Steuererklärung von einem Lohnsteuerhilfeverein oder Steuerberater helfen, so gilt eine verlängerte Abgabefrist: ab Veranlagungszeitraum 2018, nämlich bis Ende Februar des übernächsten Jahres. (Bisher war es der 31.12.des Folgejahres.)

Allerdings kann das Finanzamt mit einer „Vorweganforderung" auch zur vorzeitigen Abgabe auffordern.

Wenn Sie sich nicht rechtzeitig um die Abgabe Ihrer Steuererklärung kümmern beziehungsweise Fristverlängerung beantragen, kann es für Sie teuer werden. Selbst bei einer Steuererstattung müssen Sie mit Verspätungszuschlägen in Höhe von bis zu 10 % der festgesetzten Steuer rechnen. Außerdem kann das Finanzamt zusätzlich Zwangsgelder festsetzen.

→ **TIPP Bei Erstattung Zinsniveau nutzen**
Das Finanzamt berechnet außerdem Zinsen in Höhe von 0,5 % je voller Monat, das entspricht 6 % je Jahr – mehr als jede Bank zurzeit. Allerdings werden auch eventuelle Steuererstattungen ebenso verzinst. Wenn Sie auf Antrag Veranlagungen durchführen, lohnt es sich unter Umständen, bei dem derzeitigen Zinsniveau die vierjährige Frist auszunutzen (→ Seite 164).

Bei einer Pflichtveranlagung stellt allein die Tatsache der Nichtabgabe bereits eine Ordnungswidrigkeit oder Steuerstraftat dar. Sie müssen also, selbst wenn Sie einen Schätzungsbescheid vom Finanzamt bekommen und bezahlt haben, immer noch die Steuererklärung abgeben.

Das Finanzamt kann im Zweifel noch mehr als zehn Jahre später auf Sie oder Ihre Erben zukommen. Insofern ist es ratsam, wichtige Belege, Verträge und Kontoauszüge entsprechend lange aufzubewahren. Um eventuelle Baukosten und Investitionen im Zusammenhang mit Immobilien nachzuweisen, müssen Sie möglicherweise sogar 50 Jahre zurückgreifen. Gewiss lassen sich mitunter Belege auch nachträglich nochmals beschaffen. Das kostet in der Regel aber viel Mühe, Zeit und Geld. Fertigen Sie auch immer Kopien von Ihrer Steuererklärung, bevor Sie diese beim Finanzamt einreichen. Falls Sie elektronisch übermitteln, sichern Sie Ihre Daten sorgsam **und** drucken Sie eine Kopie für Ihre Akten.

Belege belegen und Hilfe hilft nicht immer

Seit einigen Jahren haben die Finanzämter nach und nach ihre Arbeitsweisen umgestellt. Die Elektronik gewinnt immer mehr Bedeutung. Insgesamt soll möglichst wenig Papier hin- und hergeschickt werden. So kann es durchaus sein, dass Sie vom Finanzamt aufgefordert werden, künftig keine Belege mehr einzusenden. Das bedeutet aber keineswegs, dass Sie keine Nachweise mehr benötigen. Es empfiehlt sich, die Belege zusammen mit der Kopie der Erklärung ordentlich aufzubewahren. Es kann durchaus sein, dass in ein paar Jahren die Belege nochmals benötigt werden. Die Finanzverwaltungen sprechen von „Belegvorhaltepflicht" im Gegensatz zur bisherigen „Belegvorlagepflicht". Welche Belege wer, wann und wo vorlegen muss, ist regional unterschiedlich und ändert sich auch regelmäßig (→ auch Seite 182).

Die Abgabe von Steuererklärungen wurde bereits in vielen Bereichen umgestellt, so ist zum Beispiel bei Feststellungserklärungen die Übermittlung nur noch elektronisch möglich. Zwar können Einkommensteuererklärungen noch nach wie vor „per Hand" mithilfe der Papiervordrucke erstellt werden, aber auch hier gewinnt die Elektronik immer mehr an Bedeutung. Bereits heute ist die Abgabe der Anlagen S, G und L nur noch elektronisch möglich. Es wird außer der kostenlosen Software ELSTER des Finanzamtes eine Vielzahl von Steuerprogrammen angeboten. Sogar im Discounter bekommen Sie zum Jahreswechsel recht gute Steuer-CDs für sehr kleines Geld. Die meisten Steuerprogramme sind leicht verständlich und bieten eine Menge an Zusatzinformationen und Erläuterungen. Mit PC-Grundkenntnissen, ein wenig Geduld und Übung ist die Erstellung der Steuererklärung kein Hexenwerk. Wenn Sie sich noch nicht an die elektronische Übermittlung heranwagen, können Sie das Programm als Unterstützung und Berechnungshilfe nutzen. Mit allen Programmen aus dem Handel besteht die Möglichkeit, am Ende der Eingaben die gewohnten Papierformulare auszudrucken. Das Steuerprogramm führt Sie durch den Steuerdschungel.

Hilfe in Steuersachen dürfen nur Steuerberater und Lohnsteuerhilfevereine geben. Bei Lohnsteuerhilfevereinen ist allerdings die Beratungsbefugnis nach § 4 Steuerberatungsgesetz begrenzt (→ Expertenstatements auf den Seiten 168 und 169).

In guten Händen
Ulrich Danner ist Diplom-
kaufmann und stellvertre-
tender Vorstand des Aktuell
Lohnsteuerhilfevereins e. V.:
„Lohnsteuerhilfevereine bieten Arbeit-
nehmern, Beamten, Rentnern und Unterhaltsempfängern, die Vereinsmitglieder
sind, ganzjährig Hilfe bei der Einkommensteuer, wenn nur Einkünfte aus nichtselbstständiger Arbeit, Renten oder Unterhaltsleistungen vorliegen und bei zusätzlichen Einkünften aus Vermietung
oder Kapitalvermögen die Einnahmen
einen Betrag in Höhe von 18.000 € bei
Alleinstehenden oder 36.000 € bei Ehegatten nicht übersteigen. Für Vereinsmitglieder mit solchen Einkünften werden
die Einkommensteuererklärungen erstellt, die voraussichtliche Steuerbelastung berechnet, die Einkommensteuerbe-
scheide geprüft und erforderlichenfalls
Rechtsbehelfe eingelegt, ohne dass hier-
durch weitere Kosten entstehen. Lohnsteuerhilfevereine üben ihre Beratungs-
tätigkeit in Beratungsstellen aus, die bundesweit verteilt und tätig sein können,
was besonders bei einem Umzug eines
Vereinsmitglieds eine umfassende Beratung sicherstellt."

Es ist erstaunlich, wie arglos Freunde, Bekannte, Nachbarn, Vereinskollegen und Verwandte mitunter ihre Hilfe bei der Erstellung
Ihrer Steuererklärung anbieten. Sie machen
sich damit sogar strafbar, selbst wenn sie die
Hilfe unentgeltlich leisten. So wie man einen gültigen Führerschein haben muss, um
sich im öffentlichen Straßenverkehr zu bewegen, braucht es auch eine entsprechende
Zulassung, um in Steuersachen zu beraten.
Es darf schließlich auch nicht jeder, der sich
berufen fühlt, eine Arztpraxis eröffnen.
Selbstverständlich kann jedermann seine eigenen Krankheiten auch selbst behandeln;
eine „Arztpflicht" gibt es nicht. So darf auch

jeder Steuerpflichtige seine eigene Steuererklärung selbst fertigen und beim Finanzamt
einreichen. Gleichwohl ist es ratsam, bei
schwerwiegenden Erkrankungen einen Arzt
zu konsultieren – bei schwierigen Steueran-
gelegenheiten eben dann den Steuerberater
oder Lohnsteuerhilfeverein.

Die Steuerberater rechnen – ähnlich wie
Rechtsanwälte und Notare – ihre Kosten in
der Regel nach der Steuerberatungsgebüh-
renordnung ab, und zwar separat jede einzelne Leistung. Bei Lohnsteuerhilfevereinen
zahlen Sie nur einmal jährlich einen Jah-
res-Mitgliedsbetrag, der nach Höhe Ihres Ein-

kommens gestaffelt ist. Damit sind dann alle in diesem Jahr anfallenden Kosten für Erstellung der Steuer, Bescheid-Prüfung, Einspruch (falls nötig) und die ganzjährige Beratung abgegolten. Die entstandenen Kosten sind im Folgejahr teilweise als Werbungskosten (Betriebsausgaben) steuerlich absetzbar. Das betrifft sowohl Steuerberaterrechnungen als auch Mitgliedsbeiträge zum Lohnsteuerhilfeverein. Bedenken Sie auch, dass bei Steuerberatern und Lohnsteuerhilfevereinen bei Beratungsfehlern deren Berufs-Haftpflichtversicherung eintritt. Die hat Ihr Nachbar nicht.

CD bietet keine fachliche Beratung

Meist wird bei den Steuerprogrammen auf eine „Hilfehotline" hingewiesen. Diese kümmert sich nur um programmtechnische Probleme. Softwarehersteller dürfen keine Hilfe bei Steuerfragen leisten.

Ein breites Netz
Uwe Rauhöft ist Geschäftsführer des Bundesverbands Lohnsteuerhilfevereine e.V. (BVL): Lohnsteuerhilfevereine existieren seit mehr als 50 Jahren. Der Bedarf ist so groß, dass im gesamten Bundesgebiet rund 800 Lohnsteuerhilfevereine mit etwa 13.000 Beratungsstellen ihre Leistung anbieten. Um die Interessen der Vereine und der betreuten Mitglieder noch besser vertreten zu können, haben sich viele Lohnsteuerhilfevereine im Bundesverband Lohnsteuerhilfevereine e.V. (BVL) zusammengeschlossen. Der in Berlin ansässige BVL vertritt 300 Vereine mit rund 9.000 Beratungsstellen und mehr als 3 Millionen Mitgliedern. Der Verband ist anerkannter Sachverständiger bei vielen Gesetzgebungsverfahren zum Arbeitnehmer-Steuerrecht.

Hauptvordruck Seite 2, ganz unten.

Unterschrift		
Datenschutzhinweis: Die mit der Steuererklärung / dem Antrag angeforderten Daten werden aufgrund der §§ 149, 150 und 181 Abs. 2 der Abgabenordnung, der §§ 25, 46 und 51a Abs. 2d des Einkommensteuergesetzes sowie des § 14 Abs. 4 des Fünften Vermögensbildungsgesetzes erhoben. Informationen über die Verarbeitung personenbezogener Daten in der Steuerverwaltung und über Ihre Rechte nach der Datenschutz-Grundverordnung sowie über Ihre Ansprechpartner in Datenschutzfragen entnehmen Sie bitte dem allgemeinen Informationsschreiben der Finanzverwaltung. Dieses Informationsschreiben finden Sie unter www.finanzamt.de (unter der Rubrik „Datenschutz") oder erhalten Sie bei Ihrem Finanzamt.		
46 Die Steuererklärung wurde unter Mitwirkung eines Angehörigen der steuerberatenden Berufe i. S. d. §§ 3 und 4 des Steuerberatungsgesetzes erstellt:		1 = Ja
	Bei der Anfertigung dieser Steuererklärung hat mitgewirkt: Kegelfreunde Haue 09	

Bescheinigung, Bescheid und mehr

Es gibt so manchen Fachausdruck, der im alltäglichen Sprachgebrauch häufig benutzt wird, ohne auf die kleinen, feinen, aber sehr bedeutungsvollen Unterschiede zu achten.

So stellt Ihnen der Arbeitgeber, die Krankenkassen, der Rententräger oder das Amt eine **Bescheinigung** aus. Mithilfe dieser Bescheinigung **erklären** Sie dem Finanzamt in der jährlichen Steuer**erklärung** Ihre persönliche Steuersituation. Das Finanzamt **veranlagt** zur Steuer. Als Antwort vom Finanzamt bekommen Sie dann Bescheid – den Steuer**bescheid** und die Steuer wird **erhoben**.

Das Finanzamt kann einen Bescheid endgültig erlassen – das ist die Regel – oder auch nur **vorläufig** und **unter dem Vorbehalt der Nachprüfung**. Endgültig erlassene Steuerbescheide werden nach Ablauf der Rechtsbehelfsfrist (1 Monat) bestandskräftig, also grundsätzlich unabänderbar. Vorläufige Steuerbescheide werden erlassen, wenn beispielsweise ein bestimmter Sachverhalt überwacht werden soll, etwa die Vermietungsabsicht (→ Seite 64 ff.) oder Unterlagen nachgereicht werden müssen, etwa eine Arbeitgeberbescheinigung. Auch diese Bescheide werden nach einem Monat bestandskräftig; allerdings sind sie punktuell änderbar.

Bescheide unter Vorbehalt der Nachprüfung (VdN) jedoch sind vollständig änderbar.

Bescheide werden vom Finanzamt „erlassen", ganz genau gesagt, wird Ihnen ein Verwaltungsakt „bekanntgegeben". Hierbei können natürlich vielerlei Fehler vorkommen. Das betrifft nicht nur eine eventuell fehlerhafte Berechnung der Steuer, die sich meist noch relativ einfach prüfen lässt. Vielmehr kann bereits bei der „Bekanntgabe" ein Fehler entstehen. So ist ein Steuerbescheid erst mit der Bekanntgabe ein „richtiger" Steuerbescheid; er wird erst mit der korrekten Bekanntgabe „geboren". Die Rechtsfolgen sind außerordentlich bedeutungsvoll für Sie, denken Sie allein an die Einspruchsfristen. Letztlich geht es darum, dass der Bescheid beim richtigen Empfänger ankommen muss, denn erst danach beginnen die Fristen zu laufen. Beim Erlass eines Steuerbescheides unterscheidet der Finanzbeamte:

→ an wen er sich richtet = **Inhaltsadressat** (das ist meistens der Steuerschuldner, zum Beispiel die Erbengemeinschaft)

→ wem er bekannt gegeben wurde = **Bekanntgabeadressat** (das ist ein Vertretungsberechtigter, zum Beispiel derjenige, der für die Erbengemeinschaft alles regelt)

→ welcher Person er zu übermitteln ist = **Empfänger** (das ist derjenige dem der Bescheid zugeschickt werden soll).

BEISPIEL: Mutter Helene Witzka ist im hohen Alter von 97 Jahren verstorben. Rechtsnachfolger sind die Kinder als Erbengemeinschaft. Die Tochter Heide Witzka hat als Vertreterin der „Erbengemeinschaft Witzka" in Absprache mit Ihren Geschwistern die Einkommensteuererklärung der verstorbenen Mutter Helene erstellt und noch schnell kurz vor Weihnachten 2019 beim Finanzamt abgegeben. Sie hatte in der Erklärung ihre Sandkastenfreundin Hulla Bulla als Empfangsbevollmächtige angegeben. Diese hatte zuverlässig versprochen, sich um die Steuersache zu kümmern – denn Heide Witzka hatte sich mit ihrem Erbe eine schöne Kreuzfahrt auf dem Traumschiff gegönnt. Drei Monate war sie über die Weltmeere gereist. Kurz vor Ostern kehrt sie braungebrannt zurück und findet außer ein paar Werbebriefen auch einige Schreiben des Finanzamtes vor. Sie ahnt nichts Gutes. Der Einkommensteuerbescheid

19 für die verstorbene Mutter (Datum vom 16. Januar 2020) war nicht – wie erwartet an Hulla Bulla geschickt worden, sondern an Heide selbst. Noch dazu liegt offenbar ein Fehler vor, denn anstelle der errechneten Erstattung, wurde vom Finanzamt eine Nachzahlung gefordert. Bis zum 20. Februar hätte die Erbengemeinschaft rund 2.000 €uro an das Finanzamt zahlen sollen. Im März war bereits eine Mahnung mit weiteren Kosten (Säumniszuschläge und Zinsen) in der Post und schließlich musste wohl vor einigen Tagen das Schreiben mit der Vollstreckungsankündigung gekommen sein. Für Heide Witzka ist die Erholung dahin – umgehend nimmt sie die Vollstreckungsankündigung zur Hand rund ruft unter der angegebenen Telefon-Durchwahl aufgeregt beim Finanzamt an. Nach gefühlten 100 Versuchen erreicht sie endlich jemanden. Die Finanzbeamtin, Frau Gründlich, ist sehr freundlich, erklärt ihr aber, dass sie gar nichts machen könne. Sie sei schließlich nur von der **Erhebungsstelle**; und bezahlt worden sei die Steuer ja offenbar nicht. Immerhin gibt Frau Gründlich der verzweifelten Heide Witzka die Durchwahl-Nummer der zuständigen **Veranlagungsstelle** im gleichen Finanzamt; allerdings ist der Sachbearbeiter, Herr Makel, erst nach Ostern wieder zu erreichen. Heide Witzka ist nun auch ärgerlich über Hulla Bulla. Die hätte ja merken müssen, dass kein Bescheid vom Finanzamt bei ihr ange-

kommen war. Daraufhin ist nun auch Hulla Bulla verstimmt. Sie hatte ganz pflichtbewusst im Februar beim Finanzamt angerufen, um sich nach dem Stand der Dinge zu erkundigen. Eine Bandansage hatte Hulla Bulla informiert, dass aufgrund des hohen Erklärungsaufkommens mit mindestens 3-6 Monaten Bearbeitungszeit zu rechnen sei. Es wurde sogar ausdrücklich gebeten von Rückfragen Abstand zu nehmen. Genau daran hatte sie sich gehalten. Hulla Bulla versteht zwar den Ärger von Heide Witzka, fühlt sich aber unschuldig und ahnt: Irgendwas ist schiefgelaufen...

→ **TIPP Zeit sparen!**
Erfragen und unterscheiden Sie im Vorfeld die Zuständigkeiten beim Finanzamt. So können Sie unnötige Telefonate vermeiden.

Wenn Sie einen fehlerhaften Bescheid vorliegen haben, behalten Sie auf jeden Fall einen kühlen Kopf und vor allem setzen Sie Ihre Lesebrille auf. Zunächst gilt es zu prüfen, ob der Bescheid **bestandskräftig** geworden ist oder aber (noch) geändert werden kann. In der Regel haben Sie einen Monat Zeit, um einen Einspruch einzulegen. So steht es als Rechtsbehelfsbelehrung auf der letzten Seite des Bescheides. Ist diese Frist verstrichen, blättern Sie zurück auf die erste Seite des Bescheides. Dort steht unmittelbar

oberhalb der Berechnungen: Art der Festsetzung ... Und nun kommt es darauf an, denn wenn der Bescheid nach § 164 unter Vorbehalt der Nachprüfung (die gängige Abkürzung lautet VdN) ergangen ist, bedeutet es, dieser Bescheid ist abänderbar. Das wird oft vom Finanzamt gemacht, wenn ein Fall nicht abschließend geprüft werden kann oder aber wenn wegen Nichtabgabe der Steuererklärung eine Schätzung seitens des Finanzamtes erfolgt. Es kann sogar passieren, dass eine Schätzung sachlich völlig unberechtigt erfolgt ist. Es liegt immer an Ihnen, sich dagegen zu wehren. Solange dieser „VdN" nicht aufgehoben wurde, können auch Sie als Steuerpflichtiger gegebenenfalls eine Korrektur beantragen.

Über die Aufhebung des VdN, Vorbehalts der Nachprüfung, werden Sie ebenfalls vom Finanzamt mit einem Bescheid informiert. Dieser Bescheid sieht ähnlich wie ein Steuerbescheid aus; allerdings beinhaltet er keine Zahlen und wird in der Hektik des Alltags schnell zur Seite gelegt. Doch es handelt sich dabei um einen äußerst wichtigen Bescheid. Auch auf diesem Aufhebungsbescheid gibt es eine Rechtsbehelfsbelehrung mit einer entsprechenden Einspruchsfrist von einem Monat. Sollten Sie also beispielsweise nach einer erfolgten Schätzung aufgrund akuter Arbeitsüberlastung zunächst nur bezahlt, aber ansonsten nicht weiter reagiert haben – eben weil die Schätzung ja unter VdN stand – wird es nun allerhöchste Eisenbahn. Sie sollten umgehend Einspruch gegen die Aufhebung des VdN einlegen; **nicht** etwa gegen den Steuerbescheid! Da ein Einspruch stets begründet werden muss, fügen Sie Ihre fehlende Steuererklärung bei. Eine weitere Begründung erübrigt sich dann.

→ **TIPP „Nicht bekannt gegeben"**
Sollte der Bescheid über die Aufhebung des Vorbehalts der Nachprüfung – warum auch immer – nicht bei Ihnen angekommen sein, ist dieser Bescheid Ihnen nicht „bekannt gegeben". Sie werden dann so gestellt, als ob es dieses Schreiben nie gegeben hätte. Die Beweislast über die Bekanntgabe trägt das Finanzamt.

Die meisten Steuerbescheide werden teilweise vorläufig nach § 165 AO erlassen – wir sprechen von vorläufiger Steuerfestsetzung. Es kann ja durchaus vorkommen, dass einzelne Steuerfragen zurzeit unklar sind. Sie können das sogar bei Ihrem Finanzamt selbst beantragen, vorausgesetzt, es liegt eine entsprechende Unklarheit vor, etwa bei Erbangelegenheiten, damit Sie nicht monate- oder sogar jahrelang auf den Steuerbescheid warten müssen.

Das Finanzamt erlässt den Bescheid vorläufig – eben bis zur endgültigen Klärung –, wenn:

„1. ungewiss ist, ob und wann Verträge mit anderen Staaten über die Besteuerung, die sich zugunsten des Steuerpflichtigen auswirken, für die Steuerfestsetzung wirksam werden,
2. das Bundesverfassungsgericht die Unvereinbarkeit eines Steuergesetzes mit dem Grundgesetz festgestellt hat und der Gesetzgeber zu einer Neuregelung verpflichtet ist,
3. die Vereinbarkeit eines Steuergesetzes mit höherrangigem Recht Gegenstand eines Verfahrens bei dem Gerichtshof der Europäischen Gemeinschaften, dem Bundesverfassungsgericht oder einem obersten Bundesgericht ist oder
4. die Auslegung eines Steuergesetzes Gegenstand eines Verfahrens bei dem Bundesfinanzhof ist."

Im Bescheid muss der Grund der Vorläufigkeit vom Finanzamt angegeben werden. Weit hinten im Steuerbescheid steht im Kleingedruckten: Die Festsetzung ... erfolgt vorläufig hinsichtlich ... Anschließend werden dann die individuellen Gründe, aber auch die noch offenen Verfahren usw. aufgeführt. **Soweit** die Finanzbehörde eine Steuer vorläufig festgesetzt hat, kann sie die Festsetzung aufheben oder ändern. Das kleine Wörtchen „soweit" bedeutet, dass eine Korrektur eben nur bei diesen ganz genau aufgeführten Fällen beziehungsweise Unklarheiten erfolgen kann. Ihre Rechtsansprüche bleiben gewahrt, ohne dass Sie Einspruch einlegen müssen.

Entscheidet das Gericht in diesen sogenannten Massenverfahren positiv, zum Beispiel dass bestimmte Kosten anerkannt werden müssen, wird der Steuerbescheid automatisch vom Finanzamt zu Ihren Gunsten geändert. Vielleicht erinnern Sie sich an die Steuererstattungen aus der „Pendlerpauschale" vor einigen Jahren. Aktuell warten alle auf die Entscheidung zur Verfassungsmäßigkeit der „zumutbaren Eigenbelastung" bei den außergewöhnlichen Belastungen. Fällt die Entscheidung des Gerichts für Sie negativ aus und wird beispielsweise die Vorschrift für verfassungsgemäß erklärt, bleibt es beim ursprünglichen Steuerbescheid.

Gibt es eine individuelle Unklarheit, etwa wem Mieteinnahmen zuzurechnen sind, weil Erbstreitigkeiten bestehen, warten Sie einfach auf die Einigung beziehungsweise bis das Gericht Ihren Fall entschieden hat.

Mitunter wird die Vorläufigkeit auch mit einer Steuerfestsetzung unter Vorbehalt der Nachprüfung verbunden.

BEISPIEL (FORTSETZUNG): Hulla Bulla möchte sich nicht auf Dauer mit Ihrer Freundin streiten – nicht wegen der Steuer. Sie merkt, die Steuer-Kenntnisse der beiden Freundinnen nebst Frauen-Power reichen nicht aus, um sich gegen das Finanzamt zu wehren. Sie müssen wohl andere Geschütze auffahren. Gemeinsam recherchieren sie und finden ganz in der Nachbarschaft eine Beratungsstelle des Lohnsteuerhilfevereins. Die beiden haben Glück und erreichen sogar noch am selben Abend die Beratungsstellenleiterin Carla Clever. Sie vereinbaren einen kurzfristigen „Nottermin" für Ostersamstag. Heide Witzka zeigt Frau Clever all die Steuerunterlagen der verstorbenen Mutter. Frau Clever schaut kurz in die Unterlagen und beruhigt die beiden Freundinnen schnell. Das Finanzamt hat offenbar Einnahmen irrtümlich doppelt erfasst – ein Fehler der schnell zu korrigieren ist. Viel wichtiger ist, so erklärt Carla Clever, dass der Bescheid falsch zugestellt wurde; also eben nicht an Hulla Bulla, sondern an Heide Witzka. Sie spricht von einem „Bekanntgabefehler" der „geheilt" werden kann und Aussetzung des Vollzuges und Wiedereinsetzung in den bisherigen Stand. Den beiden brummt der Kopf. Aber Carla Clever schreibt umgehend an das Finanzamt – dann hat Herr Makél, der Sachbearbeiter, wenn er nach Ostern wieder ins Amt kommt, schon alles auf dem Schreibtisch. Eine Vereinsbeitrittserklärung für Einmalberatung sowie eine Vollmacht hat Heide Witzka bereits unterschrieben – die fügt Carla Clever bei. Die beiden Freundinnen sind beruhigt, erleichtert und freuen sich auf ein paar schöne Ostertage. Ein gutes Gefühl haben sie – das wird! Nachsatz: bereits gut 14 Tage später hält Heide Witzka den korrigierten Bescheid in den Händen und hat den Erstattungsbetrag auf dem Konto. – Geht doch!

Was hat Carla Clever gemacht? Zunächst hat sie sich als von Heide Witzka Bevollmächtigte mit der Vollmacht legitimiert. Dann hat sie **Einspruch** gegen den Steuerbescheid vom 16. Januar 2020 eingelegt und mit der offenbaren Doppelerfassung begründet. Weiterhin hat sie Aussetzung des Vollzuges bis zur Klärung beantragt und erläutert, dass sie eine Steuer-Erstattung errechnet hat. **Antrag auf Aussetzung des Vollzuges** bedeutet, dass der Steuerpflichtige die berechnete Steuer zunächst nicht an das Finanzamt zahlen will. Wird dem Antrag vom Finanzamt (zuständig ist hierfür die Veranlagungsstelle) zugestimmt, erhält der Steuerpflichtige hierüber einen Bescheid, über den Betrag und darüber, bis wann der Vollzug ausgesetzt wird. Die Erhebungsstelle wird die Eintreibung des Betrages solange nicht weiter verfolgen. Wird der Antrag als unbegründet abgelehnt, erhalten Sie ebenfalls einen Bescheid – den „Ablehnungsbescheid". Dann müssen Sie auf jeden Fall die Steuer zunächst bezahlen.

 GUT ZU WISSEN

Zinsen

Stellt sich später heraus, dass Sie die Steuern doch zahlen müssen, berechnet das Finanzamt Zinsen; im Zweifel dann auch entsprechend für Teilbeträge, wenn Sie nur einen Teil der Steuer bezahlen müssen. **Vor** einem Antrag auf Aussetzung des Vollzuges (kurz AdV) sollten Sie das genau abwägen. Alternativ können Sie auch die geforderte Steuer bezahlen. Dann werden Ihnen zu viel gezahlte Beträge erstattet. Der Einspruch allein ändert zunächst nichts an der Zahlungspflicht!

Carla Clever hat dann das Finanzamt auf den Bekanntgabefehler hingewiesen und **Wiedereinsetzung in den bisherigen Stand** beantragt. In der Steuererklärung hatte Heide Witzka sehr vorausschauend ausdrücklich Hulla Bulla als Empfangsbevollmächtigte angegeben, weil sie ja wusste, dass sie selbst auf Weltreise sein würde, wenn der Bescheid eintrifft. Ganz sicher wollte sie gehen, dass die Post auch ankommt und sofort von Hulla Bulla kontrolliert wird. Diese Empfangsvollmacht hatte der Sachbearbeiter im Finanzamt schlicht und einfach übersehen und somit war der Bescheid während ihrer Abwesenheit doch bei Heide Witzka angekommen.

Wo Menschen arbeiten, passieren Fehler – dieser Fehler ist ein sogenannter „heilbarer" Fehler bei der Bekanntgabe. Heilbar deshalb, weil letztlich der Bescheid ja doch bei dem richtigen Steuerpflichtigen angekommen ist – nur eben leider zu spät. Jetzt zählt der Tag, an dem Heide Witzka erstmalig den Bescheid in den Händen hatte und ab dann läuft die Einspruchsfrist von einem Monat. Wiedereinsetzung in den bisherigen Stand bedeutet also im Grunde genommen, dass der Steuerpflichtige so gestellt wird, als ob die Frist noch nicht abgelaufen sei. Das ist allerdings nur dann möglich, wenn den Steuerpflichtigen an dem verspäteten Zugang keine Schuld trifft. Das ist hier auf jeden Fall unstrittig.

Eigentlich ist der Bekanntgabefehler des Finanzamtes in diesem speziellen Fall sogar ein Glücksfall. Denn wenn der Bescheid tatsächlich bereits im Januar bei Hulla Bulla angekommen wäre, hätte diese sofort kontrollieren und auch reagieren müssen. Die Einspruchsfrist von einem Monat hätte ja sofort zu laufen begonnen. Vorausgesetzt, Hulla Bulla hätte den Fehler der doppelten Einnahmen sofort erkannt – die erteilte **Empfangsvollmacht** ist keine **Vertretungsvollmacht**. Ohne eine gültige Vertretungsvollmacht von Heide Witzka hätte die gute Hulla Bulla gar keinen Einspruch einlegen können. Die Empfangsvollmacht berechtigt zwar zum Entgegennehmen dieses einen Bescheides, ist jedoch keine „Handlungsvollmacht", also keine Erlaubnis beispielsweise in Vertretung einen Einspruch einzulegen. Carla Clever hat sich deshalb die Vertretungsvollmacht unterschreiben lassen und dem Finanzamt vorgelegt.

! GUT ZU WISSEN

Empfangsbevollmächtigung

Sie können in der Erklärung als Empfangs-
bevollmächtigten angeben, wen immer
Sie möchten: eine Person Ihres Vertrau-
ens, also Ihr steuerlicher Berater, die
Nachbarin, den Kegelbruder oder auch
Ihre Haushaltshilfe. Das müssen Sie dem
Finanzamt gegenüber nicht begründen –
Ihr Wunsch reicht aus. Das macht durchaus Sinn, wenn Sie beispielsweise längere
Zeit von Zuhause abwesend sind, sei es
nun aus beruflichen Gründen, infolge
Krankheit oder Urlaub oder gar weil Sie
Bedenken haben, dass die Post bei Ihnen
persönlich nicht ankommt. Beachten Sie
aber bei Ihrer Wahl: Wenn Ihr Empfangsbevollmächtigter sich dann doch nicht
kümmert, weil er beispielsweise selbst
kurzfristig in Urlaub gefahren ist, laufen
die Fristen unbarmherzig!

Waffen der AO

Wenn Sie einen fehlerhaften Bescheid korrigieren lassen wollen, brauchen Sie eine sogenannte Korrekturnorm, eine gesetzliche
Grundlage. Diese stehen in der AO an verschiedenen Stellen. Relativ bekannt ist der
Einspruch § 357 AO. Einen Einspruch müssen Sie schriftlich beim Finanzamt einlegen,
natürlich innerhalb der Rechtsbehelfsfrist
(1 Monat), und der Einspruch ist zu begründen. Das ist inzwischen auch per E-Mail möglich; allerdings können elektronisch keine
Anhänge wie Belege beigefügt werden. Für
die Gewährung von AdV (→ Seite 175) ist ein
Einspruch zwingend notwendig. Der Einspruch birgt allerdings auch ein häufig ver-

kanntes Risiko – die „Verböserung". Bei einem Einspruch wird der gesamte Steuerfall
vollumfänglich erneut geprüft. Es kann also
durchaus sein, dass nach erneuter Würdi-
gung des Sachverhaltes, der zuständige Sachbearbeiter zu einer ganz anderen Erkenntnis
gelangt und sich die Steuer sogar erhöht.

→ TIPP Keine Verböserung
Durch Rücknahme des Einspruchs kann
die „Verböserung" abgewendet werden.

Auf der anderen Seite können auch Sie, wenn
Ihr Steuerfall aufgrund eines Einspruchs „of-
fen" ist, den Einspruch erweitern. Beispielsweise weil nachträglich noch weitere Aus-
gabenbelege aufgetaucht sind, die Sie als

Werbungskosten geltend machen könnten. Bei einem Einspruch ist es auch möglich, **Verfahrensruhe** zu beantragen. Beispielsweise wenn das Finanzamt von Ihnen beantragte pauschale haushaltsnahe Handwerkerleistungen, die in den Grundstückserschließungskosten enthalten sind, nicht gewährt. Sie können sich dann entsprechend auf das einschlägige Gerichtsverfahren (zum Beispiel eine vor dem BFH anhängige Revision) beziehen und beantragen, dass Ihr Einspruch ruht, bis das Gerichtsverfahren entschieden wurde; und das kann Jahre dauern. Das ist immer dann sinnvoll, wenn es sich um relativ neue, aktuelle Gerichtsverfahren handelt, die noch nicht unter den Vorläufigkeitsvermerken im Steuerbescheid aufgeführt sind.

Ähnlich und doch anders ist die **schlichte Änderung** nach § 172 AO.

Einen Antrag auf schlichte Änderung können Sie auch telefonisch beim Finanzamt stellen. Es wird nicht wie beim Einspruch der gesamte Bescheid erneut überprüft, sondern lediglich der von Ihnen bemängelte Fehler kontrolliert. Auch für die schlichte Änderung gilt die Rechtsbehelfsfrist von einem Monat. Eine Erweiterung nach Ablauf der Frist ist – anders als beim Einspruchsverfahren – nicht mehr möglich und AdV kann Ihnen auch nicht gewährt werden. Bei einer telefonischen Antragsstellung sollten Sie sich auf jeden Fall notieren, wann genau (Uhrzeit und Datum) Sie mit wem (Name des Sachbearbeiters) was besprochen haben.

Zu guter Letzt

ELSTER-online

Die Abgabe von Steuererklärungen wurde bereits in vielen Bereichen umgestellt und ist zum Beispiel bei Feststellungserklärungen, bei Selbstständigkeit, Gewerbebetrieb oder Land- und Forstwirtschaft (kurz LuF) nur noch elektronisch möglich. Zwar können Einkommenssteuererklärungen noch nach wie vor „per Hand" mithilfe der Papiervordrucke erstellt werden, aber auch hier gewinnt die elektronische Übermittlung immer mehr Bedeutung.

Wenn Sie das viel beworbene ELSTER-online nutzen wollen, sollten Sie rechtzeitig beginnen, sich damit zu beschäftigen. Bevor es losgehen kann, ist es im ersten Schritt notwendig, dass Sie sich auf der Homepage www.elster.de registrieren, ein Benutzerkonto erstellen und aktivieren. (→ Abbildung rechts)

Dazu wählen Sie nach Aufruf von ELSTER-online in dem Feld „Für wen ist ELSTER?" links die Rubrik „Benutzergruppen" und dann „Privatpersonen" aus. Sie gelangen dann auf die Seite mit weiteren ausführlichen Hinweisen und können sich unter „Mein ELSTER"

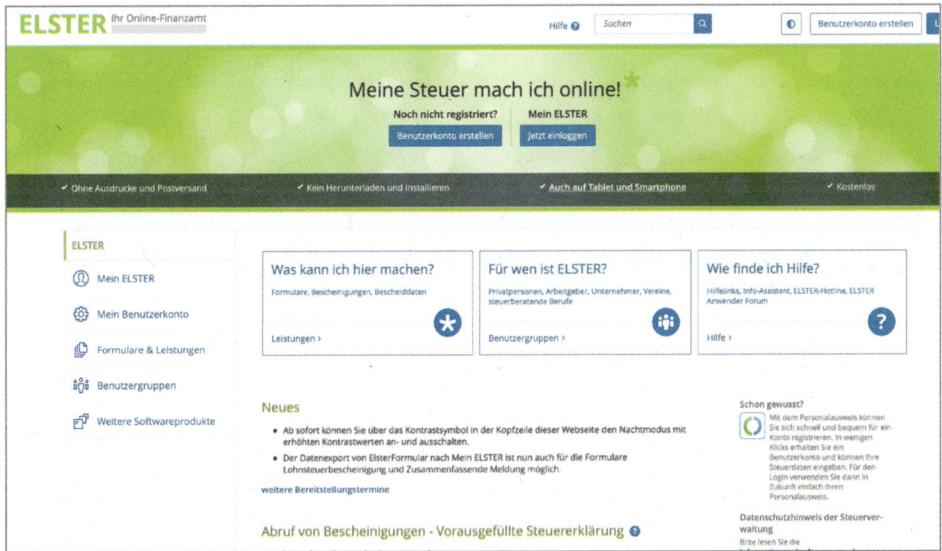

per Klick auf die hellblaue Schrift „zur Registrierung" anmelden. Folgen Sie dann den Anweisungen:

Im nächsten Schritt tippen Sie Angaben zu Ihrer Person und Ihrem Benutzerkonto in die Eingabemasken. Kurze Zeit danach erhalten Sie eine E-Mail vom elster.portal mit weiteren Anweisungen. Sie müssen Ihre Registrierung online bestätigen und bekommen dann ebenfalls per E-Mail eine Registrierungsbestätigung. Hat alles geklappt, schickt Ihnen die Finanzverwaltung per Post etwa eine Woche später einen Brief mit Ihrem **Aktivierungscode**. Erst jetzt können Sie sich erneut online einwählen, Ihre **Zertifikatsdatei** herunterladen und mit dem Ausfüllen Ihrer Steuererklärung beginnen. Sie klicken die einzelnen Sachgebiete wie die verschiedenen Anlagen, zum Beispiel „R" für Rentner oder „V" für Vermietung, an und füllen alles sorgfältig aus. Ihre Eingaben können Sie speichern und jederzeit wieder aufrufen und weiterbearbeiten. In unserem Ratgeber können Sie auch zwischendurch einzelne Fachbegriffe immer wieder nachlesen. Haben Sie all Ihre Angaben eingetippt und nochmals geprüft, senden Sie die elektronische Erklärung an das Finanzamt. Belege werden nur noch in Ausnahmefällen angefordert.

→ **TIPP Gut zu wissen**

Neben der kostenlosen ELSTER-Software des Finanzamts bietet der Handel eine Vielzahl von Steuerprogrammen an. Sogar im Discounter bekommen Sie zum Jahreswechsel recht gute Steuer-CDs für kleines Geld. Die meisten Steuerprogramme sind leicht verständlich und bieten eine Menge an Zusatzinformationen und Erläuterungen. Mit PC-Grundkenntnissen, ein wenig Geduld und Übung ist die Erstellung der Steuererklärung kein Hexenwerk. Mithilfe dieses Ratgebers kennen Sie Ihre individuellen Steuersparmöglichkeiten. Und wenn Sie sich noch nicht an die elektronische Übermittlung heranwagen wollen, können sie das Programm als Unterstützung und Berechnungshilfe nutzen. Mit allen Programmen aus dem Handel besteht die Möglichkeit, am Ende der Eingaben die gewohnten Papierformulare auszudrucken. Das Steuerprogramm führt Sie Schritt für Schritt durch den Steuerdschungel, darf aber keine fachliche Beratung leisten (→ Seite 169).

Vorausgefüllte Steuererklärung

Viel die Rede ist auch von der sogenannten „vorausgefüllten Steuererklärung". Wer jetzt erwartet, alles sei bereits automatisch ausgefüllt, wird enttäuscht sein. Denn es sind nur die Daten eingetragen, die dem Finanzamt bereits elektronisch übermittelt wurden. Das sind in erster Linie die Einnahmen, Altersvorsorgebeträge, Vermögenswirksame Leistungen (VL) und einige Versicherungsbeiträge. Sie müssen also nach wie vor Ihre sämtlichen Ausgaben wie beispielsweise Werbungskosten, Kinderbetreuung, außergewöhnliche Belastungen, haushaltsnahe Dienstleistungen und Spenden selbst eintragen. Die „vorausgefüllte Steuererklärung" wird Ihnen nur über das Elster-Online-Portal vom Finanzamt zur Verfügung gestellt. Zusätzlich zu der Registrierung (→ Seite 178) müssen Sie einen „Abrufcode" für Ihre Daten beantragen und können dann die Werte elektronisch übernehmen. Sind Sie steuerlich beraten (Lohnsteuerhilfeverein oder Steuerberater), beantragt häufig Ihr Berater für Sie diesen sogenannten Freischaltcode. Allerdings kann Ihr Berater nur mit Ihrer Zustimmung auf die Daten zugreifen. Dazu müssen Sie eine vorgelegte Vollmacht unterschreiben. Ihr Berater beantragt für Sie beim Finanzamt den Freischaltcode; allerdings sendet das Finanzamt diesen dann immer per Post an Ihre Meldeanschrift – und **nicht** an den Berater. Aus Datenschutzgründen müssen Sie selbst den Code Ihrem steuerlichen Berater mitteilen.

Haben Sie bereits ein eigenes Elster-Konto angelegt, bekommen Sie keinen Brief mit dem Freischaltcode, sondern eine E-Mail in Ihr Elster-Postfach. Sie erledigen dann die Freischaltung für Ihren steuerlichen Berater selbst in Ihrem Elster-Konto.

Teil-Abschaffung des Solidaritätszuschlags

Der Bundestag hat am 14. November 2019 das Gesetz zur „Rückführung des Solidaritätszuschlags 1995" beschlossen. Ab 2021 wird die jährliche Freigrenze von bisher 972 € (bei Zusammenveranlagung 1.944 €) auf 16.956 € (beziehungsweise 33.912 €) der tariflichen Einkommensteuer angehoben. Damit entfällt der Soli für 80 bis 90 Prozent der Steuerzahler. Für Besserverdienende gibt es zusätzlich noch die sogenannte Milderungszone.

Bisher beträgt der Solidaritätszuschlag 5,5 % der Einkommensteuer. Nur Geringverdiener mit einer Steuerlast von 972 € pro Jahr (beziehungsweise 1.944 €) bleiben davon befreit. Aber bereits bei 973 € ist man bereits mit 5,5 % = 53,52 € dabei, denn es handelt sich um eine **Freigrenze** (keinen Freibetrag).

Neue Schwerbehindertenpauschbeträge ab 2021

Am 29.7.2020 wurden etliche Steuererleichterungen für schwerbehinderte Menschen verabschiedet. Die Behinderten-Pauschbeträge gelten bereits ab 20 % (Grad der Behinderung). Die sogenannten „Minderbehinderten" mit einer Schwerbehinderung von weniger als 50 % müssen keine weiteren Anspruchsvoraussetzungen mehr erfüllen wie „dauerhafte Einbuße der Beweglichkeit" oder „typische Berufskrankheit". Hiervon sind vor allem Steuerpflichtige betroffen, die bisher mit 40 % oder weniger beeinträchtigt waren, zum Beispiel aufgrund psychischer Erkrankungen. Auch die behinderungsbedingten Fahrtkosten werden neu geregelt. Also nun gilt es die alten Schwerbehindertenbescheide herauszusuchen – ab 2021 gewinnen sie steuerlich an Bedeutung.

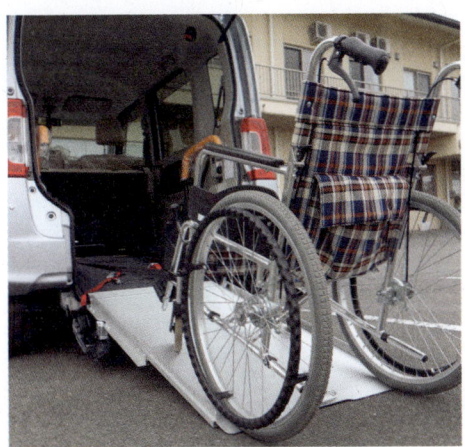

Schwerbehinderten-Pauschbeträge

PAUSCHBETRÄGE VZ 2020		PAUSCHBETRÄGE AB VZ 2021	
Grad der Behinderung von	Pauschbetrag in EUR	Grad der Behinderung von	Pauschbetrag in EUR
		20	384
25 und 30	310	30	620
35 und 40	430	40	860
45 und 50	570	50	1.140
55 und 60	720	60	1.440
65 und 70	890	70	1.780
75 und 80	1.060	80	2.120
85 und 90	1.230	90	2.460
95 und 100	1.420	100	2.840
Kennzeichen H/ Blinde	3.700	Kennzeichen H/ Blinde	7.400

Geplante Verbesserungen für pflegende Angehörige

Wer unentgeltlich Familienangehörige Zuhause pflegt, kann bisher einen Pauschbetrag von 924 € im Jahr absetzen (→ Seite 130/131). Voraussetzung war, dass die zu pflegende Person mindestens den Pflegegrad 4 (früher Pflegestufe 3) oder das Kennzeichen „H" im Behindertenausweis hat.

Ab 2021 soll dieser Pauschbetrag auf 1.800 € angehoben werden. Neu sollen Pauschbeträge eingeführt werden: 600 € bei Pflegegrad 2 und 1.100 € bei Pflegegrad 3.

Beleganforderungen

Ab und an stellt das Finanzamt einen Steuerbescheid unter „Vorbehalt der Nachprüfung"(VdN) aus. Der Hinweis, was genau der Fiskus noch nachprüfen möchte, steht – mitunter ein wenig versteckt – unter „Erläuterungen". In der Regel sind 4 Wochen Zeit für die Erledigung.

```
Erläuterungen
************* BITTE UM ANTWORT INNERHALB VON 4 WOCHEN NACH ERHALT DES BESCHEIDES ****************

Der Bescheid ergeht nach § 164 Abs. 1 AO unter dem Vorbehalt der Nachprüfung, weil Ihre Erklärung
noch nicht abschließend geprüft werden konnte. Bitte reichen Sie innerhalb von 4 Wochen nach
Erhalt des Bescheides folgende Angaben bzw. Unterlagen in Kopie oder per E-Mail
(service@fa-5343.fin-nrw.de) nach:

- für das Objekt                        sämtliche Erhaltungsaufwendungen und Zahlungsnachweise,
  Reisekosten und Nachweise zur Vermietungsabsicht (Anzeigen, Makler, etc. )

Hinweis: Sie haben zu Recht die angeforderten Belege nicht mit der Steuererklärung  eingereicht.
Seit dem Jahr 2017 gilt die Belegvorhaltepflicht. Das Finanzamt kann die zur  Bearbeitung der
Steuererklärung erforderlichen Belege jedoch nachträglich anfordern.

*******************************************************************************************************
```

Abb. 19: Auszug aus aktuellem Steuerbescheid (Muster).

Degressive AfA neu aufgelegt

Für Anschaffungen in den Veranlagungsjahren 2020/2021 wird als „Coronahilfe" die degressive Abschreibung wieder eingeführt. § 7(2) EStG. Es besteht ein Wahlrecht, anstelle der der linearen Abschreibung das 2,5-fache, höchstens jedoch 25 % anzusetzen. Eventuelle Sonderabschreibungen nach § 7g (5) EStG können Sie zusätzlich in Anspruch nehmen.

Filme mit Fin

Die Finanzverwaltung NRW stellt Erklärfilme zu steuerlichen Themen wie „Steuer-ID", „Steuerklassen" und „Steuerpflicht für Rentner/Rentnerinnen" bereit. Auch die ersten Schritte für das elektronische ELSTER-Programm werden erläutert.

www.finanzverwaltung.nrw.de/Erklaerfilme

Baukindergeld

Seit dem 18.9.2018 gibt es die neue Förderung „Baukindergeld". Wer diese Förderung in Anspruch nehmen möchte, muss einige Voraussetzungen nachweisen. Informationen dazu gibt es bei der KfW (Kreditanstalt für Wiederaufbau), www.kfw.de .

7b-Abschreibungen

Seit 2018 gibt es eine „Neuauflage" der sogenannten 7b-Abschreibungen. Der Neubau von günstigen Mietwohnungen soll steuerlich gefördert werden.

Hund zahlt – Hund spart: Hundesteuer und Betreuung

Bestellen Sie einen „Haussitter", der die Blumen gießt, Post aus dem Kasten holt und Ihre Haustiere füttert, handelt es sich um eine begünstigte haushaltsnahe Dienstleistung. Inzwischen hat der Bundesfinanzhof (BFH Aktenzeichen VI B 25/17) höchstrichterlich entschieden: Auch „Gassigehen" mindert die Steuer! Das Ausführen eines Haustieres auch **über die Grundstücksgrenzen hinaus** ist steuerbegünstigt, denn es handelt sich um eine Dienstleistung mit einem Bezug zum Haushalt. Eine zeitliche Einschränkung gibt's dennoch. Der Vierbeiner darf maximal für ein bis zwei Stunden ausgeführt werden **und** muss zum Ausführen im Haushalt des Herrchens abgeholt und auch wieder dort abgeliefert werden .

AKTUELL

Grüne Formularfelder

In den neuen Steuerformularen (→ ab Seite 186) gibt es im Hauptvordruck und in diversen Formularanlagen – auch in der Anlage R – farbliche Änderungen. Diese grün hinterlegten Abschnitte sind zudem mit einem kleinen grünen Symbol gekennzeichnet. Das soll Ihnen das Ausfüllen der Steuererklärung erleichtern. Denn die Daten, um die es hier konkret für die gekennzeichneten Zeilen geht, werden von den mitteilungspflichtigen Stellen (etwa dem Rentenversicherungsträger) automatisch elektronisch an Ihr Finanzamt übermittelt. Das offizielle Informationsblatt finden Sie auf der rechten Seite.

Information
zur Abgabe der Einkommensteuererklärung für die Jahre ab 2019

Zahlreiche Daten über Ihre Besteuerungsgrundlagen (z. B. Bruttoarbeitslöhne und die zugehörigen Lohnsteuerabzugsbeträge, bestimmte Beiträge zur Kranken- / Pflegeversicherung und Altersvorsorge, Lohnersatzleistungen, Renten etc.), die Sie in Ihrer Einkommensteuererklärung bislang angegeben haben, liegen der Finanzverwaltung aufgrund entsprechender elektronischer Datenübermittlungen der mitteilungspflichtigen Stellen bereits vor (sog. eDaten ⓔ).

Ab dem Kalenderjahr 2019 verzichtet die Finanzverwaltung auf die Angabe dieser eDaten in Ihrer Einkommensteuererklärung. Die Erstellung der Steuererklärung wird dadurch wesentlich erleichtert.

In der folgenden Übersicht erhalten Sie Antworten auf die wichtigsten Fragen:

Was ist neu?

Daten, die von mitteilungspflichtigen Stellen (z. B. Arbeitgeber, Versicherungsunternehmen) nach Maßgabe des § 93c der Abgabenordnung an die Finanzverwaltung elektronisch übermittelt werden, gelten als Ihre Angaben.

Demzufolge sind diese eDaten in Ihrer Einkommensteuererklärung nicht mehr anzugeben.

Die Abgabe der Anlagen N, R und Vorsorgeaufwand entfällt, wenn

- die Daten elektronisch übermittelt wurden und
- in den nicht mit ⓔ gekennzeichneten Zeilen / Bereichen keine Eintragungen vorzunehmen sind.

Der Hauptvordruck ESt 1 A ist in jedem Fall abzugeben.

Woher weiß ich, welche eDaten übermittelt wurden?

Die eDaten sind aus den Ihnen zugesandten Mitteilungen der mitteilungspflichtigen Stellen zu entnehmen.

Bei Renten aus der gesetzlichen Rentenversicherung wird diese Mitteilung erstmalig nur auf Ihre Anforderung hin und in den darauf folgenden Jahren automatisch zugesandt.

Woran kann ich diese eDaten erkennen?

In den Vordrucken zur Einkommensteuererklärung sind diese Zeilen / Bereiche hervorgehoben und mit ⓔ gekennzeichnet (siehe Abbildung).

Wann muss / kann ich die mit ⓔ gekennzeichneten Zeilen weiterhin ausfüllen?

- Sie müssen diese Zeilen / Bereiche weiterhin ausfüllen, wenn Ihnen bekannt ist, dass die eDaten nicht übermittelt wurden.
- Füllen Sie diese Zeilen / Bereiche weiterhin aus, wenn Ihnen bekannt ist, dass die eDaten nicht zutreffend übermittelt wurden.

Was ist zu tun, wenn ich abweichende Daten erklären möchte?

Die der Finanzverwaltung vorliegenden eDaten haben keine Bindungswirkung. Ihnen steht es weiterhin frei, eigene Angaben vorzunehmen (z. B. Änderung des Bruttoarbeitslohns aufgrund der Privatnutzung eines Firmenwagens). Nur in diesem Fall sind die zutreffenden Daten vollständig in den dafür vorgesehenen Zeilen / Bereichen in der Einkommensteuererklärung zu erklären.

Weitere Auskünfte und Informationen

Weitere Informationen können Sie den verschiedenen Anleitungen zur Einkommensteuererklärung entnehmen.

Auskünfte erteilt Ihnen auch Ihr zuständiges Finanzamt.

Anhang

Auf den folgenden Seiten finden Sie im Überblick alle nötigen **Steuer-formulare,** vom Hauptvordruck bis zur Anlage Unterhalt. Ein **Stichwort-verzeichnis** hilft beim Nachschlagen einzelner Textstellen und die **Kontaktdaten** unterstützen Sie bei der Kontaktaufnahme.

2020

Anleitung vorhanden

Eingangsstempel

Hauptvordruck ESt 1 A

1 ☒ Einkommensteuererklärung ☒ Festsetzung der Arbeitnehmer-Sparzulage

2 ☒ Erklärung zur Festsetzung der Kirchensteuer auf Kapitalerträge ☒ Erklärung zur Feststellung des verbleibenden Verlustvortrags

3 Steuernummer

An das Finanzamt

Daten für die mit ℮ gekennzeichneten Zeilen liegen im Regelfall vor und müssen nicht eingetragen werden.
– Bitte Infoblatt eDaten / Anleitung beachten –

4

5 Bei **Wohnsitzwechsel**: bisheriges Finanzamt

Allgemeine Angaben

Telefonische Rückfragen tagsüber unter Nr.

6

Steuerpflichtige Person (**stpfl. Person**)
Nur bei Zusammenveranlagung: **Ehemann** oder **Person A** *) (Ehegatte A / Lebenspartner[in] A nach dem LPartG)   *) Bitte Anleitung beachten.

Identifikationsnummer (IdNr.)   Geburtsdatum
7   T T M M J J J J

Name
8   **Religionsschlüssel:**
Evangelisch = EV
Vorname   Römisch-Katholisch = RK
9   nicht kirchensteuerpflichtig = VD
Weitere siehe Anleitung

Titel, akademischer Grad
10   Religion

Straße (derzeitige Adresse)
11

Hausnummer   Hausnummerzusatz   Adressergänzung
12

Postleitzahl (Inland)   Postleitzahl (Ausland)
13

Wohnort
14

Staat (falls Anschrift im Ausland)
15

Ausgeübter Beruf
16

Verheiratet / Lebenspartnerschaft begründet seit dem | Verwitwet seit dem | Geschieden / Lebenspartnerschaft aufgehoben seit dem | Dauernd getrennt lebend seit dem
17   T T M M J J J J | T T M M J J J J | T T M M J J J J | T T M M J J J J

Nur bei Zusammenveranlagung: **Ehefrau** oder **Person B** (Ehegatte B / Lebenspartner[in] B nach dem LPartG)

IdNr.   Geburtsdatum
18   T T M M J J J J

Name
19   **Religionsschlüssel:**
Evangelisch = EV
Vorname   Römisch-Katholisch = RK
20   nicht kirchensteuerpflichtig = VD
Weitere siehe Anleitung

Titel, akademischer Grad
21   Religion

Bitte füllen Sie die Zeilen 22 bis 26 nur aus, wenn die Adressangaben von den Zeilen 11 bis 15 abweichen.
Straße
22

Hausnummer   Hausnummerzusatz   Adressergänzung
23

Postleitzahl (Inland)   Postleitzahl (Ausland)
24

Wohnort
25

Staat (falls Anschrift im Ausland)
26

Ausgeübter Beruf
27

Nur von Ehegatten / Lebenspartnern auszufüllen

28 ☒ Zusammenveranlagung ☒ Einzelveranlagung von Ehegatten / Lebenspartnern ☒ Wir haben Gütergemeinschaft vereinbart

Bankverbindung – Bitte stets angeben –

31 IBAN (inländisches Geldinstitut)
D E

32 IBAN (ausländisches Geldinstitut)

33 BIC zu Zeile 32

34 **Kontoinhaber**
X lt. Zeile 8 und 9   X lt. Zeile 19 und 20   oder: Name (im Fall der Abtretung bitte amtlichen Abtretungsvordruck einreichen)

Der Steuerbescheid soll nicht mir / uns zugesandt werden, sondern:

– Nur ausfüllen, wenn dem Finanzamt keine entsprechende Bekanntgabevollmacht vorliegt –

35 Name

36 Vorname

37 Straße

38 Hausnummer   Hausnummerzusatz   Postfach

39 Postleitzahl (Inland)   Postleitzahl (Ausland)

40 Wohnort

41 Staat (falls Anschrift im Ausland)

Antrag auf Festsetzung der Arbeitnehmer-Sparzulage | 15

	stpfl. Person / Ehemann / Person A	Ehefrau / Person B
42 Für alle vom Anbieter übermittelten elektronischen Vermögensbildungsbescheinigungen wird die Festsetzung der Arbeitnehmer-Sparzulage beantragt.	17 [ ] 1 = Ja	18 [ ] 1 = Ja

Einkommensersatzleistungen | 18

– ohne Beträge lt. Zeile 28 der Anlage N –

	stpfl. Person / Ehemann / Person A EUR	Ehefrau / Person B EUR
43 – die dem Progressionsvorbehalt unterliegen, z. B. Arbeitslosengeld, Elterngeld, Insolvenzgeld, Krankengeld, Mutterschaftsgeld, Verdienstausfallentschädigung (Infektionsschutzgesetz)	120 [ ],—	121 [ ],— ⓔ
44 – vergleichbare Leistungen i. S. d. Zeile 43 aus einem EU- / EWR-Staat oder der Schweiz	136 [ ],—	137 [ ],—

Ergänzende Angaben zur Steuererklärung

45 Über die Angaben in der Steuererklärung hinaus sind weitere oder abweichende Angaben oder Sachverhalte zu berücksichtigen. Diese ergeben sich aus der beigefügten Anlage, welche mit der Überschrift **„Ergänzende Angaben zur Steuererklärung"** gekennzeichnet ist.   175 [ ] 1 = Ja

Hinweis: Wenn über die Angaben in der Steuererklärung hinaus weitere oder abweichende Angaben oder Sachverhalte berücksichtigt werden sollen, tragen Sie bitte eine „1" ein. Gleiches gilt, wenn bei den in der Steuererklärung erfassten Angaben bewusst eine von der Verwaltungsauffassung abweichende Rechtsauffassung zugrunde gelegt wurde. Falls Sie mit Abgabe der Steuererklärung lediglich Belege und Aufstellungen einreichen, ist keine Eintragung vorzunehmen.

Unterschrift

Datenschutzhinweis:

Die mit der Steuererklärung / dem Antrag angeforderten Daten werden aufgrund der §§ 149, 150 und 181 Abs. 2 der Abgabenordnung, der §§ 25, 46 und 51a Abs. 2d des Einkommensteuergesetzes sowie des § 14 Abs. 4 des Fünften Vermögensbildungsgesetzes erhoben. Informationen über die Verarbeitung personenbezogener Daten in der Steuerverwaltung und über Ihre Rechte nach der Datenschutz-Grundverordnung sowie über Ihre Ansprechpartner in Datenschutzfragen entnehmen Sie bitte dem allgemeinen Informationsschreiben der Finanzverwaltung. Dieses Informationsschreiben finden Sie unter www.finanzamt.de (unter der Rubrik „Datenschutz") oder erhalten Sie bei Ihrem Finanzamt.

46 Die Steuererklärung wurde unter Mitwirkung eines Angehörigen der steuerberatenden Berufe i. S. d. §§ 3 und 4 des Steuerberatungsgesetzes erstellt: [ ] 1 = Ja

Bei der Anfertigung dieser Steuererklärung hat mitgewirkt:

47 _____
Datum, Unterschrift(en)   Steuererklärungen sind eigenhändig – bei Ehegatten / Lebenspartnern von beiden – zu unterschreiben.

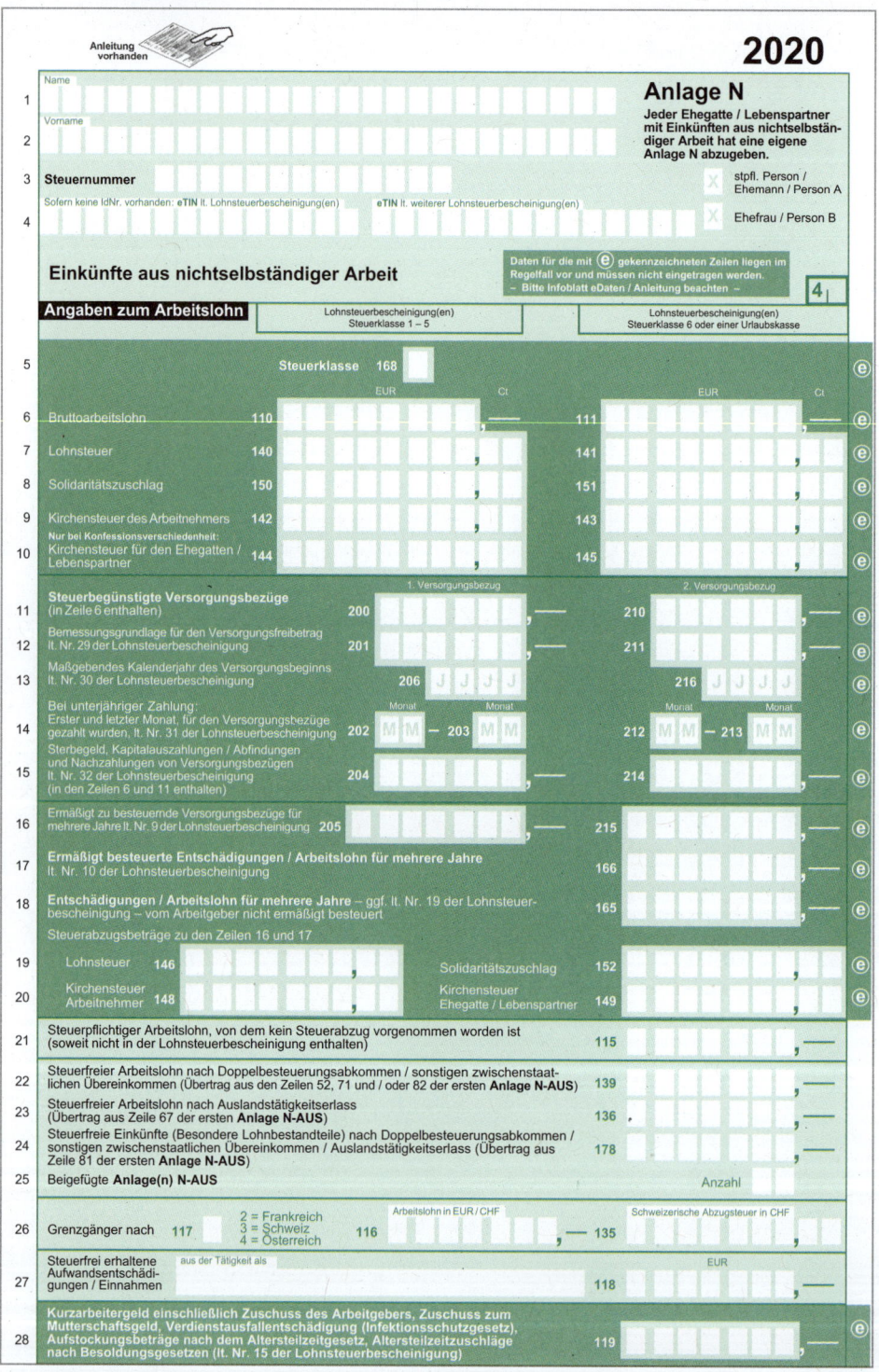

Anleitung vorhanden

2020

Anlage N

Jeder Ehegatte / Lebenspartner mit Einkünften aus nichtselbständiger Arbeit hat eine eigene Anlage N abzugeben.

1 Name

2 Vorname

3 **Steuernummer**

Sofern keine IdNr. vorhanden: **eTIN** lt. Lohnsteuerbescheinigung(en)   eTIN lt. weiterer Lohnsteuerbescheinigung(en)

4

X stpfl. Person / Ehemann / Person A

X Ehefrau / Person B

Einkünfte aus nichtselbständiger Arbeit

Daten für die mit ⓔ gekennzeichneten Zeilen liegen im Regelfall vor und müssen nicht eingetragen werden. – Bitte Infoblatt eDaten / Anleitung beachten.

4

Angaben zum Arbeitslohn

Lohnsteuerbescheinigung(en) Steuerklasse 1 – 5

Lohnsteuerbescheinigung(en) Steuerklasse 6 oder einer Urlaubskasse

5 **Steuerklasse** 168

EUR   Ct

EUR   Ct

6 Bruttoarbeitslohn 110 / 111 / ⓔ

7 Lohnsteuer 140 / 141 / ⓔ

8 Solidaritätszuschlag 150 / 151 / ⓔ

9 Kirchensteuer des Arbeitnehmers 142 / 143 / ⓔ

10 Nur bei Konfessionsverschiedenheit: Kirchensteuer für den Ehegatten / Lebenspartner 144 / 145 / ⓔ

1. Versorgungsbezug   2. Versorgungsbezug

11 **Steuerbegünstigte Versorgungsbezüge** (in Zeile 6 enthalten) 200 / 210 / ⓔ

12 Bemessungsgrundlage für den Versorgungsfreibetrag lt. Nr. 29 der Lohnsteuerbescheinigung 201 / 211 / ⓔ

13 Maßgebendes Kalenderjahr des Versorgungsbeginns lt. Nr. 30 der Lohnsteuerbescheinigung 206 J J J J   216 J J J J ⓔ

14 Bei unterjähriger Zahlung: Erster und letzter Monat, für den Versorgungsbezüge gezahlt wurden, lt. Nr. 31 der Lohnsteuerbescheinigung. Monat Monat 202 M M – 203 M M   Monat Monat 212 M M – 213 M M ⓔ

15 Sterbegeld, Kapitalauszahlungen / Abfindungen und Nachzahlungen von Versorgungsbezügen lt. Nr. 32 der Lohnsteuerbescheinigung (in den Zeilen 6 und 11 enthalten) 204 / 214 / ⓔ

16 Ermäßigt zu besteuernde Versorgungsbezüge für mehrere Jahre lt. Nr. 9 der Lohnsteuerbescheinigung 205 / 215 / ⓔ

17 **Ermäßigt besteuerte Entschädigungen / Arbeitslohn für mehrere Jahre** lt. Nr. 10 der Lohnsteuerbescheinigung 166 /

18 **Entschädigungen / Arbeitslohn für mehrere Jahre** – ggf. lt. Nr. 19 der Lohnsteuerbescheinigung – vom Arbeitgeber nicht ermäßigt besteuert 165 /

Steuerabzugsbeträge zu den Zeilen 16 und 17

19 Lohnsteuer 146 /   Solidaritätszuschlag 152 / ⓔ

20 Kirchensteuer Arbeitnehmer 148 /   Kirchensteuer Ehegatte / Lebenspartner 149 / ⓔ

21 Steuerpflichtiger Arbeitslohn, von dem kein Steuerabzug vorgenommen worden ist (soweit nicht in der Lohnsteuerbescheinigung enthalten) 115 / —

22 Steuerfreier Arbeitslohn nach Doppelbesteuerungsabkommen / sonstigen zwischenstaatlichen Übereinkommen (Übertrag aus den Zeilen 52, 71 und / oder 82 der ersten **Anlage N-AUS**) 139 / —

23 Steuerfreier Arbeitslohn nach Auslandstätigkeitserlass (Übertrag aus Zeile 67 der ersten **Anlage N-AUS**) 136 , —

24 Steuerfreie Einkünfte (Besondere Lohnbestandteile) nach Doppelbesteuerungsabkommen / sonstigen zwischenstaatlichen Übereinkommen / Auslandstätigkeitserlass (Übertrag aus Zeile 81 der ersten **Anlage N-AUS**) 178 / —

25 Beigefügte **Anlage(n) N-AUS**   Anzahl

26 Grenzgänger nach 117   2 = Frankreich 3 = Schweiz 4 = Österreich   Arbeitslohn in EUR / CHF 116 / 135 — Schweizerische Abzugsteuer in CHF /

27 Steuerfrei erhaltene Aufwandsentschädigungen / Einnahmen aus der Tätigkeit als EUR 118 /

28 Kurzarbeitergeld einschließlich Zuschuss des Arbeitgebers, Zuschuss zum Mutterschaftsgeld, Verdienstausfallentschädigung (Infektionsschutzgesetz), Aufstockungsbeträge nach dem Altersteilzeitgesetz, Altersteilzeitzuschläge nach Besoldungsgesetzen (lt. Nr. 15 der Lohnsteuerbescheinigung) 119 / ⓔ

Werbungskosten — ohne Beträge lt. Zeile 73 bis 76 — 8

Wege zwischen Wohnung und erster Tätigkeitsstätte / Sammelpunkt / weiträumigem Tätigkeitsgebiet (Entfernungspauschale)

Erste Tätigkeitsstätte in (PLZ, Ort und Straße)

		vom	bis	Arbeitstage je Woche	Urlaubs-, Krankheits-, Heimarbeits- und Dienstreisetage
31		T T M M	T T M M		
32		T T M M	T T M M		

Sammelpunkt / nächstgelegener Zugang zum weiträumigen Tätigkeitsgebiet (PLZ, Ort und Straße)

		vom	bis		
33		T T M M	T T M M		
34		T T M M	T T M M		

	Ort lt. Zeile	aufgesucht an Tagen	einfache Entfernung (auf volle Kilometer abgerundet)	davon mit eigenem oder zur Nutzung überlassenem Pkw zurückgelegt	davon mit Sammelbeförderung des Arbeitgebers zurückgelegt	davon mit öffentl. Verkehrsmitteln, Motorrad, Fahrrad o. Ä., als Fußgänger, als Mitfahrer einer Fahrgemeinschaft zurückgelegt	Aufwendungen für Fahrten mit öffentlichen Verkehrsmitteln (ohne Fähr- und Flugkosten) EUR	Behinderungsgrad mind. 70 oder mind. 50 und Merkzeichen „G"
35	110	111	km 112	km 113	km	km 114	— 115	1 = Ja
36	130	131	km 132	km 133	km	km 134	— 135	1 = Ja
37	150	151	km 152	km 153	km	km 154	— 155	1 = Ja
38	170	171	km 172	km 173	km	km 174	— 175	1 = Ja

39	Arbeitgeberleistungen lt. Nr. 17 und 18 der Lohnsteuerbescheinigung	steuerfrei ersetzt	EUR 290	pauschal besteuert	EUR 295	— e

40	Von der Agentur für Arbeit oder dem Jobcenter gezahlte Fahrtkostenzuschüsse	291	, —

Beiträge zu Berufsverbänden (Bezeichnung der Verbände)

41		310	, —

Aufwendungen für Arbeitsmittel — soweit nicht steuerfrei ersetzt — (Art der Arbeitsmittel bitte einzeln angeben.)

EUR

42			, —
43		+	, — ▶ 320 , —

Aufwendungen für ein häusliches Arbeitszimmer

44		325	, —

Fortbildungskosten — soweit nicht steuerfrei ersetzt —

45		330	, —

Weitere Werbungskosten — soweit nicht steuerfrei ersetzt —

Fähr- und Flugkosten bei Wegen zwischen Wohnung und erster Tätigkeitsstätte / Sammelpunkt / weiträumigem Tätigkeitsgebiet

46			—

Sonstiges (z. B. Bewerbungskosten, Kontoführungsgebühren)

47		+	, —
48		+	, — ▶ 380 , —

Reisekosten bei beruflich veranlassten Auswärtstätigkeiten

61 Die Fahrten wurden ganz oder teilweise mit einem Firmenwagen oder im Rahmen einer unentgeltlichen Sammelbeförderung des Arbeitgebers durchgeführt 401 ☐ 1 = Ja 2 = Nein

– Falls „Ja": Für die Fahrten mit Firmenwagen oder Sammelbeförderung dürfen mangels Aufwands keine Eintragungen zu Fahrtkosten in Zeile 62 vorgenommen werden. –

Fahrtkosten

62 ☐☐☐☐ ,☐☐

Übernachtungskosten

63 + ☐☐☐☐ ,☐☐

Reisenebenkosten

64 + ☐☐☐☐ ,☐☐ ▶ 410 ☐☐☐☐ ,☐☐

65 **Pauschbeträge für Berufskraftfahrer bei Übernachtung im Kfz** 411 ☐☐☐ Anzahl der Tage

66 **Vom Arbeitgeber steuerfrei ersetzt** 420 ☐☐☐☐ ,☐☐

Pauschbeträge für Mehraufwendungen für Verpflegung

Bei einer Auswärtstätigkeit im Inland:

67 Abwesenheit von mehr als 8 Stunden (bei Auswärtstätigkeit ohne Übernachtung) 470 ☐☐☐ Anzahl der Tage

68 An- und Abreisetage (bei einer mehrtägigen Auswärtstätigkeit mit Übernachtung) 471 ☐☐☐ Anzahl der Tage

69 Abwesenheit von 24 Stunden 472 ☐☐☐ Anzahl der Tage

70 Kürzungsbeträge wegen Mahlzeitengestellung (eigene Zuzahlungen sind ggf. gegenzurechnen) 473 ☐☐☐☐ ,☐☐

71 Bei einer Auswärtstätigkeit im Ausland (Berechnung bitte in einer gesonderten Aufstellung): 474 ☐☐☐☐ ,☐☐

72 **Vom Arbeitgeber steuerfrei ersetzt** 490 ☐☐☐☐ ,☐☐

Werbungskosten in Sonderfällen

– Die in den Zeilen 73 bis 76 erklärten Werbungskosten dürfen nicht in den Zeilen 31 bis 72 und 91 bis 117 enthalten sein –

Werbungskosten zu steuerbegünstigten Versorgungsbezügen lt. Zeile 11

Art der Aufwendungen EUR

73 682 ☐☐☐☐ ,☐☐

Werbungskosten zu steuerbegünstigten Versorgungsbezügen für mehrere Jahre lt. Zeile 16

Art der Aufwendungen

74 659 ☐☐☐☐ ,☐☐

Werbungskosten zu Entschädigungen / Arbeitslohn für mehrere Jahre lt. Zeile 17 und / oder 18

Art der Aufwendungen

75 660 ☐☐☐☐ ,☐☐

76 Werbungskosten zu steuerfreiem Arbeitslohn lt. Zeile 22 und 23 **(Übertrag aus den Zeilen 76 und 83 der ersten Anlage N-AUS)** 657 ☐☐☐☐ ,☐☐

Werbungskosten zu steuerpflichtigem Arbeitslohn, von dem kein Steuerabzug vorgenommen worden ist lt. Zeile 21 – in den Zeilen 31 bis 72 und 91 bis 117 enthalten –

Art der Aufwendungen

77 656 ☐☐☐☐ ,☐☐

78 Werbungskosten zu Arbeitslohn für eine Tätigkeit im Inland, wenn ein weiterer Wohnsitz in Belgien vorhanden ist – in den Zeilen 31 bis 72 und 91 bis 117 enthalten – 675 ☐☐☐☐ ,☐☐

Mehraufwendungen für doppelte Haushaltsführung
Allgemeine Angaben

			am
91	Der doppelte Haushalt wurde aus beruflichem Anlass begründet	501	T T M M J J J J

92 Grund

			bis
93	Der doppelte Haushalt hat seitdem ununterbrochen bestanden	502	T T M M 2020

94 Beschäftigungsort (PLZ, Ort, sowie zusätzlich der Staat – falls im Ausland und abweichend vom Staat, in dem der doppelte Haushalt liegt –)

95 Der doppelte Haushalt liegt im Ausland 507 1 = Ja

Staat

			1 = Ja
96	Es liegt ein **eigener Hausstand** am Lebensmittelpunkt vor	503	2 = Nein

– Wird die Zeile 96 mit „Nein" beantwortet, sind Eintragungen in den Zeilen 97 bis 115 nicht vorzunehmen. –

97 PLZ, Ort des eigenen Hausstandes

			seit
		504	T T M M J J J J

98	Der Begründung des doppelten Haushalts ist eine Auswärtstätigkeit am selben Beschäftigungsort unmittelbar vorausgegangen	505	1 = Ja
99	Anstelle der Mehraufwendungen für doppelte Haushaltsführung werden in den Zeilen 31 bis 39 Fahrtkosten für **mehr** als eine Heimfahrt wöchentlich geltend gemacht	506	1 = Ja

– Wird die Zeile 99 mit „Ja" beantwortet, sind Eintragungen in den Zeilen 100 bis 115 nicht vorzunehmen. –

Fahrtkosten

			1 = Ja, insgesamt
100	Die Fahrten wurden mit einem **Firmenwagen** oder im Rahmen einer unentgeltlichen **Sammelbeförderung** des Arbeitgebers durchgeführt	510	2 = Nein 3 = Ja, teilweise

– Soweit die Zeile 100 mit „Ja, insgesamt" beantwortet wird, sind Eintragungen in den Zeilen 101, 102, 104 und 106 nicht vorzunehmen. Bei „Ja, teilweise" sind Eintragungen in diesen Zeilen nur für die mit dem eigenen oder zur Nutzung überlassenen privaten Fahrzeug durchgeführten Fahrten vorzunehmen. –

Erste Fahrt zum Ort der ersten Tätigkeitsstätte und letzte Fahrt zum eigenen Hausstand

		gefahrene km		Kilometersatz bei Einzelnachweis (Berechnung bitte in einer gesonderten Aufstellung)		EUR Ct
101	mit privatem Kfz	511			512	,
102	mit privatem Motorrad / Motorroller	gefahrene km 522		Kilometersatz bei Einzelnachweis (Berechnung bitte in einer gesonderten Aufstellung)	523	EUR Ct ,
103	mit öffentlichen Verkehrsmitteln oder entgeltlicher Sammelbeförderung				513	EUR ,—

Wöchentliche Heimfahrten

		km	Anzahl		EUR
104	einfache Entfernung (ohne Flugstrecken) 514		515		
105	Kosten für öffentliche Verkehrsmittel (ohne Fähr- und Flugkosten)			516	,—

Nur bei Behinderungsgrad von mindestens 70 oder mindestens 50 und Merkzeichen „G"

		km	davon mit privatem Kfz zurückgelegt	km	Anzahl	Kilometersatz bei Einzelnachweis (Berechnung bitte in einer gesonderten Aufstellung)		EUR Ct
106	einfache Entfernung (ohne Flugstrecken) 524		517		518	519		,
107	Kosten für öffentliche Verkehrsmittel (ohne Fähr- und Flugkosten)					520		EUR ,—
108	Fähr- und Flugkosten (zu den Zeilen 104 bis 107) oder Kosten für entgeltliche Sammelbeförderung für Heimfahrten					521		,—

Kosten der Unterkunft am Ort der ersten Tätigkeitsstätte

109	Aufwendungen (z. B. Miete einschließlich Stellplatz- / Garagenkosten, Nebenkosten)	530	,—
110	Größe der Zweitwohnung des doppelten Haushalts im Ausland	531	m²

Pauschbeträge für Mehraufwendungen für Verpflegung
Die Verpflegungsmehraufwendungen lt. Zeilen 111 bis 114 können nur für einen Zeitraum von 3 Monaten nach Bezug der Unterkunft am Ort der ersten Tätigkeitsstätte geltend gemacht werden; geht der doppelten Haushaltsführung eine Auswärtstätigkeit voraus, ist dieser Zeitraum auf den Dreimonatszeitraum anzurechnen.
Bei einer doppelten Haushaltsführung im Inland:

111	An- und Abreisetage	541	Anzahl der Tage
112	Abwesenheit von 24 Stunden	542	Anzahl der Tage
113	Kürzungsbetrag wegen Mahlzeitengestellung (eigene Zuzahlungen sind ggf. gegenzurechnen)	544	EUR ,—
114	Bei einer doppelten Haushaltsführung im Ausland (Berechnung bitte in einer gesonderten Aufstellung)	543	,—

Sonstige Aufwendungen (z. B. Kosten für den Umzug, die Einrichtung und den Hausrat, jedoch ohne Kosten der Unterkunft lt. Zeile 109)

115		550	,—
116	Summe der Mehraufwendungen für **weitere** doppelte Haushaltsführungen (Berechnung bitte in einer gesonderten Aufstellung)	551	,—
117	**Vom Arbeitgeber / von der Agentur für Arbeit insgesamt steuerfrei ersetzt**	590	,—

2020

Anleitung vorhanden

Anlage Sonderausgaben

Diese Anlage ist bei Zusammenveranlagung von Ehegatten / Lebenspartnern gemeinsam auszufüllen.

1 Name

2 Vorname

3 Steuernummer

Angaben zu Sonderausgaben
– Ohne Versicherungsaufwendungen und Altersvorsorgebeiträge –

52

Kirchensteuer

		2020 gezahlt EUR	2020 erstattet EUR
4	soweit diese nicht als Zuschlag zur Abgeltungsteuer einbehalten oder gezahlt wurde	103	104

Zuwendungen (Spenden und Mitgliedsbeiträge)

Spenden und Mitgliedsbeiträge (ohne Beträge in den Zeilen 9 bis 12)

		lt. Bestätigungen EUR	lt. Betriebsfinanzamt EUR
5	– zur Förderung steuerbegünstigter Zwecke an Empfänger im Inland	123	124
6	– zur Förderung steuerbegünstigter Zwecke an Empfänger im EU- / EWR-Ausland	133	134
7	– an politische Parteien (§§ 34g, 10b EStG)	127	128
8	– an unabhängige Wählervereinigungen (§ 34g EStG)	129	130

Spenden in das zu erhaltende Vermögen (Vermögensstock) einer Stiftung

		stpfl. Person / Ehemann / Person A EUR	Ehefrau / Person B EUR
9	2020 geleistete Spenden an Empfänger im Inland (lt. Bestätigungen / lt. Betriebsfinanzamt)	208	209
10	2020 geleistete Spenden (lt. Bestätigungen / lt. Betriebsfinanzamt) an Empfänger im EU- / EWR-Ausland	224	225
11	Von den Spenden in den Zeilen 9 und 10 sollen 2020 berücksichtigt werden	212	213
12	2020 zu berücksichtigende Spenden aus Vorjahren in das zu erhaltende Vermögen (Vermögensstock) einer Stiftung, die bisher noch nicht berücksichtigt wurden	214	215

Berufsausbildungskosten

Aufwendungen für die eigene **Berufsausbildung: stpfl. Person / Ehemann / Person A**

Bezeichnung der Ausbildung, Art und Höhe der Aufwendungen

EUR

13 | 200

Aufwendungen für die eigene **Berufsausbildung: Ehefrau / Person B**

Bezeichnung der Ausbildung, Art und Höhe der Aufwendungen

EUR

14 | 201

Weitere Aufwendungen

Gezahlte Versorgungsleistungen

		Rechtsgrund, Datum des Vertrags	abziehbar	tatsächlich gezahlt EUR
15	Renten		102 %	101
16		lt. gesonderter und einheitlicher Feststellung	150 %	151
17	Dauernde Lasten	Rechtsgrund, Datum des Vertrags		100
18		lt. gesonderter und einheitlicher Feststellung		152

Unterhaltsleistungen lt. **Anlage U** an den

		IdNr. der unterstützten Person	
19	– geschiedenen Ehegatten, Lebenspartner einer aufgehobenen Lebenspartnerschaft – dauernd getrennt lebenden Ehegatten / Lebenspartner	117	116
20	In Zeile 19 enthaltene Beiträge (abzgl. Erstattungen und Zuschüsse) zur Basis-Kranken- und gesetzlichen Pflegeversicherung	118 (EUR)	Davon entfallen auf Krankenversicherungsbeiträge mit Anspruch auf Krankengeld 119

Ausgleichszahlungen im Rahmen des schuldrechtlichen Versorgungsausgleichs

Rechtsgrund, Datum der erstmaligen Zahlung

			EUR
21			121
22	Name der empfangsberechtigten Person	132 IdNr. der empfangsberechtigten Person	
23	**Ausgleichsleistungen** zur Vermeidung des Versorgungsausgleichs lt. **Anlage U**	135 IdNr. der empfangsberechtigten Person	131

2020

Anleitung vorhanden

Anlage Außergewöhnliche Belastungen

Diese Anlage ist bei Zusammenveranlagung von Ehegatten / Lebenspartnern gemeinsam auszufüllen.

1	Name
2	Vorname
3	Steuernummer

Außergewöhnliche Belastungen / Pauschbeträge   53

Behinderten-Pauschbetrag

– bei erstmaliger Beantragung / Änderung bitte Nachweis einreichen –

		Ausweis / Rentenbescheid / Bescheinigung gültig von	bis	unbefristet gültig	Grad der Behinderung
4	stpfl. Person / Ehemann / Person A	100 M M J J	101 M M J J	102 _ 1 = Ja	105
5	Ich bin – geh- und stehbehindert (Merkzeichen „G" oder „aG")		104 _ 1 = Ja		
6	– blind / ständig hilflos (Merkzeichen „Bl" und / oder „H"), schwerstpflegebedürftig (Pflegegrad 4 oder 5)		103 _ 1 = Ja		

		Ausweis / Rentenbescheid / Bescheinigung gültig von	bis	unbefristet gültig	Grad der Behinderung
7	Ehefrau / Person B	150 M M J J	151 M M J J	152 _ 1 = Ja	155
8	Ich bin – geh- und stehbehindert (Merkzeichen „G" oder „aG")		154 _ 1 = Ja		
9	– blind / ständig hilflos (Merkzeichen „Bl" und / oder „H"), schwerstpflegebedürftig (Pflegegrad 4 oder 5)		153 _ 1 = Ja		

Hinterbliebenen-Pauschbetrag

		stpfl. Person / Ehemann / Person A	Ehefrau / Person B
10	Ich beantrage den Hinterbliebenen-Pauschbetrag	380 _ 1 = Ja	381 _ 1 = Ja

Pflege-Pauschbetrag

– bei erstmaliger Beantragung / Änderung bitte Nachweis einreichen –

| 11 | Die **unentgeltliche** persönliche Pflege einer ständig hilflosen Person in ihrer oder in meiner Wohnung erfolgte durch | 200 | 1 = stpfl. Person / Ehemann / Person A 2 = Ehefrau / Person B 3 = beide Ehegatten / Lebenspartner |

| 12 | Name, Anschrift und Verwandtschaftsverhältnis der hilflosen Person(en) | Anzahl weiterer Pflegepersonen 201 |

Andere Aufwendungen

		Summe der Aufwendungen EUR	Anspruch auf zu erwartende / Erhaltene Versicherungsleistungen, Beihilfen, Unterstützungen; Wert des Nachlasses usw. EUR
	Krankheitskosten (z. B. Arznei-, Heil- und Hilfsmittel, Kurkosten) Art der Aufwendungen		
13		302 , —	303 , —
	Pflegekosten (z. B. häusliche Pflege und Heimunterbringung) Art der Aufwendungen		
14		304 , —	305 , —
	Behinderungsbedingte Aufwendungen (z. B. Umbaukosten) Art der Aufwendungen		
15		306 , —	307 , —
	Behinderungsbedingte Kfz-Kosten Art der Aufwendungen		
16		308 , —	309 , —
	Bestattungskosten (z. B. Grabstätte, Sarg, Todesanzeige) Art der Aufwendungen		
17		310 , —	311 , —
	Sonstige außergewöhnliche Belastungen Art der Aufwendungen		
18		312 , —	313 , —

Für folgende Aufwendungen wird die Steuerermäßigung für haushaltsnahe Beschäftigungsverhältnisse / Dienstleistungen / Handwerkerleistungen beantragt, soweit sie wegen Abzugs der zumutbaren Belastung nicht als außergewöhnliche Belastungen berücksichtigt werden (die Beträge sind nicht zusätzlich in den Zeilen 4 bis 9 der Anlage Haushaltsnahe Aufwendungen einzutragen):

		Aufwendungen (abzüglich Erstattungen) EUR
19	Die in Zeile 14 enthaltenen Pflegeleistungen im Rahmen eines geringfügigen Beschäftigungsverhältnisses im Privathaushalt – sog. Minijob – betragen	370 , —
20	Die in Zeile 14 enthaltenen übrigen haushaltsnahen Pflegeleistungen (ohne Minijob) und in Heimunterbringungskosten enthaltenen Aufwendungen für Dienstleistungen, die denen einer Haushaltshilfe vergleichbar sind, betragen	371 , —
21	Die in Zeile 13 bis 18 enthaltenen Arbeitskosten für Handwerkerleistungen betragen	372 , —

Anleitung vorhanden

2020

**Anlage
Haushaltsnahe
Aufwendungen**

Diese Anlage ist bei Zusammenveranlagung von Ehegatten / Lebenspartnern gemeinsam auszufüllen.

1 Name

2 Vorname

3 **Steuernummer**

Haushaltsnahe Beschäftigungsverhältnisse, Dienstleistungen und Handwerkerleistungen

Steuerermäßigung für Aufwendungen | 18

Geringfügige Beschäftigungen im Privathaushalt – sog. Minijobs –

Aufwendungen (abzüglich Erstattungen) EUR

Art der Tätigkeit

4 — 202 ,—

Haushaltsnahe Beschäftigungsverhältnisse / Dienstleistungen
– sozialversicherungspflichtige Beschäftigungen im Privathaushalt
– haushaltsnahe Dienstleistungen, Hilfe im eigenen Haushalt
– Pflege- und Betreuungsleistungen im Haushalt, bei eigener Heimunterbringung in den Heimkosten enthaltene Aufwendungen für Dienstleistungen, die mit denen einer Haushaltshilfe vergleichbar sind; das in Zeile 14 der Anlage Außergewöhnliche Belastungen als Erstattung für häusliche Pflege- und Betreuungskosten berücksichtigte Pflegegeld (§ 37 SGB XI) / Pflegetagegeld

Art der Tätigkeit / Aufwendungen

5 212 ,—

Handwerkerleistungen
für Renovierungs-, Erhaltungs- und Modernisierungsmaßnahmen im eigenen Haushalt (ohne öffentlich geförderte Maßnahmen, für die zinsverbilligte Darlehen oder steuerfreie Zuschüsse in Anspruch genommen werden, z. B. KfW-Bank, BAFA, landeseigener Förderbanken oder Gemeinden)

Rechnungsbeträge EUR

darin enthaltene Lohnanteile, Maschinen- und Fahrtkosten inkl. Umsatzsteuer EUR

Art der Aufwendungen

6 , — ,

Art der Aufwendungen

7 , — + ,

Art der Aufwendungen

8 , — + ,

9 **Summe steuerlich berücksichtigungsfähiger Lohnanteile, Maschinen- und Fahrtkosten inkl. Umsatzsteuer** 214 ,—

Nur bei Alleinstehenden und Eintragungen in den Zeilen 19 bis 21 der Anlage Außergewöhnliche Belastungen und / oder in den Zeilen 4 bis 9 der Anlage Haushaltsnahe Aufwendungen:

Anzahl der weiteren Personen

10 Es bestand ganzjährig ein gemeinsamer Haushalt mit einer oder mehreren anderen alleinstehenden Person(en) 223

11 Name, Vorname, Geburtsdatum

Nur bei Alleinstehenden oder Einzelveranlagung von Ehegatten / Lebenspartnern und Eintragungen in den Zeilen 19 bis 21 der Anlage Außergewöhnliche Belastungen und / oder in den Zeilen 4 bis 9 der Anlage Haushaltsnahe Aufwendungen:

Laut einzureichendem gemeinsamen Antrag ist der Höchstbetrag für die Aufwendungen
– lt. Zeile 19 der Anlage Außergewöhnliche Belastungen und / oder Zeile 4 der Anlage Haushaltsnahe Aufwendungen in einem anderen Verhältnis als je zur Hälfte aufzuteilen. Der bei mir zu berücksichtigende

12 Anteil beträgt 224 %

– lt. Zeile 20 der Anlage Außergewöhnliche Belastungen und / oder Zeile 5 der Anlage Haushaltsnahe Aufwendungen in einem anderen Verhältnis als je zur Hälfte aufzuteilen. Der bei mir zu berücksichtigende

13 Anteil beträgt 225 %

– lt. Zeile 21 der Anlage Außergewöhnliche Belastungen und / oder Zeile 9 der Anlage Haushaltsnahe Aufwendungen in einem anderen Verhältnis als je zur Hälfte aufzuteilen. Der bei mir zu berücksichtigende

14 Anteil beträgt 226 %

Nur in Fällen der Zusammenveranlagung oder Einzelveranlagungen von Ehegatten / Lebenspartnern und Eintragungen in den Zeilen 19 bis 21 der Anlage Außergewöhnliche Belastungen und / oder in den Zeilen 4 bis 9 der Anlage Haushaltsnahe Aufwendungen:

stpfl. Person / Ehemann / Person A

Ehefrau / Person B

15 Es wurde 2020 ein gemeinsamer Haushalt begründet oder aufgelöst und für einen Teil des Kalenderjahres ein Einzelhaushalt geführt 219 1 = Ja 220 1 = Ja

2020

Anleitung vorhanden

Anlage Energetische Maßnahmen

Diese Anlage ist bei Zusammenveranlagung von Ehegatten / Lebenspartnern gemeinsam auszufüllen.

1 Name

2 Vorname

3 Steuernummer — lfd. Nr. der Anlage

Aufwendungen für energetische Maßnahmen bei zu eigenen Wohnzwecken genutzten Gebäuden | 18

Begünstigtes Objekt

4 Standort des Wohngebäudes / der Eigentumswohnung
Straße, Hausnummer — Herstellungsbeginn des Gebäudes 301 T T M M J J J J

5 Postleitzahl, Ort (ggf. ausländischer Staat)

6 Einheitswert-Aktenzeichen (ohne Sonderzeichen) 300

7 Das Objekt wurde nach dem 1.1.2020 erworben. 302 1 = Ja

8 Gesamtfläche 303 m² davon ausschließliche Nutzung zu eigenen Wohnzwecken oder in Teilen unentgeltliche Überlassung zu Wohnzwecken an andere Personen 304 m²

Eigene Aufwendungen für energetische Maßnahmen
– ohne Betriebsausgaben / Werbungskosten (z. B. Aufwendungen für ein häusliches Arbeitszimmer) oder Sonderausgaben
– ohne öffentlich geförderte Maßnahmen, für die zinsverbillige Darlehen oder steuerfreie Zuschüsse in Anspruch genommen werden (z. B. KfW-Bank, BAFA, landeseigener Förderbanken oder Gemeinden; §§ 10f, 35a EStG)
– Bitte die Bescheinigung(en) des ausführenden Fachunternehmens / der Person mit Ausstellungsberechtigung nach § 21 Energieeinsparverordnung (EnEV) einreichen –

9 Baubeginn der energetischen Maßnahme 305 T T M M J J J J

EUR

10 Aufwendungen für die Wärmedämmung von Wänden

11 Aufwendungen für die Wärmedämmung von Dachflächen +

12 Aufwendungen für die Wärmedämmung von Geschossdecken +

13 Aufwendungen für die Erneuerung der Fenster und / oder der Außentür(en) +

14 Aufwendungen für die Erneuerung oder den Einbau einer Lüftungsanlage +

15 Aufwendungen für die Erneuerung der Heizungsanlage (bitte Zeile 21 und 22 beachten) +

16 Aufwendungen für den Einbau von digitalen Systemen zur energetischen Betriebs- und Verbrauchsoptimierung +

17 Aufwendungen für die Optimierung bestehender Heizungsanlagen (älter als 2 Jahre) +

18 Aufwendungen für die Erteilung der Bescheinigung(en) +

19 Summe 310

20 Aufwendungen für die planerische Begleitung oder Beaufsichtigung durch den Energieberater 311

Bei Installation eines Gas-Brennwertkessels ist innerhalb von 2 Jahren ab Datum der Installation des Gas-Brennwertkessels der Nachweis der Umsetzung der Hybridisierung gemäß den Anforderungen aus Anlage 6.4 der Energetische Sanierungsmaßnahmen-Verordnung zu erbringen. Die Steuerermäßigung ist erstmalig in dem Kalenderjahr zu gewähren, in dem die energetische Maßnahme abgeschlossen wurde. Dies ist der Fall, wenn die Schlussrechnung des Fachunternehmens erteilt wurde und der Nachweis der Hybridisierung vorliegt.

21 In Zeile 15 enthaltene Aufwendungen für die Installation eines effizienten Gas-Brennwertgerätes, das für die künftige Einbindung erneuerbarer Energien vorbereitet ist (Hybridisierung) 312

22 Der Nachweis zur Umsetzung der Hybridisierung liegt vor und wird eingereicht: 313 1 = Ja 2 = Nein

Falls das Objekt im Eigentum **mehrerer Personen** steht:
stpfl. Person / Ehemann / Person A — Ehefrau / Person B

23 Miteigentumsanteil 306 % 307 %

24 Name, Vorname, Geburtsdatum, Adresse weiterer Miteigentümer

25 Name, Vorname, Geburtsdatum, Adresse weiterer Miteigentümer

Nur ausfüllen, soweit in Zeile 19 und / oder in Zeile 20 Aufwendungen enthalten sind, für die der Abzug als außergewöhnliche Belastungen beantragt wird.

EUR

26 In Zeile 19 enthaltene Aufwendungen, für die der Abzug (soweit möglich) als außergewöhnliche Belastungen beantragt wird 314

27 In Zeile 20 enthaltene Aufwendungen, für die der Abzug (soweit möglich) als außergewöhnliche Belastungen beantragt wird 315

Anleitung vorhanden

2020

Anlage AUS

Jeder Ehegatte / Lebenspartner mit ausländischen Einkünften hat eine eigene Anlage AUS abzugeben.

1	Name	
2	Vorname	
3	Steuernummer	lfd. Nr. der Anlage

☒ stpfl. Person / Ehemann / Person A

☒ Ehefrau / Person B

Ausländische Einkünfte und Steuern

Steuerpflichtige ausländische Einkünfte, die in den Anlagen zur Einkommensteuererklärung enthalten sind und die im Quellenstaat nach dortigem Recht besteuert werden oder für die fiktive ausländische Steuern nach DBA anzurechnen sind
– Anrechnung und Abzug ausländischer Steuern –

|9|

		10		30		50	
4		1. Staat / Spezial-Investmentfonds	2. Staat / Spezial-Investmentfonds	3. Staat / Spezial-Investmentfonds

Einkünfte

5	(einschließlich der Einkünfte nach § 20 Abs. 2 AStG) – bei mehreren Einkunftsarten: Einzelangaben bitte lt. gesonderter Aufstellung –	Einkunftsquellen	Einkunftsquellen	Einkunftsquellen
6	Enthalten in Anlage(n) und Zeile(n)			
		EUR	EUR	EUR
7	Einkünfte (einschließlich der gemäß § 3 Nr. 40 und § 3c Abs. 2 EStG steuerfreien Teile sowie Teilfreistellungsbeträge i. S. d. §§ 20, 21 InvStG)	07 — 27	— 47	
8	In Zeile 7 enthaltene Einkünfte, für die § 3 Nr. 40 und § 3c Abs. 2 EStG Anwendung finden	08 — 28	— 48	
9	In Zeile 7 enthaltene zu berücksichtigende Teilfreistellungsbeträge i. S. d. §§ 20, 21 InvStG	15 — 35	— 55	
10	In Zeile 7 abgezogene ausländische Steuern nach § 34c Abs. 2 EStG	13 — 33	— 53	
11	In Zeile 7 abgezogene ausländische Steuern nach § 34c Abs. 3 EStG	—	—	

Anzurechnende ausländische Steuern

		EUR	EUR	EUR
12	für alle Einkunftsarten	09 — 29	— 49	
13	In Zeile 12 enthaltene fiktive ausländische Steuern nach DBA			

Die Eintragungen in den Zeilen 14 bis 22 sind nur in der ersten Anlage AUS vorzunehmen.

Pauschal zu besteuernde Einkünfte i. S. d. § 34c Abs. 5 EStG

			EUR
14	In Zeile 7 nicht enthaltene Einkünfte, für die die Pauschalierung beantragt wird	800	—

Hinzurechnungsbesteuerung nach den §§ 7 bis 12, 14 AStG (in den Anlagen G, KAP, KAP-BET, L, S enthalten)

Hinzurechnungsbetrag lt. Feststellung des Finanzamts (zuzüglich der anzurechnenden ausländischen Steuern lt. Zeile 16)

				EUR
15	Finanzamt und Steuernummer	Staat	801	—
16	Auf Antrag nach § 12 Abs. 1 AStG anzurechnende ausländische Steuern lt. Feststellung		802	—
17	Nach § 12 Abs. 3 AStG anzurechnende ausländische Steuern lt. Feststellung		803	—

Familienstiftungen nach § 15 AStG (in den Anlagen G, KAP [Zeile 49], L, S, V enthalten)

Einkünfte einer ausländischen Familienstiftung, die der tariflichen Einkommensteuer unterliegen

			EUR
18	Bezeichnung, Finanzamt und Steuernummer	818	—
19	Auf Antrag nach § 15 Abs. 5 Satz 1 i. V. m. § 12 Abs. 1 AStG anzurechnende ausländische Steuern lt. Feststellung	819	—
20	Nach § 15 Abs. 5 Satz 2 i. V. m. § 12 Abs. 3 AStG anzurechnende ausländische Steuern auf Zuwendungen einer ausländischen Familienstiftung lt. Feststellung	820	—

Anrechnung ausländischer Steuer nach § 50d Abs. 10 Satz 5 EStG (in den Anlagen G, S enthalten)

			EUR	
21	Inländische Einkünfte i. S. d. § 50d Abs. 10 EStG	824	—	
			EUR	Ct
22	Anrechenbare ausländische Steuer nach § 50d Abs. 10 Satz 5 EStG	825		

Nicht nach DBA steuerfreie negative Einkünfte i. S. d. § 2a Abs. 1 EStG — zu den Zeilen 4 bis 17 | 9

	aus dem Staat	nach § 2a Abs. 1 Satz 1	noch nicht verrechnete Verluste 1985 bis 2019	nicht ausgleichsfähige Verluste / Gewinnminderungen 2020	enthalten in Anlage und Zeile	positive Einkünfte 2020	enthalten in Anlage und Zeile	Summe der Spalten 3, 4 und 6
	1	2	3	4	5	6	7	8
			EUR	EUR		EUR		EUR
31	1	Nr. EStG						
32	2	Nr. EStG						
33	3	Nr. EStG						
34	4	Nr. EStG						
35	5	Nr. EStG						

Nach DBA steuerfreie Einkünfte / Progressionsvorbehalt

Einkünfte i. S. d. § 32b EStG — ohne steuerfreien Arbeitslohn lt. Anlage N Zeile 22 und / oder 24 sowie ohne Einkünfte lt. Zeile 45

	aus dem Staat	aus der Einkunftsquelle	Einkunftsart		Einkünfte
					EUR
36	1			810	, —
37	2			811	, —
38	3			812	, —
39	4			813	, —
40	5			814	, —
41	Summe der ausländischen Kapitalerträge, die im Inland dem gesonderten Steuertarif nach § 32d Abs. 1 EStG unterlägen			817	, —

In den Zeilen 36 bis 40 enthaltene — EUR

42	Gewinne aus gewerblichen Betriebsstätten, für die die Hinzurechnung nach § 2a Abs. 3 Satz 3 und Abs. 4 i. V. m. § 52 Abs. 2 Satz 3 und 4 EStG, § 2 Abs. 1 Satz 3 und Abs. 2 AuslInvG vorzunehmen ist	815	, —
43	außerordentliche Einkünfte i. S. d. §§ 34, 34b EStG, soweit nicht in Zeile 42 enthalten	816	, —

44   Bei den in den Zeilen 36 bis 40 erklärten Einkünften handelt es sich in Zeile [ ] um ein Steuerstundungsmodell i. S. d. § 15b EStG.

Hinweis zu den Zeilen 36 bis 40:
Unter bestimmten Voraussetzungen erfolgt eine Mitteilung über die Höhe der in Deutschland steuerfreien Einkünfte an den anderen Staat. Einwendungen gegen eine solche Weitergabe bitte als Anlage einreichen.

Einkünfte i. S. d. § 32b EStG i. V. m. privaten Veräußerungsgeschäften nach § 23 EStG

	aus dem Staat	aus der Einkunftsquelle	Einkünfte
			EUR
45			826 , —

46   [X]   Es wurden verbleibende negative Einkünfte nach § 10d EStG zum 31.12.2019 festgestellt.

47   Die 2019 nach Maßgabe des § 10d Abs. 1 EStG vorzunehmende Verrechnung nicht ausgeglichener negativer Einkünfte 2020 aus Zeile 45 soll wie folgt begrenzt werden: , —

Nach DBA steuerfreie negative Einkünfte i. S. d. § 2a Abs. 1 EStG

	aus dem Staat	nach § 2a Abs. 1 Satz 1	noch nicht verrechnete Verluste 1985 bis 2019	nicht ausgleichsfähige Verluste / Gewinnminderungen 2020	positive Einkünfte 2020	Summe der Spalten 3 bis 5	positive Summe lt. Spalt. 6 enthalten in Zeile
	1	2	3	4	5	6	7
			EUR	EUR	EUR	EUR	
48	1	Nr. EStG					
49	2	Nr. EStG					
50	3	Nr. EStG					
51	4	Nr. EStG					
52	5	Nr. EStG					

Anleitung vorhanden

2020

Anlage Sonstiges

1 Name

2 Vorname

Diese Anlage ist bei Zusammenveranlagung von Ehegatten / Lebenspartnern gemeinsam auszufüllen.

3 **Steuernummer**

Sonstige Angaben und Anträge

Steuerermäßigung bei Belastung mit Erbschaftsteuer

18

4 Ich beantrage eine Steuerermäßigung, weil in dieser Steuererklärung Einkünfte erklärt worden sind, die als Erwerb von Todes wegen ab 2016 der Erbschaftsteuer unterlegen haben (lt. gesonderter Aufstellung).   185   1 = Ja

Steuerbegünstigung für schutzwürdige Kulturgüter

Abzugsbetrag
EUR

5 Steuerbegünstigung nach § 10g EStG für schutzwürdige Kulturgüter, die weder zur Einkunfts-erzielung noch zu eigenen Wohnzwecken genutzt werden   151

Spendenvortrag

	stpfl. Person / Ehemann / Person A	Ehefrau / Person B
6 Es wurde ein verbleibender Spendenvortrag nach § 10b EStG zum 31.12.2019 festgestellt.	1 = Ja	1 = Ja

Verlustabzug

	stpfl. Person / Ehemann / Person A	Ehefrau / Person B
7 Es wurde ein verbleibender Verlustvortrag nach § 10d EStG zum 31.12.2019 festgestellt.	1 = Ja	1 = Ja

Antrag auf Beschränkung des Verlustrücktrags nach 2019

8 Von den nicht ausgeglichenen negativen Einkünften 2020 soll folgender Gesamtbetrag nach 2019 zurückgetragen werden   EUR 800   EUR 801

Negative Einkünfte mit Bezug zu Drittstaaten

	stpfl. Person / Ehemann / Person A	Ehefrau / Person B
9 Es wurden verbleibende negative Einkünfte nach § 2a Abs. 1 Satz 5 EStG zum 31.12.2019 festgestellt.	1 = Ja	1 = Ja

Freibetrag für bestandsgeschützte Alt-Anteile an Investmentfonds

	stpfl. Person / Ehemann / Person A	Ehefrau / Person B
10 Es wurde ein verbleibender Freibetrag für bestandsgeschützte Alt-Anteile an Investmentfonds nach § 56 Abs. 6 Satz 2 InvStG zum 31.12.2019 festgestellt.	1 = Ja	1 = Ja

Antrag zur Aufteilung der Abzugsbeträge bei Einzelveranlagung von Ehegatten / Lebenspartnern

11 Laut übereinstimmendem Antrag sind die Sonderausgaben, außergewöhnlichen Belastungen, die Steuer-ermäßigung für haushaltsnahe Beschäftigungsverhältnisse, Dienstleistungen und Handwerkerleistungen sowie die Steuerermäßigung für energetische Maßnahmen bei zu eigenen Wohnzwecken genutzten Gebäuden je zur Hälfte aufzuteilen.   222   1 = Ja

(Der Antrag auf Aufteilung in einem anderen Verhältnis als je zur Hälfte

– des Freibetrages zur Abgeltung eines Sonderbedarfs bei Berufsausbildung eines gemeinsamen volljährigen Kindes ist in Zeile 64 der Anlage Kind,

– bei Übertragung des Behinderten- oder Hinterbliebenen-Pauschbetrags eines gemeinsamen Kindes ist in Zeile 72 der Anlage Kind

zu stellen.)

Finanzamt

Steuernummer

Identifikationsnummer

Bitte beachten Sie die Erläuterungen auf der letzten Seite.

Anlage U

für Unterhaltsleistungen und Ausgleichsleistungen zur Vermeidung des Versorgungsausgleichs an den geschiedenen Ehegatten / Lebenspartner einer aufgehobenen Lebenspartnerschaft oder dauernd getrennt lebenden Ehegatten / Lebenspartner

☐ zum Lohnsteuer-Ermäßigungsantrag

☐ zur Einkommensteuererklärung

☐ zum Antrag auf Anpassung der Einkommensteuer-Vorauszahlungen

20___

A. Antrag auf Abzug von Unterhaltsleistungen und Ausgleichsleistungen zur Vermeidung des Versorgungsausgleichs als Sonderausgaben

Antragsteller

Name, Vorname	Geburtsdatum
Anschrift	

Ich beantrage, folgende Unterhaltsleistungen nach § 10 Abs. 1a Nr. 1 EStG und / oder Ausgleichsleistungen zur Vermeidung des Versorgungsausgleichs nach § 10 Abs. 1a Nr. 3 EStG an meinen in Abschnitt B genannten geschiedenen Ehegatten / Lebenspartner einer aufgehobenen Lebenspartnerschaft oder dauernd getrennt lebenden Ehegatten / Lebenspartner als Sonderausgaben abzuziehen.

	Geldleistungen	Sachleistungen
Im Kalenderjahr tatsächlich erbrachte Unterhaltsleistungen oder – bei Anträgen vor Ablauf des Kalenderjahres – voraussichtliche Unterhaltsleistungen:	€	€
Davon entfallen auf Unterhaltsleistungen für Kinder:	– €	– €
Unterhaltsleistungen, die zum Abzug als Sonderausgaben geltend gemacht werden:	= €	= €
In den o. g. Geldleistungen enthaltene Beiträge (abzgl. Erstattungen und Zuschüsse) für eine Basis-Kranken- und gesetzliche Pflegeversicherung meines geschiedenen Ehegatten / Lebenspartners einer aufgehobenen Lebenspartnerschaft oder dauernd getrennt lebenden Ehegatten / Lebenspartners:	€	
Davon entfallen auf Krankenversicherungsbeiträge mit Anspruch auf Krankengeld:	€	

	Ausgleichsleistungen
Im Kalenderjahr tatsächlich erbrachte Ausgleichsleistungen zur Vermeidung des Versorgungsausgleichs oder – bei Anträgen vor Ablauf des Kalenderjahres – voraussichtliche Ausgleichsleistungen	€

Mir ist bekannt, dass eine **Rücknahme** dieses Antrags **nicht** zulässig ist und dass ein im Lohnsteuer-Ermäßigungs- oder Einkommensteuer-Vorauszahlungsverfahren gestellter Antrag auch bei der Einkommensteuerveranlagung für dasselbe Kalenderjahr bindend ist.

Datum und Unterschrift

B. Zustimmung zum Antrag A

Die Zustimmung ist erstmals für das oben eingetragene Kalenderjahr gültig. Sie gilt – solange sie nicht widerrufen wird – auch für alle darauf folgenden Kalenderjahre. Mir ist bekannt, dass ich die Zustimmung nur vor Beginn des Kalenderjahres, für das sie erstmals nicht gelten soll, gegenüber dem für mich oder dem für den Antragsteller zuständigen Finanzamt widerrufen kann.

Empfänger der Leistung(en)

Name, Vorname	Geburtsdatum
Anschrift	
Zuständiges Finanzamt, Steuernummer und Identifikationsnummer	

Ich stimme hiermit dem Antrag auf Abzug von **Unterhaltsleistungen** als Sonderausgaben

☐ dem Grunde nach zu.   ☐ begrenzt auf einen Teilbetrag in Höhe von _____ € zu.

Mir ist bekannt, dass ich **Unterhaltsleistungen** bis zum Höchstbetrag von 13.805 € (zuzüglich tatsächlich geleisteter Beiträge für eine Basis-Kranken- und gesetzliche Pflegeversicherung) abzüglich der Werbungskosten (mindestens Pauschbetrag von 102 €) als sonstige Einkünfte **versteuern** muss, soweit sie vom Geber als Sonderausgaben abgezogen werden können.

Ich stimme hiermit dem Antrag auf Abzug von **Ausgleichsleistungen** zur Vermeidung des Versorgungsausgleichs als Sonderausgaben

☐ dem Grunde nach zu.   ☐ begrenzt auf einen Teilbetrag in Höhe von _____ € zu.

Mir ist bekannt, dass ich die **Ausgleichsleistungen** zur Vermeidung des Versorgungsausgleichs abzüglich der Werbungskosten (mindestens Pauschbetrag von 102 €) als sonstige Einkünfte **versteuern** muss, soweit sie vom Geber als Sonderausgaben abgezogen werden können.

Nur bei in einem anderen Mitgliedstaat der Europäischen Union (EU)/des Europäischen Wirtschaftsraumes (EWR) oder in der Schweiz ansässigen Empfänger der Leistung(en):

☐ Ich bestätige, dass die empfangenen Unterhaltsleistungen / Ausgleichsleistungen in dem Staat, in dem ich ansässig bin, besteuert werden. Die entsprechende Bescheinigung der zuständigen ausländischen Steuerbehörde ist beigefügt.

Datum und Unterschrift

☐ Die Zustimmung des Empfängers der Leistung(en)

vom _____ liegt dem Finanzamt bereits vor.

Anlage U (2019) für Unterhaltsleistungen und Ausgleichsleistungen   Aug. 2019   **– 1. Ausfertigung für das Finanzamt –**

2020

Anleitung vorhanden

Anlage AV

Diese Anlage ist bei Zusammenveranlagung von Ehegatten / Lebenspartnern gemeinsam auszufüllen.

1 Name

2 Vorname

3 Steuernummer

Angaben zur steuerlichen Förderung von Altersvorsorgebeiträgen (sog. Riester-Verträge)

Allgemeine Angaben

39

		stpfl. Person / Ehemann / Person A	Ehefrau / Person B
4	Mitgliedsnummer der landwirtschaftlichen Alterskasse	112	312

Für alle vom Anbieter übermittelten Altersvorsorgebeiträge wird ein zusätzlicher Sonderausgabenabzug geltend gemacht. Erforderlich hierfür sind die nachfolgenden Angaben ab Zeile 5.
– Sollten Sie den Sonderausgabenabzug für bestimmte Verträge nicht wünschen, nehmen Sie bitte die entsprechenden Eintragungen auf Seite 2 vor. –

Berechnungsgrundlagen

– Bei Zusammenveranlagung: Bitte die Art der Begünstigung (unmittelbar / mittelbar) beider Ehegatten / Lebenspartner angeben. –

			stpfl. Person / Ehemann / Person A		Ehefrau / Person B	
5	Ich bin für das Jahr 2020 unmittelbar begünstigt. (Bitte die Zeilen 6 bis 14 ausfüllen.)	106	1 = Ja	306	1 = Ja	
			EUR		EUR	
6	Beitragspflichtige Einnahmen i. S. d. inländischen gesetzlichen Rentenversicherung 2019	100		300		
7	Inländische Besoldung, Amtsbezüge und Einnahmen beurlaubter Beamter 2019 (Ein Eintrag ist nur erforderlich, wenn Sie eine Einwilligung gegenüber der zuständigen Stelle abgegeben haben.)	101		301		
8	Entgeltersatzleistungen 2019	104		304		
9	Tatsächliches Entgelt 2019	102		302		
10	Jahres(brutto)betrag der Rente wegen voller Erwerbsminderung oder Erwerbsunfähigkeit in der inländischen gesetzlichen Rentenversicherung 2019	109		309		
11	Inländische Versorgungsbezüge wegen Dienstunfähigkeit 2019 (Ein Eintrag ist nur erforderlich, wenn Sie eine Einwilligung gegenüber der zuständigen Stelle abgegeben haben.)	113		313		
12	Einkünfte aus Land- und Forstwirtschaft 2018	103		303		
13	Jahres(brutto)betrag der Rente wegen voller Erwerbsminderung oder Erwerbsunfähigkeit nach dem Gesetz über die Alterssicherung der Landwirte 2019	111		311		
14	Einnahmen aus einer Beschäftigung, die einer ausländischen gesetzlichen Rentenversicherungspflicht unterlag und / oder Jahres(brutto)betrag der Rente wegen voller Erwerbsminderung oder Erwerbsunfähigkeit aus einer ausländischen gesetzlichen Rentenversicherung 2019	114		314		
15	Ich bin für das Jahr 2020 mittelbar begünstigt. (Bei Einzelveranlagung von Ehegatten / Lebenspartnern: Die Angaben zu den Altersvorsorgebeiträgen werden bei der Einkommensteuerveranlagung des anderen Ehegatten / Lebenspartners berücksichtigt.)	106	2 = Ja	306	2 = Ja	

Angaben zu Kindern, für die ein Anspruch auf Kinderzulage besteht

		Geboren vor dem 1.1.2008	Geboren nach dem 31.12.2007
	Bei Eltern, die miteinander verheiratet sind oder miteinander eine Lebenspartnerschaft führen und 2020 nicht dauernd getrennt gelebt haben:	Anzahl der Kinder	Anzahl der Kinder
	Anzahl der Kinder, für die für 2020 Kindergeld festgesetzt worden ist und		
16	– die bei Zusammenveranlagung der Mutter / Person B zugeordnet werden oder – die bei Zusammenveranlagung von Person A auf Person B übertragen wurden	305	315
17	– für die bei Zusammenveranlagung oder Einzelveranlagung von Ehegatten / Lebenspartnern die Kinderzulage von der Mutter auf den Vater / von Person B auf Person A übertragen wurde, – die bei Einzelveranlagung von Ehegatten / Lebenspartnern der Mutter / Person A zugeordnet werden oder – die bei Zusammenveranlagung Person A zugeordnet werden	105	115
18	Anzahl der bei Einzelveranlagung von Ehegatten / Lebenspartnern von der Mutter auf den Vater übertragenen Kinderzulagen – Eintragung nur in der Steuererklärung der übertragenden Person –	225	235
	Bei allen anderen Kindergeldberechtigten: Anzahl der Kinder, für die für den ersten Anspruchszeitraum 2020 Kindergeld gegenüber		
19	– stpfl. Person / Ehemann / Person A	205	215
20	– Ehefrau / Person B	405	415
	festgesetzt worden ist (diese Kinder dürfen nicht in den Zeilen 16 bis 18 enthalten sein).		

Altersvorsorgeverträge, für die kein zusätzlicher Sonderausgabenabzug geltend gemacht wird

stpfl. Person / Ehemann / Person A

31 Für nachfolgende Altersvorsorgeverträge möchte ich keinen zusätzlichen Sonderausgabenabzug geltend machen. 200   1 = Ja

1. Vertrag

Anbieternummer   Zertifizierungsnummer

32   0 0

Vertragsnummer

33

2. Vertrag

Anbieternummer   Zertifizierungsnummer

34   0 0

Vertragsnummer

35

3. Vertrag

Anbieternummer   Zertifizierungsnummer

36   0 0

Vertragsnummer

37

4. Vertrag

Anbieternummer   Zertifizierungsnummer

38   0 0

Vertragsnummer

39

Ehefrau / Person B

40 Für nachfolgende Altersvorsorgeverträge möchte ich keinen zusätzlichen Sonderausgabenabzug geltend machen. 400   1 = Ja

1. Vertrag

Anbieternummer   Zertifizierungsnummer

41   0 0

Vertragsnummer

42

2. Vertrag

Anbieternummer   Zertifizierungsnummer

43   0 0

Vertragsnummer

44

3. Vertrag

Anbieternummer   Zertifizierungsnummer

45   0 0

Vertragsnummer

46

4. Vertrag

Anbieternummer   Zertifizierungsnummer

47   0 0

Vertragsnummer

48

2020

Anleitung vorhanden

Anlage KAP

- [X] zur Einkommensteuererklärung
- [X] zur Erklärung zur Festsetzung der Kirchensteuer auf Kapitalerträge

1 Name

2 Vorname

3 Steuernummer

- [X] stpfl. Person / Ehemann / Person A
- [X] Ehefrau / Person B

Einkünfte aus Kapitalvermögen / Anrechnung von Steuern

Anträge

54

4 Ich beantrage die Günstigerprüfung für sämtliche Kapitalerträge.
(Bei Zusammenveranlagung: Die Anlage KAP meines Ehegatten / Lebenspartners ist beigefügt.) 201/401 1 = Ja

5 Ich beantrage eine Überprüfung des Steuereinbehalts für bestimmte Kapitalerträge. 202/402 1 = Ja

Erklärung zur Kirchensteuerpflicht

6 Ich bin kirchensteuerpflichtig und habe Kapitalerträge erzielt, von denen Kapitalertragsteuer, aber keine Kirchensteuer einbehalten wurde. 203/403 1 = Ja

Kapitalerträge, die dem inländischen Steuerabzug unterlegen haben

		Beträge lt. Steuerbescheinigung(en) EUR		korrigierte Beträge (lt. gesonderter Aufstellung) EUR
7	Kapitalerträge	210/410	—	220/420
8	In Zeile 7 enthaltene Gewinne aus Aktienveräußerungen	212/412	—	222/422
10	In Zeile 7 enthaltene Gewinne aus der Veräußerung bestandsgeschützter Alt-Anteile i. S. d. § 56 Abs. 6 Satz 1 Nr. 2 InvStG	219/419	—	229/429
11	In Zeile 7 enthaltene Ersatzbemessungsgrundlage	214/414	—	224/424
12	Nicht ausgeglichene Verluste **ohne** Verluste aus der Veräußerung von Aktien	215/415	—	225/425
13	Nicht ausgeglichene Verluste aus der Veräußerung von Aktien	216/416	—	226/426
15	Verluste aus der ganzen oder teilweisen Uneinbringlichkeit einer Kapitalforderung, Ausbuchung, Übertragung wertlos gewordener Wirtschaftsgüter oder aus einem sonstigen Ausfall von Wirtschaftsgütern	616/816	—	626/826

Sparer-Pauschbetrag

			EUR
16	In Anspruch genommener Sparer-Pauschbetrag, der auf die in den Zeilen 7 bis 15, 30 und 33 erklärten Kapitalerträge entfällt (ggf. „0")	217/417	—
17	Bei Eintragungen in den Zeilen 7 bis 15, 18 bis 27, 30, 33, 47 und 49 dieser Anlage, in den Zeilen 6 bis 25, 28 und 29 der Anlage KAP-BET sowie in der Anlage KAP-INV: In Anspruch genommener Sparer-Pauschbetrag, der auf die in der Anlage KAP **nicht** erklärten Kapitalerträge entfällt (ggf. „0")	218/418	—

Kapitalerträge, die nicht dem inländischen Steuerabzug unterlegen haben

– ohne Investmenterträge lt. Anlage KAP-INV –

			EUR
18	Inländische Kapitalerträge (ohne Betrag lt. Zeile 26)	230/430	
19	Ausländische Kapitalerträge (ohne Betrag lt. Zeile 47)	234/434	
20	In den Zeilen 18 und 19 enthaltene Gewinne aus Aktienveräußerungen i. S. d. § 20 Abs. 2 Satz 1 Nr. 1 EStG	232/432	
22	In den Zeilen 18 und 19 enthaltene Verluste **ohne** Verluste aus der Veräußerung von Aktien	235/435	
23	In den Zeilen 18 und 19 enthaltene Verluste aus der Veräußerung von Aktien i. S. d. § 20 Abs. 2 Satz 1 Nr. 1 EStG	236/436	
25	Verluste aus der ganzen oder teilweisen Uneinbringlichkeit einer Kapitalforderung, Ausbuchung, Übertragung wertlos gewordener Wirtschaftsgüter oder aus einem sonstigen Ausfall von Wirtschaftsgütern	636/836	
26	Zinsen, die vom Finanzamt für Steuererstattungen gezahlt wurden	260/460	

Kapitalerträge, die der tariflichen Einkommensteuer unterliegen

(nicht in den Zeilen 7, 18 und 19 der Anlage KAP sowie in den Zeilen 6 und 14 der Anlage KAP-BET enthalten)

EUR

27	Hinzurechnungsbetrag nach § 10 AStG	275/475	
28	Laufende Einkünfte aus sonstigen Kapitalforderungen jeder Art, aus stiller Gesellschaft und partiarischen Darlehen (ohne Betrag lt. Zeile 49)	270/470	
29	Gewinne aus der Veräußerung oder Einlösung von Kapitalanlagen aus sonstigen Kapitalforderungen jeder Art, aus stiller Gesellschaft und partiarischen Darlehen, Verluste aus der ganzen oder teilweisen Uneinbringlichkeit der Kapitalforderungen	271/471	
30	Kapitalerträge aus Lebensversicherungen i. S. d. § 20 Abs. 1 Nr. 6 Satz 2 EStG	268/468	

31	Ich beantrage für die Einkünfte lt. Zeile 32 die Anwendung der tariflichen Einkommensteuer.	1 = Ja

– bitte Anleitung beachten –

Laufende Einkünfte aus einer unternehmerischen Beteiligung an einer Kapitalgesellschaft
Gesellschaft, Finanzamt und Steuernummer

EUR

32		272/472	
33	Bezüge und Einnahmen i. S. d. § 32d Abs. 2 Nr. 4 EStG (ohne Betrag lt. Zeile 49) – Korrespondenzprinzip –	277/477	
34	Ich habe Einkünfte aus Spezial-Investmentanteilen i. S. d. § 20 Abs. 1 Nr. 3a EStG erzielt. (lt. gesonderter Aufstellung)	209/409	1 = Ja

Kapitalerträge, für die die ermäßigte Besteuerung nach § 34 Abs. 1 EStG anzuwenden ist

EUR

35	In den Zeilen 7, 18 und / oder 19 der Anlage KAP sowie in den Zeilen 6 und 14 der Anlage KAP-BET enthaltene Erträge	265/465	
36	In den Zeilen 27 bis 29, 32 und / oder 33 der Anlage KAP sowie in den Zeilen 25 bis 27 und / oder 29 der Anlage KAP-BET enthaltene Erträge	279/479	

Steuerabzugsbeträge zu Erträgen in den Zeilen 7 bis 25 und zu Investmenterträgen lt. Anlage KAP-INV

lt. Bescheinigung(en)

			EUR	Ct
37	Kapitalertragsteuer	280/480		
38	Solidaritätszuschlag	281/481		
39	Kirchensteuer zur Kapitalertragsteuer	282/482		
40	Angerechnete ausländische Steuern	283/483		
41	Anrechenbare noch nicht angerechnete ausländische Steuern	284/484		
42	Fiktive ausländische Quellensteuer (nicht in den Zeilen 40 und / oder 41 enthalten)	285/485		

Anzurechnende Steuern zu Erträgen in den Zeilen 28 bis 34 sowie aus anderen Einkunftsarten

			EUR	Ct
43	Kapitalertragsteuer	286/486		
44	Solidaritätszuschlag	287/487		
45	Kirchensteuer zur Kapitalertragsteuer	288/488		

Beschränkung der Anrechenbarkeit der Kapitalertragsteuer nach § 36a EStG

46	Ich habe Kapitalerträge erzielt, bei denen die Voraussetzungen für eine volle Anrechnung der Kapitalertragsteuer nach § 36a EStG nicht erfüllt sind.	206/406	1 = Ja

Familienstiftungen nach § 15 AStG (lt. Feststellung)

Einkünfte einer ausländischen Familienstiftung, die **nicht** der tariflichen Einkommensteuer unterliegen
Bezeichnung, Finanzamt und Steuernummer

			EUR	Ct
47		238/438		
48	Anzurechnende ausländische Steuern (zu Zeile 47)	208/408		
49	Einkünfte einer ausländischen Familienstiftung, die der tariflichen Einkommensteuer unterliegen (siehe Zeile 18 der Anlage AUS)	278/478		

Steuerstundungsmodelle

Einkünfte aus Gesellschaften / Gemeinschaften / ähnlichen Modellen i. S. d. § 15b EStG (lt. gesonderter Aufstellung)

EUR

50			

2020

Anlage KAP-BET

1	Name
2	Vorname
3	Steuernummer

☒ zur Einkommensteuererklärung

☒ zur Erklärung zur Festsetzung der Kirchensteuer auf Kapitalerträge

☒ stpfl. Person / Ehemann / Person A

☒ Ehefrau / Person B

Einkünfte aus Kapitalvermögen / Anrechnung von Steuern
lt. gesonderter und einheitlicher Feststellung (Beteiligungen)

Erträge | 54

4 | 1. Beteiligung
Gemeinschaft, Finanzamt und Steuernummer

5 | 2. Beteiligung
Gemeinschaft, Finanzamt und Steuernummer

– mit inländischem Steuerabzug — EUR

Nr.	Beschreibung	Kennziffer
6	Kapitalerträge	240/440
7	In Zeile 6 enthaltene Gewinne aus Aktienveräußerungen	242/442
frei		
9	In Zeile 6 enthaltene Gewinne aus der Veräußerung bestandsgeschützter Alt-Anteile i. S. d. § 56 Abs. 6 Satz 1 Nr. 2 InvStG	249/449
10	Nicht ausgeglichene Verluste **ohne** Verluste aus der Veräußerung von Aktien	245/445
11	Nicht ausgeglichene Verluste aus der Veräußerung von Aktien	246/446
frei		
13	Verluste aus der ganzen oder teilweisen Uneinbringlichkeit einer Kapitalforderung, Ausbuchung, Übertragung wertlos gewordener Wirtschaftsgüter oder aus einem sonstigen Ausfall von Wirtschaftsgütern	646/846

– ohne inländischen Steuerabzug

Nr.	Beschreibung	Kennziffer
14	Kapitalerträge (ohne Beträge lt. Zeile 22 der Anlage KAP-BET sowie ohne Beträge der Zeile 47 der Anlage KAP)	250/450
15	In Zeile 14 enthaltene Gewinne aus Aktienveräußerungen	252/452
frei		
17	In Zeile 14 enthaltene Gewinne aus der Veräußerung bestandsgeschützter Alt-Anteile i. S. d. § 56 Abs. 6 Satz 1 Nr. 2 InvStG	259/459
18	In Zeile 14 enthaltene Verluste **ohne** Verluste aus der Veräußerung von Aktien	255/455
19	In Zeile 14 enthaltene Verluste aus der Veräußerung von Aktien	256/456
frei		
21	Verluste aus der ganzen oder teilweisen Uneinbringlichkeit einer Kapitalforderung, Ausbuchung, Übertragung wertlos gewordener Wirtschaftsgüter oder aus einem sonstigen Ausfall von Wirtschaftsgütern	656/856
22	Gewinn / Verlust aus der Veräußerung anteiliger Wirtschaftsgüter bei Veräußerung einer unmittelbaren oder mittelbaren Beteiligung an einer Personengesellschaft	261/461
23	In Zeile 22 enthaltene Gewinne / Verluste aus Aktienveräußerungen	262/462
24	In Zeile 22 enthaltene Verluste aus der ganzen oder teilweisen Uneinbringlichkeit einer Kapitalforderung, Ausbuchung, Übertragung wertlos gewordener Wirtschaftsgüter oder aus einem sonstigen Ausfall von Wirtschaftsgütern	663/863

– die der tariflichen Einkommensteuer unterliegen

Nr.	Beschreibung	Kennziffer
25	Hinzurechnungsbetrag nach § 10 AStG	276/476
26	Laufende Einkünfte aus sonstigen Kapitalforderungen jeder Art, aus stiller Gesellschaft und partiarischen Darlehen (ohne Betrag lt. Zeile 49 der Anlage KAP)	273/473
27	Gewinne aus der Veräußerung oder Einlösung von Kapitalanlagen aus sonstigen Kapitalforderungen jeder Art, aus stiller Gesellschaft und partiarischen Darlehen, Verluste aus der ganzen oder teilweisen Uneinbringlichkeit der Kapitalforderungen	274/474
28	Kapitalerträge aus Lebensversicherungen i. S. d. § 20 Abs. 1 Nr. 6 Satz 2 EStG	269/469
29	Bezüge und Einnahmen i. S. d. § 32d Abs. 2 Nr. 4 EStG (ohne Betrag lt. Zeile 49 der Anlage KAP) – Korrespondenzprinzip –	266/466

Steuerabzugsbeträge zu Erträgen in den Zeilen 6 bis 24

			EUR	Ct
30	Kapitalertragsteuer	290/490		,
31	Solidaritätszuschlag	291/491		,
32	Kirchensteuer zur Kapitalertragsteuer	292/492		,
33	Angerechnete ausländische Steuern	293/493		,
34	Anrechenbare noch nicht angerechnete ausländische Steuern	294/494		,
35	Fiktive ausländische Quellensteuern (nicht in den Zeilen 33 und / oder 34 enthalten)	295/495		,

Anzurechnende Steuern zu Erträgen in den Zeilen 26 bis 29 sowie aus anderen Einkunftsarten

			EUR	Ct
36	Kapitalertragsteuer	296/496		,
37	Solidaritätszuschlag	297/497		,
38	Kirchensteuer zur Kapitalertragsteuer	298/498		,

Anleitung vorhanden

2020

1	Name	
2	Vorname	X stpfl. Person / Ehemann / Person A
3	Steuernummer	X Ehefrau / Person B
		lfd. Nr. der Anlage

Anlage KAP-INV

Investmenterträge, die nicht dem inländischen Steuerabzug unterlegen haben

Laufende Erträge aus Investmentanteilen, die nicht dem inländischen Steuerabzug unterlegen haben (z. B. bei im Ausland verwahrten Investmentanteilen) · 54

Ausschüttungen nach § 2 Abs. 11 InvStG
(einschließlich des ausländischen Steuerabzugs auf den Kapitalertrag) aus — EUR

4	– Aktienfonds i. S. d. § 2 Abs. 6 InvStG (vor Teilfreistellung)	310/510
5	– Mischfonds i. S. d. § 2 Abs. 7 InvStG (vor Teilfreistellung)	311/511
6	– Immobilienfonds i. S. d. § 2 Abs. 9 Satz 1 InvStG (vor Teilfreistellung und ohne Beträge lt. Zeile 7)	312/512
7	– Auslands-Immobilienfonds i. S. d. § 2 Abs. 9 Satz 2 InvStG (vor Teilfreistellung)	313/513
8	– sonstigen Investmentfonds	314/514

Vorabpauschalen nach § 18 InvStG aus
– ggf. Übertrag aus Zeile 46 oder lt. Aufstellung des ausländischen Kreditinstituts –

9	– Aktienfonds i. S. d. § 2 Abs. 6 InvStG (vor Teilfreistellung)	320/520
10	– Mischfonds i. S. d. § 2 Abs. 7 InvStG (vor Teilfreistellung)	321/521
11	– Immobilienfonds i. S. d. § 2 Abs. 9 Satz 1 InvStG (vor Teilfreistellung und ohne Beträge lt. Zeile 12)	322/522
12	– Auslands-Immobilienfonds i. S. d. § 2 Abs. 9 Satz 2 InvStG (vor Teilfreistellung)	323/523
13	– sonstigen Investmentfonds	324/524

Gewinne und Verluste aus der Veräußerung von Investmentanteilen, die nicht dem inländischen Steuerabzug unterlegen haben (z. B. bei im Ausland verwahrten Investmentanteilen)

– ggf. Übertrag aus Zeile 55, 56 und / oder 57 oder lt. Aufstellung des ausländischen Kreditinstituts – EUR

14	**Aktienfonds** i. S. d. § 2 Abs. 6 InvStG (vor Teilfreistellung)	330/530
15	In Zeile 14 enthaltene Gewinne aus der Veräußerung bestandsgeschützter Alt-Anteile i. S. d. § 56 Abs. 6 Satz 1 Nr. 2 InvStG (vor Teilfreistellung)	331/531
16	Gewinne und Verluste aus der fiktiven Veräußerung von nicht bestandsgeschützten Alt-Anteilen i. S. d. § 56 Abs. 2 i. V. m. Abs. 3 Satz 1 InvStG (nicht in Zeile 14 enthalten)	332/532
17	**Mischfonds** i. S. d. § 2 Abs. 7 InvStG (vor Teilfreistellung)	340/540
18	In Zeile 17 enthaltene Gewinne aus der Veräußerung bestandsgeschützter Alt-Anteile i. S. d. § 56 Abs. 6 Satz 1 Nr. 2 InvStG (vor Teilfreistellung)	341/541
19	Gewinne und Verluste aus der fiktiven Veräußerung von nicht bestandsgeschützten Alt-Anteilen i. S. d. § 56 Abs. 2 i. V. m. Abs. 3 Satz 1 InvStG (nicht in Zeile 17 enthalten)	342/542
20	**Immobilienfonds** i. S. d. § 2 Abs. 9 Satz 1 InvStG (vor Teilfreistellung und ohne Beträge lt. Zeile 23)	350/550
21	In Zeile 20 enthaltene Gewinne aus der Veräußerung bestandsgeschützter Alt-Anteile i. S. d. § 56 Abs. 6 Satz 1 Nr. 2 InvStG (vor Teilfreistellung)	351/551
22	Gewinne und Verluste aus der fiktiven Veräußerung von nicht bestandsgeschützten Alt-Anteilen i. S. d. § 56 Abs. 2 i. V. m. Abs. 3 Satz 1 InvStG (nicht in Zeile 20 enthalten)	352/552
23	**Auslands-Immobilienfonds** i. S. d. § 2 Abs. 9 Satz 2 InvStG (vor Teilfreistellung)	360/560
24	In Zeile 23 enthaltene Gewinne aus der Veräußerung bestandsgeschützter Alt-Anteile i. S. d. § 56 Abs. 6 Satz 1 Nr. 2 InvStG (vor Teilfreistellung)	361/561
25	Gewinne und Verluste aus der fiktiven Veräußerung von nicht bestandsgeschützten Alt-Anteilen i. S. d. § 56 Abs. 2 i. V. m. Abs. 3 Satz 1 InvStG (nicht in Zeile 23 enthalten)	362/562
26	**Sonstige Investmentfonds**	370/570
27	In Zeile 26 enthaltene Gewinne aus der Veräußerung bestandsgeschützter Alt-Anteile i. S. d. § 56 Abs. 6 Satz 1 Nr. 2 InvStG	371/571
28	Gewinne und Verluste aus der fiktiven Veräußerung von nicht bestandsgeschützten Alt-Anteilen i. S. d. § 56 Abs. 2 i. V. m. Abs. 3 Satz 1 InvStG (nicht in Zeile 26 enthalten)	372/572

Zwischengewinne nach dem Investmentsteuergesetz 2004

Bei Veräußerung von vor dem 1.1.2018 angeschafften Investmentanteilen: EUR

29	Zwischengewinne aus fiktiven Veräußerungen zum 31.12.2017 nach § 56 Abs. 2 i. V. m. Abs. 3 InvStG	380/580

Ermittlung der Vorabpauschalen zu Zeile 9 bis 13

– Investmentanteile, die im Jahr 2019 in unterschiedlichen Monaten angeschafft wurden, sind jeweils in einer eigenen Spalte zu erfassen. Für Investmentanteile, die bis zum 31.12.2019 veräußert wurden, ist keine Vorabpauschale zu berechnen. –

		1. Investmentfonds	2. Investmentfonds
31	ISIN		
32	Fondsbezeichnung		
33	Art des Investmentfonds 1 = Aktienfonds 4 = Auslands-Immobilienfonds 2 = Mischfonds 5 = sonstiger Investmentfonds 3 = Immobilienfonds		
34	Rücknahme-, Börsen- oder Marktpreis für einen Investmentanteil zu Beginn des Kj. 2019	EUR Ct	EUR Ct
35	Basisertrag (Zeile 34 × 0,364 %)		
	Mehrbetrag je Investmentanteil nach § 18 Abs. 1 Satz 3 InvStG		
36	Letzter Rücknahmepreis 2019		
37	abzgl. erster Rücknahmepreis 2019 (lt. Zeile 34)		
38	zzgl. Ausschüttungen 2019		
39	Mehrbetrag		
40	Niedrigerer Wert aus Zeile 35 oder 39 (wenn Wert negativ, in Zeile 44 „0" eintragen)		
41	abzgl. Ausschüttungen 2019		
42	Zwischenergebnis Zeile 40 abzgl. Zeile 41 (wenn Wert negativ, in Zeile 44 „0" eintragen)		
	bei unterjährigem Erwerb im Jahr 2019:		
43	Kürzung Wert lt. Zeile 42 um 1/12 für jeden vollen Monat vor Erwerb		
44	Zwischenergebnis (Zeile 42 abzgl. Zeile 43)		
45	Anzahl der Anteile (mit Nachkommastellen)		
46	Vorabpauschale (Zeile 44 × Zeile 45)	EUR	EUR

Summe der Eintragungen in Zeile 46 für jede Fondsart bilden und in die Zeilen 9, 10, 11, 12 und / oder 13 der ersten Anlage KAP-INV übertragen.

Ermittlung der Gewinne und Verluste aus der Veräußerung von Investmentanteilen zu Zeile 14 bis 28

– Investmentanteile mit unterschiedlichen Anschaffungszeitpunkten sind jeweils in einer eigenen Spalte zu erfassen. –

		1. Investmentfonds	2. Investmentfonds
47	ISIN		
48	Fondsbezeichnung		
49	Art des Investmentfonds 1 = Aktienfonds 4 = Auslands-Immobilienfonds 2 = Mischfonds 5 = sonstiger Investmentfonds 3 = Immobilienfonds		
50	Anzahl der veräußerten Anteile (mit Nachkommastellen)	EUR	EUR
51	Veräußerungspreis		
52	abzgl. Anschaffungskosten (bei Anschaffung vor dem 1.1.2018: fiktive Anschaffungskosten i. S. d. § 56 Abs. 2 InvStG)		
53	abzgl. Veräußerungskosten		
54	abzgl. während Besitzzeit angesetzter Vorabpauschalen (vor Teilfreistellung)		
55	Veräußerungsgewinn / -verlust (Zeile 51 abzgl. Zeile 52 bis 54)		

Summe der Eintragungen in Zeile 55 für jede Fondsart bilden und in die Zeilen 14, 17, 20, 23 und / oder 26 der ersten Anlage KAP-INV übertragen.

Veräußerung von vor dem 1.1.2018 angeschafften Investmentanteilen

		EUR	EUR
56	bei Anschaffung vor dem 1.1.2009: Wert lt. Zeile 55		

Summe der Gewinne in Zeile 56 für jede Fondsart bilden und in die Zeilen 15, 18, 21, 24 und / oder 27 der ersten Anlage KAP-INV übertragen.

57	bei Anschaffung nach dem 31.12.2008 und vor dem 1.1.2018: fiktiver Veräußerungsgewinn zum 31.12.2017		

Summe der Eintragungen in Zeile 57 für jede Fondsart bilden und in die Zeilen 16, 19, 22, 25 und / oder 28 der ersten Anlage KAP-INV übertragen.

2020

Anleitung vorhanden

Anlage R

Jeder Ehegatte / Lebenspartner mit Renten und Leistungen hat eine eigene Anlage R abzugeben.

1 Name

2 Vorname

3 Steuernummer — lfd. Nr. der Anlage

X stpfl. Person / Ehemann / Person A

X Ehefrau / Person B

Daten für die mit (e) gekennzeichneten Zeilen liegen im Regelfall vor und müssen nicht eingetragen werden. – Bitte Infoblatt eDaten / Anleitung beachten –

Renten und andere Leistungen aus dem Inland

– Ohne Leistungen aus Altersvorsorgeverträgen und aus der betrieblichen Altersversorgung –

7

Leibrenten / Leistungen aus gesetzlichen Rentenversicherungen, landwirtschaftlicher Alterskasse, berufsständischen Versorgungseinrichtungen, eigenen zertifizierten Basisrentenverträgen

			1. Rente EUR		2. Rente EUR	
4	Rentenbetrag (einschließlich Einmalzahlung und Leistungen)	101	, -	151	, -	(e)
5	Rentenanpassungsbetrag (in Zeile 4 enthalten)	102	, -	152	, -	(e)
6	Beginn der Rente	103	T T M M J J J J	153	T T M M J J J J	(e)
7	Vorhergehende Rente: Beginn der Rente	105	T T M M J J J J	155	T T M M J J J J	
8	Ende der Rente	106	T T M M J J J J	156	T T M M J J J J	
9	Nachzahlungen für mehrere vorangegangene Jahre / Kapitalauszahlung (in Zeile 4 enthalten)	111	, -	161	, -	
10	Öffnungsklausel: Prozentsatz (lt. Bescheinigung Ihres Versorgungsträgers)	112	, %	162	, %	
11	die Rente erlischt / wird umgewandelt spätestens am	113	T T M M J J J J	163	T T M M J J J J	
12	bei Einmalzahlung: Betrag	114	, -	164	, -	

Leibrenten aus privaten Rentenversicherungen (auf Lebenszeit / mit zeitlich befristeter Laufzeit)

(ohne Renten lt. Zeile 4 bis 12)

			1. Rente EUR		2. Rente EUR	
13	Rentenbetrag	131	, -	181	, -	(e)
14	Beginn der Rente	132	T T M M J J J J	182	T T M M J J J J	(e)
15	Geburtsdatum des Erblassers bei Garantiezeitrenten	136	T T M M J J J J	186	T T M M J J J J	
16	Die Rente erlischt mit dem Tod von					
17	Die Rente erlischt / wird umgewandelt spätestens am	133	T T M M J J J J	183	T T M M J J J J	(e)
18	Nachzahlungen für mehrere vorangegangene Jahre (in Zeile 13 enthalten)	134	, -	184	, -	(e)

Leibrenten aus sonstigen Verpflichtungsgründen (z. B. Renten aus Veräußerungsgeschäften)

(ohne Renten lt. Zeile 4 bis 18)

			1. Rente		2. Rente
			EUR		EUR
31	Rentenbetrag	141		191	
32	Beginn der Rente	142	T T M M J J J J	192	T T M M J J J J
33	Geburtsdatum des Erblassers bei Garantiezeitrenten	146	T T M M J J J J	196	T T M M J J J J
34	Die Rente erlischt mit dem Tod von				
35	Die Rente erlischt / wird umgewandelt spätestens am	143	T T M M J J J J	193	T T M M J J J J
36	Nachzahlungen für mehrere vorangegangene Jahre (in Zeile 31 enthalten)	144		194	

Werbungskosten   Die Eintragungen in den Zeilen 37 und 38 sind nur in der ersten Anlage R vorzunehmen.

EUR

37   – zu den Zeilen 4, 13 und 31 – ohne Werbungskosten lt. Zeile 38 – (Art der Aufwendungen)   800

38   – zu den Zeilen 9, 18 und 36 (Art der Aufwendungen)   801

Steuerstundungsmodelle

Einkünfte aus Gesellschaften / Gemeinschaften / ähnlichen Modellen i. S. d. § 15b EStG (lt. gesonderter Aufstellung)

EUR

39

Anleitung vorhanden

2020

Anlage R-AUS

Jeder Ehegatte / Lebenspartner
mit Renten und Leistungen hat
eine eigene Anlage R-AUS
abzugeben.

1 Name

2 Vorname

3 Steuernummer | lfd. Nr. der Anlage

X stpfl. Person / Ehemann / Person A

X Ehefrau / Person B

Renten und andere Leistungen aus ausländischen Versicherungen / ausländischen Rentenverträgen / ausländischen betrieblichen Versorgungseinrichtungen

7

Ausländische Leibrenten und Leistungen, die mit Leistungen eines inländischen Versorgungsträgers (gesetzliche Rentenversicherung, landwirtschaftliche Alterskasse und berufsständische Versorgungseinrichtungen) vergleichbar sind

		1. Rente	2. Rente
4	Staat des Leistungsbezugs		
		EUR	EUR
5	Rentenbetrag (einschließlich Einmalzahlung und Leistungen)	351	401
6	Rentenanpassungsbetrag (in Zeile 5 enthalten)	352	402
7	Beginn der Rente	353 T M J J J J	403 T M J J J J
8	Vorhergehende Rente: Beginn der Rente	355 T M J J J J	405 T M J J J J
9	Ende der Rente	356 T M J J J J	406 T M J J J J
10	Nachzahlungen für mehrere vorangegangene Jahre / Kapitalauszahlung (in Zeile 5 enthalten)	361	411

Öffnungsklausel:

11	Prozentsatz (lt. Bescheinigung Ihres ausländischen Versorgungsträgers / lt. gesonderter Ermittlung)	362 %	412 %
12	die Rente erlischt / wird umgewandelt spätestens am	363 T M J J J J	413 T M J J J J
13	bei Einmalzahlung: Betrag	364	414

Leibrenten aus privaten Rentenversicherungen (auf Lebenszeit / mit zeitlich befristeter Laufzeit), sonstigen Verpflichtungsgründen (z. B. Renten aus Veräußerungsgeschäften)

(ohne Renten lt. Zeile 4 bis 13)

		1. Rente	2. Rente
14	Staat des Leistungsbezugs		
		EUR	EUR
15	Rentenbetrag	381	431
16	Beginn der Rente	382 T M J J J J	432 T M J J J J
17	Geburtsdatum des Erblassers bei Garantiezeitrenten	386 T M J J J J	436 T M J J J J
18	Die Rente erlischt mit dem Tod von		
19	Die Rente erlischt / wird umgewandelt spätestens am	383 T M J J J J	433 T M J J J J
20	Nachzahlungen für mehrere vorangegangene Jahre (in Zeile 15 enthalten)	384	434

Leistungen aus ausländischen betrieblichen Altersversorgungseinrichtungen, die mit inländischen betrieblichen Altersversorgungseinrichtungen vergleichbar sind

		1. Rente	2. Rente
31	Staat des Leistungsbezugs		
		EUR	EUR
32	Leistungen aus einer ausländischen betrieblichen Altersversorgungseinrichtung, soweit diese auf im Inland geförderten Beiträgen beruhen	721	741
33	Lebenslange Leibrente aus einer ausländischen betrieblichen Altersversorgungseinrichtung, soweit diese auf im Inland nicht geförderten Beiträgen beruht	722	742
34	Beginn der Rente	723	743
35	Geburtsdatum des Erblassers bei Garantie-zeitrenten	724	744
36	Abgekürzte Leibrente aus einer ausländischen betrieblichen Altersversorgungseinrichtung, soweit diese auf im Inland nicht geförderten Beiträgen beruht	725	745
37	Beginn der Rente	726	746
38	Die Rente erlischt / wird umgewandelt spätestens am	727	747
39	Einmalleistungen aus einer ausländischen betrieblichen Altersversorgungseinrichtung, soweit diese auf im Inland nicht geförderten Beiträgen beruhen	728	748
40	Datum des Vertragsabschlusses	729	749

Werbungskosten Die Eintragungen in den Zeilen 41 bis 44 sind nur in der ersten Anlage R-AUS vorzunehmen.

			EUR
41	– zu den Zeilen 5 und 15 – ohne Werbungskosten lt. Zeile 42 – (Art der Aufwendungen)	812	
42	– zu den Zeilen 10 und 20 (Art der Aufwendungen)	813	
43	– zu den Zeilen 32 und 39 (Art der Aufwendungen)	814	
44	– zu den Zeilen 33 und 36 (Art der Aufwendungen)	815	

Steuerstundungsmodelle

Einkünfte aus Gesellschaften / Gemeinschaften / ähnlichen Modellen i. S. d. § 15b EStG (lt. gesonderter Aufstellung)

		EUR
45		

Anleitung vorhanden

2020

Anlage R-AV / bAV

Jeder Ehegatte / Lebenspartner mit Leistungen hat eine eigene Anlage R-AV / bAV abzugeben.

1 Name

2 Vorname

3 Steuernummer | lfd. Nr. der Anlage

| X | stpfl. Person / Ehemann / Person A |
| X | Ehefrau / Person B |

Leistungen aus inländischen Altersvorsorgeverträgen und aus der inländischen betrieblichen Altersversorgung

Daten für die mit ⓔ gekennzeichneten Zeilen liegen im Regelfall vor und müssen nicht eingetragen werden.
– Bitte Infoblatt eDaten / Anleitung beachten –

7 |

Leistungen

	1. Rente	2. Rente
	EUR	EUR

4 | Leistungen aus einem Altersvorsorgevertrag, einem Pensionsfonds, einer Pensionskasse oder aus einer Direktversicherung lt. Nummer 1 der Leistungsmitteilung | 500 | – 550 | ⓔ

5 | Leistungen aus einem Pensionsfonds lt. Nummer 2 der Leistungsmitteilung | 501 | – 551 | ⓔ

6 | Bemessungsgrundlage für den Versorgungsfreibetrag | 502 | , 552 | ,

7 | Maßgebendes Kalenderjahr des Versorgungsbeginns | 524 J J J J | 574 J J J J

8 | Bei unterjähriger Zahlung: Erster und letzter Monat, für den die Versorgungsbezüge gezahlt wurden | 522 M M — 523 M M | 572 M M — 573 M M

9 | Leistungen zur Abfindung einer Kleinbetragsrente lt. Nummer 3 der Leistungsmitteilung | 525 | – 575 | ⓔ

10 | Leistungen aus einer betrieblichen Altersversorgung lt. Nummer 4 der Leistungsmitteilung | 505 | – 555 | ⓔ

11 | In Zeile 10 enthaltener Rentenanpassungsbetrag | 526 | – 576 | ⓔ

12 | Beginn der Leistung | 506 T T M M J J J J | 556 T T M M J J J J | ⓔ

13 | Beginn der vorhergehenden Leistung | 518 T T M M J J J J | 568 T T M M J J J J | ⓔ

14 | Ende der vorhergehenden Leistung | 519 T T M M J J J J | 569 T T M M J J J J | ⓔ

15 | Leibrente aus einem Altersvorsorgevertrag oder aus einer betrieblichen Altersversorgung lt. Nummer 5 oder Leistungen wegen schädlicher Verwendung lt. Nummer 9a der Leistungsmitteilung | 507 | – 557 | ⓔ

16 | Beginn der Rente | 508 T T M M J J J J | 558 T T M M J J J J | ⓔ

17 | Geburtsdatum des Erblassers bei Rentengarantiezeit | 530 T T M M J J J J | 580 T T M M J J J J | ⓔ

18 | Abgekürzte Leibrente aus einem Altersvorsorgevertrag oder aus einer betrieblichen Altersversorgung lt. Nummer 6 oder Leistungen wegen schädlicher Verwendung lt. Nummer 9b der Leistungsmitteilung | 509 | – 559 | ⓔ

19 | Beginn der Rente | 510 T T M M J J J J | 560 T T M M J J J J | ⓔ

20 | Die Rente erlischt / wird umgewandelt spätestens am | 511 T T M M J J J J | 561 T T M M J J J J | ⓔ

21 | Andere Leistungen lt. den Nummern 7, 8 und 10 oder Leistungen wegen schädlicher Verwendung lt. den Nummern 9c und 9d der Leistungsmitteilung oder Auflösungsbetrag bei Aufgabe der Selbstnutzung oder der Reinvestitionsabsicht **vor** Beginn der Auszahlungsphase oder der Verminderungsbetrag lt. Bescheid der Zentralen Zulagenstelle für Altersvermögen | 512 | – 562 | ⓔ

22 | Auflösungsbetrag bei Wahl der Einmalbesteuerung des Wohnförderkontos lt. Bescheid der Zentralen Zulagenstelle für Altersvermögen | 535 | – 585 | ⓔ

23 | Auflösungsbetrag bei Aufgabe der Selbstnutzung oder der Reinvestitionsabsicht **nach** dem Beginn der Auszahlungsphase lt. Bescheid der Zentralen Zulagenstelle für Altersvermögen | 536 | – 586 | ⓔ

24 | Beginn der Auszahlungsphase | 537 T T M M J J J J | 587 T T M M J J J J | ⓔ

25 | Zeitpunkt der Aufgabe der Selbstnutzung oder Reinvestitionsabsicht | 538 T T M M J J J J | 588 T T M M J J J J | ⓔ

26 | Nachzahlungen für mehrere vorangegangene Jahre (lt. Nummer 11 der Leistungsmitteilung) | 516 | – 566 | ⓔ

Werbungskosten Die Eintragungen in den Zeilen 31 bis 37 sind nur in der ersten Anlage R-AV / bAV vorzunehmen.

– zu den Zeilen 4 und 21 (Art der Aufwendungen)

31 | 802 | | | | | | ,— |

– zu Zeile 5 (Art der Aufwendungen)

32 | 803 | | | | | | ,— |

– zu den Zeilen 10, 15 und 18 (Art der Aufwendungen)

33 | 806 | | | | | | ,— |

– zu Zeile 22 (Art der Aufwendungen)

34 | 808 | | | | | | ,— |

– zu Zeile 23 (Art der Aufwendungen)

35 | 809 | | | | | | ,— |

– zu Zeile 9 sowie zu Nachzahlungen (Zeile 26), die in den Einnahmen der Zeilen 4, 21 bis 23 enthalten sind (Art der Aufwendungen)

36 | 805 | | | | | | ,— |

– zu Nachzahlungen (Zeile 26), die in den Einnahmen der Zeilen 5, 10, 15 und 18 enthalten sind (Art der Aufwendungen)

37 | 811 | | | | | | ,— |

Anleitung vorhanden

2020

1	Name / Gemeinschaft	**Anlage SO**
2	Vorname	X zur Einkommensteuererklärung
3	Steuernummer · Diese Anlage ist bei Zusammenveranlagung von Ehegatten / Lebenspartnern gemeinsam auszufüllen.	X zur Feststellungserklärung

Sonstige Einkünfte (ohne Renten und ohne Leistungen aus Altersvorsorgeverträgen)   55

Wiederkehrende Bezüge

		stpfl. Person / Ehemann / Person A / Gemeinschaft EUR	Ehefrau / Person B EUR
4	Einnahmen aus	158 ___ , ___	159 ___ , ___

Ausgleichsleistungen zur Vermeidung des Versorgungsausgleichs

		EUR	EUR
5	soweit sie vom Geber als Sonderausgaben abgezogen werden können	144 ___ , ___	145 ___ , ___

Unterhaltsleistungen

		EUR	EUR
6	soweit sie vom Geber als Sonderausgaben abgezogen werden können	146 ___ , ___	147 ___ , ___

Werbungskosten

		EUR	EUR
7	zu den Zeilen 4 bis 6	160 ___ , ___	161 ___ , ___

Andere wiederkehrende Bezüge / Unterhaltsleistungen (Teileinkünfteverfahren)

		EUR	EUR
8	Bezüge i. S. d. § 22 Nr. 1 Satz 2 EStG	180 ___ , ___	181 ___ , ___
9	Werbungskosten zu Zeile 8	182 ___ , ___	183 ___ , ___

Leistungen

		EUR	EUR
10	Einnahmen aus	___ , ___	___ , ___
11	Einnahmen aus	+ ___ , ___	+ ___ , ___
12	Summe der Zeilen 10 und 11	164 ___ , ___	165 ___ , ___
13	Werbungskosten zu den Zeilen 10 und 11	176 – ___ , ___	177 – ___ , ___
14	Einkünfte	= ___ , ___	= ___ , ___
15	Die 2019 nach Maßgabe des § 10d Abs. 1 EStG vorzunehmende Verrechnung nicht ausgeglichener negativer Einkünfte 2020 aus Leistungen (Zeile 14) soll wie folgt begrenzt werden	800 ___ , ___	801 ___ , ___

Abgeordnetenbezüge

		EUR	EUR
16	Steuerpflichtige Einnahmen ohne Vergütung für mehrere Jahre	200 ___ , ___	201 ___ , ___
17	In Zeile 16 enthaltene Versorgungsbezüge	202 ___ , ___	203 ___ , ___
18	Bemessungsgrundlage für den Versorgungsfreibetrag	204 ___ , ___	205 ___ , ___
19	Maßgebendes Kalenderjahr des Versorgungsbeginns	216 J J J J	217 J J J J
20	**Bei unterjähriger Zahlung:** Erster und letzter Monat, für den Versorgungsbezüge gezahlt wurden	Monat 206 M M – 208 M M Monat	Monat 207 M M – 209 M M Monat
21	Sterbegeld, Kapitalauszahlungen / Abfindungen und Nachzahlungen von Versorgungsbezügen (in Zeile 16 enthalten)	210 ___ , ___	211 ___ , ___
22	In Zeile 16 **nicht** enthaltene Vergütungen für mehrere Jahre (lt. gesonderter Aufstellung)	212 ___ , ___	213 ___ , ___
23	In Zeile 22 enthaltene Versorgungsbezüge	214 ___ , ___	215 ___ , ___
24	Aufgrund der vorgenannten Tätigkeit als Abgeordnete(r) bestand eine Anwartschaft auf Altersversorgung ganz oder teilweise ohne eigene Beitragsleistung	242 ___ 1 = Ja 2 = Nein	243 ___ 1 = Ja 2 = Nein

Steuerstundungsmodelle

		EUR	EUR
25	Einkünfte aus Gesellschaften / Gemeinschaften / ähnlichen Modellen i. S. d. § 15b EStG (lt. gesonderter Aufstellung)	___ , ___	___ , ___

Private Veräußerungsgeschäfte

Grundstücke und grundstücksgleiche Rechte (z. B. Erbbaurecht) In den Zeilen 35 bis 41 bitte nur den steuerpflichtigen Anteil erklären.

31 | Bezeichnung des Grundstücks (Lage) / des Rechts

32 | Zeitpunkt der Anschaffung (z. B. Datum des Kaufvertrags, Zeitpunkt der Entnahme aus dem Betriebsvermögen) T T M M J J J J | Zeitpunkt der Veräußerung (z. B. Datum des Kaufvertrags, auch nach vorheriger Einlage ins Betriebsvermögen) T T M M J J J J

Nutzung des Grundstücks bis zur Veräußerung

vom   bis

33 | X zu eigenen Wohnzwecken T T M M J J J J — T T M M J J J J — m²

vom   bis

34 | X zu anderen Zwecken (z. B. als Arbeitszimmer, Vermietung) T T M M J J J J — T T M M J J J J — m²

EUR

35 | Veräußerungspreis oder an dessen Stelle tretender Wert (z. B. Teilwert, gemeiner Wert)

36 | Anschaffungs- / Herstellungskosten oder an deren Stelle tretender Wert (z. B. Teilwert, gemeiner Wert) ggf. zzgl. nachträglicher Anschaffungs- / Herstellungskosten —

37 | Absetzungen für Abnutzung / Erhöhte Absetzungen / Sonderabschreibungen +

38 | Werbungskosten im Zusammenhang mit dem Veräußerungsgeschäft —

39 | Gewinn / Verlust (zu übertragen nach Zeile 40) =

	stpfl. Person / Ehemann / Person A / Gemeinschaft EUR		Ehefrau / Person B EUR
40	**Zurechnung des Betrags aus Zeile 39** 110	— 111	
41	Gewinne / Verluste aus weiteren Veräußerungen von Grundstücken und grundstücksgleichen Rechten (lt. gesonderter Aufstellung) 112	— 113	

Andere Wirtschaftsgüter (Veräußerungen von Gegenständen des täglichen Gebrauchs sind ausgenommen)

42 | Art des Wirtschaftsguts

43 | Zeitpunkt der Anschaffung (z. B. Datum des Kaufvertrags) T T M M J J J J | Zeitpunkt der Veräußerung (z. B. Datum des Kaufvertrags) T T M M J J J J

EUR

44 | Veräußerungspreis oder an dessen Stelle tretender Wert (z. B. gemeiner Wert)

45 | Anschaffungskosten (ggf. gemindert um Absetzung für Abnutzung) oder an deren Stelle tretender Wert (z. B. Teilwert, gemeiner Wert) —

46 | Werbungskosten im Zusammenhang mit dem Veräußerungsgeschäft —

47 | Gewinn / Verlust (zu übertragen nach Zeile 48) =

	stpfl. Person / Ehemann / Person A / Gemeinschaft EUR		Ehefrau / Person B EUR
48	**Zurechnung des Betrags aus Zeile 47** 114	— 115	
49	Gewinne / Verluste aus weiteren Veräußerungen von anderen Wirtschaftsgütern (lt. gesonderter Aufstellung) 116	— 117	

Anteile an Einkünften

50 | Gemeinschaft, Finanzamt und Steuernummer

	EUR		EUR
51	Anteil am Gewinn / Verlust 134	— 135	

		EUR		EUR
52	Die 2019 nach Maßgabe des § 10d Abs. 1 EStG vorzunehmende Verrechnung nicht ausgeglichener negativer Einkünfte 2020 aus privaten Veräußerungsgeschäften soll wie folgt begrenzt werden	802	— 803	

2020

Anlage Vorsorgeaufwand

Diese Anlage ist bei Zusammenveranlagung von Ehegatten / Lebenspartnern gemeinsam auszufüllen.

1 Name

2 Vorname

3 Steuernummer

Daten für die mit (e) gekennzeichneten Zeilen liegen im Regelfall vor und müssen nicht eingetragen werden.
– Bitte Infoblatt eDaten / Anleitung beachten –

52

Angaben zu Vorsorgeaufwendungen

Beiträge zur Altersvorsorge

			stpfl. Person / Ehemann / Person A EUR	Ehefrau / Person B EUR	
4	Arbeitnehmeranteil lt. Nr. 23 a/b der Lohnsteuerbescheinigung	300		400	(e)
5	Beiträge zur landwirtschaftlichen Alterskasse, zu berufsständischen Versorgungseinrichtungen, die den gesetzlichen Rentenversicherungen vergleichbare Leistungen erbringen (abzüglich steuerfreier Zuschüsse lt. Nr. 22 b der Lohnsteuerbescheinigung) – ohne Beiträge, die in Zeile 4 geltend gemacht werden –	301		401	
6	Beiträge zu gesetzlichen Rentenversicherungen – ohne Beiträge, die in Zeile 4 geltend gemacht werden –	302		402	
7	Erstattete Beiträge und / oder steuerfreie Zuschüsse zu den Zeilen 4 bis 6 (ohne Zuschüsse, die von den Beiträgen lt. Zeile 8 abzuziehen sind und ohne Zuschüsse lt. Zeile 9 und 10)	309		409	(e)
8	Beiträge zu zertifizierten Basisrentenverträgen (sog. Rürup-Verträge) mit Laufzeitbeginn nach dem 31.12.2004 (abzüglich steuerfreier Zuschüsse) – ohne Altersvorsorgebeiträge, die in der Anlage AV geltend gemacht werden –	303		403	
9	Arbeitgeberanteil / -zuschuss lt. Nr. 22 a/b der Lohnsteuerbescheinigung	304		404	(e)
10	Arbeitgeberanteil zu gesetzlichen Rentenversicherungen im Rahmen einer pauschal besteuerten geringfügigen Beschäftigung (bitte Anleitung beachten)	306		406	

Beiträge zur inländischen gesetzlichen Kranken- und Pflegeversicherung

11	Arbeitnehmerbeiträge zu Krankenversicherungen lt. Nr. 25 der Lohnsteuerbescheinigung	320		420	(e)
12	In Zeile 11 enthaltene Beiträge, aus denen sich kein Anspruch auf Krankengeld ergibt	322		422	
13	Arbeitnehmerbeiträge zu sozialen Pflegeversicherungen lt. Nr. 26 der Lohnsteuerbescheinigung	323		423	(e)
14	Zu den Zeilen 11 bis 13: Von der Kranken- und / oder sozialen Pflegeversicherung erstattete Beiträge	324		424	(e)
15	In Zeile 14 enthaltene Beiträge zur Krankenversicherung, aus denen sich kein Anspruch auf Krankengeld ergibt, und zur sozialen Pflegeversicherung	325		425	(e)
16	Beiträge zu Krankenversicherungen – ohne Beiträge, die in Zeile 11 geltend gemacht werden – (z. B. bei Rentnern, bei freiwillig gesetzlich versicherten Selbstzahlern)	326		426	(e)
17	In Zeile 16 enthaltene Beiträge zur Krankenversicherung, aus denen sich ein Anspruch auf Krankengeld ergibt	328		428	
18	Beiträge zu sozialen Pflegeversicherungen – ohne Beiträge, die in Zeile 13 geltend gemacht werden – (z. B. bei Rentnern, bei freiwillig gesetzlich versicherten Selbstzahlern)	329		429	(e)
19	Zu den Zeilen 16 bis 18: Von der Kranken- und / oder sozialen Pflegeversicherung erstattete Beiträge	330		430	(e)
20	In Zeile 19 enthaltene Beiträge zur Krankenversicherung, aus denen sich ein Anspruch auf Krankengeld ergibt	331		431	
21	Zuschuss zu den Beiträgen lt. Zeile 16 und / oder 18 – ohne Beträge lt. Zeile 37 und 39 – (z. B. von der Deutschen Rentenversicherung)	332		432	(e)
22	Über die Basisabsicherung hinausgehende Beiträge zu Krankenversicherungen (z. B. für Wahlleistungen, Zusatzversicherungen) abzüglich erstatteter Beiträge	338		438	

Beiträge zur inländischen privaten Kranken- und Pflegeversicherung

23	Beiträge zu Krankenversicherungen (nur Basisabsicherung, keine Wahlleistungen)	350		450	(e)
24	Beiträge zu Pflege-Pflichtversicherungen	351		451	(e)
25	Zu den Zeilen 23 und 24: Von der privaten Kranken- und / oder Pflege-Pflichtversicherung erstattete Beiträge	352		452	(e)
26	Zuschuss von dritter Seite zu den Beiträgen lt. Zeile 23 und / oder 24 (z. B. von der Deutschen Rentenversicherung)	353		453	(e)
27	Über die Basisabsicherung hinausgehende Beiträge zu Krankenversicherungen (z. B. für Wahlleistungen, Zusatzversicherungen) und / oder zu zusätzlichen Pflegeversicherungen abzüglich erstatteter Beiträge	354		454	

Beiträge zur ausländischen gesetzlichen oder privaten Kranken- und Pflegeversicherung

			stpfl. Person / Ehemann / Person A EUR		Ehefrau / Person B EUR
31	Beiträge (abzüglich steuerfreier Zuschüsse – ohne Beträge lt. Zeile 37 –) zur Krankenversicherung, die mit einer inländischen Krankenversicherung vergleichbar ist (nur Basisabsicherung, keine Wahlleistungen)	333		,	433 ,
32	In Zeile 31 enthaltene Beiträge zur Krankenversicherung, aus denen sich kein Anspruch auf Krankengeld ergibt	334		,	434 ,
33	Beiträge (abzüglich steuerfreier Zuschüsse – ohne Beträge lt. Zeile 39 –) zur sozialen Pflegeversicherung / Pflege-Pflichtversicherung, die mit einer inländischen Pflegeversicherung vergleichbar ist	335		,	435 ,
34	Zu den Zeilen 31 bis 33: Von der Kranken- und / oder sozialen Pflegeversicherung / Pflege-Pflicht-versicherung erstattete Beiträge	336		,	436 ,
35	In Zeile 34 enthaltene Beiträge zur Krankenversicherung, aus denen sich kein Anspruch auf Krankengeld ergibt, und zur sozialen Pflegeversicherung	337		,	437 ,
36	Über die Basisabsicherung hinausgehende Beiträge (abzüglich erstatteter Beiträge) zu Krankenversicherungen und zusätzlichen Pflegeleistungen (z. B. für Wahlleistungen, Zusatzversicherungen)	339		,	439 ,

Steuerfreie Arbeitgeberzuschüsse

37	Gesetzliche Krankenversicherung lt. Nr. 24 a der Lohnsteuerbescheinigung	360		,	460 ,	e
38	Private Krankenversicherung lt. Nr. 24 b der Lohnsteuerbescheinigung	361		,	461 ,	e
39	Gesetzliche Pflegeversicherung lt. Nr. 24 c der Lohnsteuerbescheinigung	362		,	462 ,	e

Als Versicherungsnehmer für andere Personen übernommene Kranken- und Pflegeversicherungsbeiträge

– „Andere Personen" sind z. B. Kinder, für die **kein** Anspruch auf Kindergeld / Kinderfreibetrag besteht (bei Anspruch auf Kindergeld / Kinderfreibetrag sind die Eintragungen in den Zeilen 31 bis 42 der Anlage Kind vorzunehmen). –

40	**600** IdNr. der mitversicherten Person	Name, Vorname, Geburtsdatum der mitversicherten Person		

			stpfl. Person / Ehegatten / Lebenspartner EUR	
41	Beiträge (abzüglich steuerfreier Zuschüsse) zu privaten Krankenversicherungen (nur Basisabsicherung, keine Wahlleistungen)	601	,	e
42	Beiträge (abzüglich steuerfreier Zuschüsse) zu Pflege-Pflichtversicherungen	602	,	e
43	Zu den Zeilen 41 und 42: Von der privaten Kranken- und / oder Pflege-Pflichtversicherung erstattete Beiträge	603	,	e
44	Beiträge (abzüglich erstatteter Beiträge) zu privaten Kranken- und / oder Pflegeversicherungen (ohne Basisabsicherung, z. B. für Wahlleistungen, Zusatzversicherungen)	604	,	

Weitere sonstige Vorsorgeaufwendungen

			stpfl. Person / Ehemann / Person A EUR		Ehefrau / Person B EUR	
45	Arbeitnehmerbeiträge zur Arbeitslosenversicherung lt. Nr. 27 der Lohnsteuerbescheinigung	370		,	470 ,	e

			stpfl. Person / Ehegatten / Lebenspartner EUR	
	Beiträge (abzüglich steuerfreier Zuschüsse und erstatteter Beiträge) zu			
46	– Versicherungen gegen Arbeitslosigkeit – ohne Beiträge, die in Zeile 45 geltend gemacht werden –	500	,	
47	– freiwilligen eigenständigen Erwerbs- und Berufsunfähigkeitsversicherungen	501	,	
48	– Unfall- und Haftpflichtversicherungen sowie Risikoversicherungen, die nur für den Todesfall eine Leistung vorsehen	502	,	
49	– Rentenversicherungen mit Kapitalwahlrecht und / oder Kapitallebensversicherungen mit einer Laufzeit von mindestens 12 Jahren sowie einem Laufzeitbeginn und der ersten Beitragszahlung vor dem 1.1.2005	503	,	
50	– Rentenversicherungen ohne Kapitalwahlrecht mit Laufzeitbeginn und erster Beitragszahlung vor dem 1.1.2005 (auch steuerpflichtige Beiträge zu Versorgungs- und Pensionskassen) – ohne Altersvorsorgebeiträge, die in der Anlage AV geltend gemacht werden –	504	,	

Ergänzende Angaben zu Vorsorgeaufwendungen

			stpfl. Person / Ehemann / Person A		Ehefrau / Person B	
51	Haben Sie zu Ihrer Krankenversicherung oder Ihren Krankheitskosten Anspruch auf steuerfreie Zuschüsse, steuerfreie Arbeitgeberbeiträge oder steuerfreie Beihilfen?	307		2 = Nein	407	2 = Nein
	Es bestand 2020 keine gesetzliche Rentenversicherungspflicht aus dem **aktiven** Dienstverhältnis / aus der Tätigkeit					
52	– als Beamter / Beamtin	380		1 = Ja	480	1 = Ja
53	– als Vorstandsmitglied / GmbH-Gesellschafter-Geschäftsführer/in	381		1 = Ja	481	1 = Ja
54	– als (z. B. Praktikant/in, Student/in im Praktikum) Bezeichnung	382		1 = Ja	482	1 = Ja
55	Aufgrund des genannten Dienstverhältnisses / der Tätigkeit bestand hingegen eine Anwartschaft auf Altersversorgung	383		1 = Ja 2 = Nein	483	1 = Ja 2 = Nein
56	Es wurde Arbeitslohn aus einem **nicht aktiven** Dienstverhältnis – insbesondere Betriebsrente / Werkspension – bezogen, bei dem es sich nicht um steuer-begünstigte Versorgungsbezüge (Zeilen 11 bis 16 der Anlage N) handelt. Bei Altersteilzeit ist hier keine Eintragung vorzunehmen.	385		1 = Ja	485	1 = Ja

2020

Anleitung vorhanden

Anlage N-AUS

1 Name

2 Vorname

| | stpfl. Person / Ehemann / Person A |

3 **Steuernummer** — lfd. Nr. der Anlage — Ehefrau / Person B

Ausländische Einkünfte aus nichtselbständiger Arbeit

4 in _____ (Staat)   **(Für jeden Staat ist eine gesonderte Anlage N-AUS abzugeben.)**

Steuerentlastung für die Auslandstätigkeit

Im Kalenderjahr 2020 habe ich steuerfreien Arbeitslohn bezogen

5 ☒ nach dem Doppelbesteuerungsabkommen (DBA)   ☒ aufgrund eines sonstigen zwischenstaatlichen Übereinkommens (ZÜ)

6 ☒ nach dem Auslandstätigkeitserlass (ATE)

Allgemeine Angaben

7 Bestand neben dem Wohnsitz im Inland ein Wohnsitz im Ausland?   ☒ Nein   ☒ Ja, bitte die Zeilen 8 bis 11 ausfüllen

8 Straße und Hausnummer

9 Postleitzahl, Ort

10 Staat

11 Haben Sie zu diesem Staat die engeren persönlichen und wirtschaftlichen Beziehungen (Mittelpunkt der Lebensinteressen)?   ☒ Nein   ☒ Ja,   lt. gesonderter Aufstellung

Name und Anschrift des Arbeitgebers / Sitz der Geschäftsleitung

12 Name (Bezeichnung)

13 Straße und Hausnummer

14 Postleitzahl, Ort

15 Staat

16 Wirtschaftszweig des Arbeitgebers (nur bei ATE)

17 Art des begünstigten Vorhabens des Arbeitgebers (nur bei ATE)

Im ausländischen Staat ausgeübte Tätigkeit

Art der Auslandstätigkeit des Arbeitnehmers   vom   bis

18 T T M M J J J J   T T M M J J J J

19 T T M M J J J J   T T M M J J J J

20 Anzahl der Kalendertage im ausländischen Staat (siehe Anleitung)   Tage

Unterbrechung der Tätigkeit

Grund   vom   bis

21 T T M M J J J J   T T M M J J J J

22 T T M M J J J J   T T M M J J J J

Die Tätigkeit erfolgte

23 ☒ im Rahmen eines Werkvertrags / einer Werkleistungsverpflichtung des Arbeitgebers.

24 ☒ im Rahmen einer gewerblichen Arbeitnehmerüberlassung.

25 ☒ bei einem mit dem Arbeitgeber verbundenen Unternehmen.

26 ☒ für eine Betriebsstätte des Arbeitgebers i. S. d. DBA.

27 ☒ für einen ausländischen Arbeitgeber, mit dem ein Dienstverhältnis besteht / bestand.

28 ☒

Angaben zum aufnehmenden Unternehmen (z. B. verbundenes Unternehmen / Betriebsstätte / Entleiher)

Name (Bezeichnung)

31

Straße und Hausnummer

32

Postleitzahl, Ort

33

Staat

34

Angaben zum Arbeitslohn

– Ohne besondere Lohnbestandteile lt. Zeile 77 –

EUR

35 Bruttoarbeitslohn lt. Nr. 3 der Lohnsteuerbescheinigung(en)

36 Bruttoarbeitslohn, von dem kein inländischer Steuerabzug vorgenommen worden ist
(z. B. Bruttoarbeitslohn von einem ausländischen Arbeitgeber oder einer ausländischen Betriebsstätte) +

37 Steuerfreier Bruttoarbeitslohn lt. Nr. 16 a / b der Lohnsteuerbescheinigung(en) +

38 Zwischensumme

abzüglich darin enthaltener nach ausländischem Recht steuerpflichtiger und nach deutschem Recht
steuerfreier Arbeitslohn (ohne nach DBA oder ATE steuerfreien Arbeitslohn)
Bezeichnung

39 −

zuzüglich nicht enthaltener nach ausländischem Recht steuerfreier und nach deutschem Recht
steuerpflichtiger Arbeitslohn (ohne nach DBA oder ATE steuerpflichtigen Arbeitslohn)
Bezeichnung

40 +

41 Summe in- und ausländischer Arbeitslohn

Aufteilung des Arbeitslohns lt. Zeile 41

abzüglich direkt zuzuordnender Arbeitslohn im Inland (siehe Anleitung)
Bezeichnung

42 −

abzüglich direkt zuzuordnender Arbeitslohn, der auf den ausländischen Staat lt. Zeile 4 entfällt
(siehe Anleitung)
Bezeichnung

43 −

abzüglich direkt zuzuordnender Arbeitslohn lt. Zeile 43 der übrigen Anlage(n) N-AUS
Bezeichnung

44 −

45 Verbleibender Arbeitslohn

Ermittlung des nach DBA steuerfreien Arbeitslohns

46 Tatsächliche Arbeitstage im Kalenderjahr im In- und Ausland Tage

47 davon entfallen auf die Tätigkeit, für die der ausländische Staat
das Besteuerungsrecht hat Tage

EUR

48 $\dfrac{\text{verbleibender Arbeitslohn (Zeile 45)} \times \text{Auslandsarbeitstage (Zeile 47)}}{\text{tatsächliche Arbeitstage (Zeile 46)}} = $ verbleibender
ausländischer Arbeitslohn

49 direkt zuzuordnender Arbeitslohn lt. Zeile 43 +

50 Summe steuerfrei zu stellender ausländischer Arbeitslohn (Summe Zeile 48 und 49)

51 nur in der ersten Anlage N-AUS: Übertrag von Zeile 50 aus weiteren Anlagen N-AUS +

52 **Gesamtsumme** des steuerfrei zu stellenden ausländischen Arbeitslohns
(nur in der ersten Anlage N-AUS: Betrag übertragen in Zeile 22 der Anlage N)

Hinweis: Der steuerpflichtige Arbeitslohn (Ergebnis aus Zeile 45 zuzüglich Zeile 42 abzüglich Zeile 48 sämtlicher Anlagen N-AUS)
ist – ggf. abweichend von dem Wert lt. Nr. 3 der Lohnsteuerbescheinigung(en) – in Zeile 6 der Anlage N einzutragen.

Hinweis bei Freistellung nach einem DBA:

Eine Freistellung der ausländischen Einkünfte nach einem DBA ist davon abhängig, dass Sie nachweisen, dass der Staat, dem nach dem
Abkommen das Besteuerungsrecht zusteht, auf dieses Besteuerungsrecht verzichtet hat oder dass die in diesem Staat auf die Einkünfte festgesetzten Steuern entrichtet wurden. Zum Nachweis dieser Voraussetzungen reichen Sie bitte geeignete Unterlagen ein. Sind Sie verpflichtet,
im Ausland eine Steuererklärung abzugeben, reichen Sie bitte den ausländischen Steuerbescheid und den entsprechenden Zahlungsbeleg
ein. Sofern der andere Staat ein Selbstveranlagungsverfahren vorsieht und daher keinen Steuerbescheid erteilt, reicht die Vorlage des
Zahlungsbelegs aus. Besteht im Ausland keine Verpflichtung zur Abgabe einer Steuererklärung, reichen
Sie bitte eine Bescheinigung Ihres Arbeitgebers ein, aus der sich die Dauer der Tätigkeit im Ausland, die darauf entfallenden Vergütungen und
die Höhe der im Ausland abgeführten Steuerbeträge ergeben.

Unter bestimmten Voraussetzungen wird dem anderen Staat die Höhe des in Deutschland steuerfrei erklärten Arbeitslohns mitgeteilt. Ein-
wände gegen eine Weitergabe machen Sie bitte auf einem besonderen Blatt geltend.

Ermittlung des nach ATE steuerfreien Arbeitslohns

61 Tatsächliche Arbeitstage im Kalenderjahr im In- und Ausland   Tage

62 davon entfallen auf die Tätigkeit, für die der ausländische Staat
das Besteuerungsrecht hat   Tage

EUR

63 $\dfrac{\text{verbleibender Arbeitslohn (Zeile 45)} \times \text{Auslandsarbeitstage (Zeile 62)}}{\text{tatsächliche Arbeitstage (Zeile 61)}}$ = verbleibender
ausländischer Arbeitslohn

64 direkt zuzuordnender Arbeitslohn lt. Zeile 43   +

65 Summe steuerfrei zu stellender ausländischer Arbeitslohn (Summe Zeile 63 und 64)

66 **nur in der ersten Anlage N-AUS:** Übertrag von Zeile 65 aus weiteren Anlagen N-AUS   +

67 **Gesamtsumme** des steuerfrei zu stellenden ausländischen Arbeitslohns
(nur in der ersten Anlage N-AUS: Betrag übertragen in Zeile 23 der Anlage N)

Hinweis: Der steuerpflichtige Arbeitslohn (Ergebnis aus Zeile 45 zuzüglich Zeile 42 abzüglich Zeile 63 sämtlicher Anlagen N-AUS)
ist – ggf. abweichend von dem Wert lt. Nr. 3 der Lohnsteuerbescheinigung(en) – in Zeile 6 der Anlage N einzutragen.

Steuerbefreiung aufgrund eines sonstigen zwischenstaatlichen Übereinkommens (ZÜ)

68 Auf welchem sonstigen zwischenstaatlichen Übereinkommen beruht die Tätigkeit?

69 Für welche Organisation erfolgt die Tätigkeit (genaue Bezeichnung)?

70 Art der ausgeübten Tätigkeit

EUR

71 Höhe des Arbeitslohns (Betrag übertragen in Zeile 22 der Anlage N, sofern das ZÜ den Progressionsvorbehalt vorsieht.)

Werbungskosten zu steuerfreiem Arbeitslohn nach DBA / ATE / ZÜ

EUR

– Nur soweit vom Arbeitgeber nicht steuerfrei erstattet –

72 Werbungskosten, die dem steuerfreien Arbeitslohn direkt zugeordnet werden können

73 Werbungskosten, die dem steuerfreien Arbeitslohn nicht direkt zugeordnet werden können;
diese sind im Verhältnis der steuerfreien Einnahmen zu den Gesamteinnahmen aufzuteilen   +

74 Summe

75 **nur in der ersten Anlage N-AUS:** Übertrag von Zeile 74 aller weiteren Anlagen N-AUS   +

76 **Gesamtsumme** der Werbungskosten, die dem steuerfreien Arbeitslohn zuzuordnen sind

(Betrag übertragen in Zeile 76 der Anlage N)

Besondere Lohnbestandteile (mit Anwendung der sog. Fünftel-Regelung)

EUR

77 Entschädigungen, Vergütungen für mehrjährige Tätigkeiten (lt. gesonderter Aufstellung)
– nicht in Zeile 41 enthalten –

78 Werbungskosten zu Zeile 77   –

79 Verbleibender Betrag

80 **nur in der ersten Anlage N-AUS:** Übertrag von Zeile 79 aller weiteren Anlagen N-AUS   +

81 **Gesamtsumme** der steuerfrei zu stellenden Einkünfte
(Betrag übertragen in Zeile 24 der Anlage N)

Hinweis: Sofern sich aufgrund DBA-Regelung die Steuerfreiheit im Inland ergibt, werden die Einkünfte i. S. d. § 34 EStG mit der sog.
Fünftel-Regelung im Rahmen des Progressionsvorbehalts berücksichtigt. Aufgrund von DBA-Regelungen im Inland steuerpflichtige
besondere Lohnbestandteile sind in Zeile 17 und / oder 18 der Anlage N einzutragen.
Werbungskosten lt. Zeile 78 dürfen **nicht** in der Anlage N eingetragen werden.

Steuerfreier Arbeitslohn nach DBA in Sonderfällen (z. B. aus ausländischen öffentlichen Kassen)

EUR

82 Höhe des Arbeitslohns (Betrag übertragen in Zeile 22 der Anlage N)

83 Werbungskosten zu Zeile 82 (Betrag übertragen in Zeile 76 der Anlage N)

84 Staatsangehörigkeit(en)

Hinweis: Die Angaben zum Arbeitslohn lt. den Zeilen 35 bis 81 sind nicht erforderlich.

Anleitung vorhanden

2020

Anlage Kind
Für jedes Kind bitte eine
eigene Anlage Kind abgeben.

1 Name

2 Vorname

Daten für die mit ⓔ gekennzeichneten
Zeilen liegen im Regelfall vor und müssen
nicht eingetragen werden.
– Bitte Infoblatt eDaten / Anleitung beachten –

3 Steuernummer | lfd. Nr. der Anlage

Angaben zum Kind

3

4 Identifikationsnummer 01

5 Vorname | ggf. abweichender Familienname

6 Geburtsdatum 16 T T M M J J J J | Anspruch auf Kindergeld (einschließlich Kinderbonus) oder vergleichbare Leistungen für 2020 15 | EUR ,—

7 Für die Kindergeldfestsetzung zuständige Familienkasse

8 Wohnsitz im Inland 00 | vom T T M M | bis T T M M | ggf. abweichende Adresse

9 Wohnsitz im Ausland 07 | vom T T M M | bis T T M M | ggf. abweichende Adresse (bei Wohnsitz im Ausland bitte auch den Staat angeben) (Kz 14)

Kindschaftsverhältnis zur stpfl. Person / Ehemann / Person A

Kindschaftsverhältnis zur Ehefrau / Person B

10 02 | 1 = leibliches Kind / Adoptivkind | 2 = Pflegekind | 3 = Enkelkind / Stiefkind | 03 | 1 = leibliches Kind / Adoptivkind | 2 = Pflegekind | 3 = Enkelkind / Stiefkind

Kindschaftsverhältnis zu einer anderen Person

11 Name, Vorname | Geburtsdatum dieser Person T T M M J J J J 04 | Dauer des Kindschaftsverhältnisses vom T T M M | bis T T M M

12 Letzte bekannte Adresse | Art des Kindschaftsverhältnisses 1 = leibliches Kind / Adoptivkind 2 = Pflegekind

13 Der andere Elternteil lebte im Ausland 37 | T T M M | T T M M

14 Das Kindschaftsverhältnis zum anderen Elternteil ist durch dessen Tod erloschen am 06 | T T M M J J J J

15 Der Wohnsitz oder gewöhnliche Aufenthalt des anderen Elternteiles ist nicht zu ermitteln oder der Vater des Kindes ist amtlich nicht feststellbar 05 | 1 = Ja

Angaben für ein volljähriges Kind

Das Kind
– befand sich in einer Schul-, Hochschul- oder Berufsausbildung,
– befand sich in einer Übergangszeit von höchstens vier Monaten (z. B. zwischen zwei Ausbildungsabschnitten),
– konnte eine Berufsausbildung mangels Ausbildungsplatzes nicht beginnen oder fortsetzen und / oder
– hat ein freiwilliges soziales oder ökologisches Jahr (Jugendfreiwilligendienstgesetz), eine europäische Freiwilligenaktivität, einen entwicklungspolitischen Freiwilligendienst, einen Freiwilligendienst aller Generationen (§ 2 Abs. 1a SGB VII), einen Internationalen Jugendfreiwilligendienst, Bundesfreiwilligendienst oder einen Anderen Dienst im Ausland (§ 5 Bundesfreiwilligendienstgesetz) geleistet.
(Folgen diese Abschnitte unmittelbar aufeinander, sind sie zu einem Zeitraum zusammenzufassen.)

16 1. Zeitraum vom / bis 80 T T M M J J J J T T M M J J J J | 2. Zeitraum vom / bis 81 T T M M J J J J T T M M J J J J

17 Erläuterungen zu den Berücksichtigungszeiträumen

18 Das Kind war ohne Beschäftigung und bei einer Agentur für Arbeit als arbeitsuchend gemeldet 82 | T T M M J J J J T T M M J J J J

19 Das Kind war wegen einer vor Vollendung des 25. Lebensjahres eingetretenen Behinderung außerstande, sich selbst finanziell zu unterhalten (Bitte Anleitung beachten.) 83 | T T M M J J J J T T M M J J J J

Angaben zur Erwerbstätigkeit eines volljährigen Kindes (nur bei Eintragungen in Zeile 16)

20 Das Kind hat bereits eine erstmalige Berufsausbildung oder ein Erststudium abgeschlossen 84 | 1 = Ja 2 = Nein

21 Falls Zeile 20 mit „Ja" beantwortet wurde:
Das Kind war erwerbstätig (kein Ausbildungsdienstverhältnis) | 1 = Ja 2 = Nein

22 Falls Zeile 21 mit „Ja" beantwortet wurde:
Das Kind übte eine / mehrere geringfügige Beschäftigung(en) im Sinne der §§ 8, 8a SGB IV (sog. Minijob) aus | 1 = Ja 2 = Nein | Beschäftigungszeitraum vom T T M M | bis T T M M

23 Das Kind übte andere Erwerbstätigkeiten aus (bei mehreren Erwerbstätigkeiten bitte Angaben lt. gesonderter Aufstellung) | 1 = Ja 2 = Nein | Erwerbszeitraum T T M M | T T M M

24 (Vereinbarte) regelmäßige wöchentliche Arbeitszeit der Tätigkeit(en) lt. Zeile 22 | Stunden | lt. Zeile 23 | Stunden

Beiträge zur inländischen Kranken- und Pflegeversicherung (Nicht in der Anlage Vorsorgeaufwand enthalten)

Aufwendungen von mir / uns als Versicherungsnehmer geschuldet und von mir / uns getragen EUR

31	Beiträge zu Krankenversicherungen des Kindes (nur Basisabsicherung, keine Wahlleistungen)	66	, – e
32	Beiträge zur sozialen Pflegeversicherung und / oder zur privaten Pflege-Pflichtversicherung	67	, – e
33	Von den Versicherungen lt. den Zeilen 31 und / oder 32 erstattete Beträge	68	, – e
34	Über die Basisabsicherung hinausgehende Beiträge zu Kranken- und Pflegeversicherungen des Kindes (z. B. für Wahlleistungen, Zusatzversicherungen) abzüglich erstatteter Beiträge	69	,

Aufwendungen vom Kind als Versicherungsnehmer geschuldet und von mir / uns getragen

35	Beiträge zu Krankenversicherungen des Kindes (nur Basisabsicherung, keine Wahlleistungen)	70	,
36	In Zeile 35 enthaltene Beiträge, aus denen sich ein Anspruch auf Krankengeld ergibt	71	,
37	Beiträge zur sozialen Pflegeversicherung und / oder zur privaten Pflege-Pflichtversicherung	72	,
38	Von den Versicherungen lt. den Zeilen 35 und / oder 37 erstattete Beträge	73	,
39	In Zeile 38 enthaltene Beiträge, aus denen sich ein Anspruch auf Krankengeld ergibt	74	,
40	Zuschuss von dritter Seite zu den Beiträgen lt. den Zeilen 35 und / oder 37 (z. B. nach § 13a BAföG)	75	,

Beiträge zur ausländischen Kranken- und Pflegeversicherung (Nicht in der Anlage Vorsorgeaufwand enthalten)

Aufwendungen von mir / uns / dem Kind als Versicherungsnehmer geschuldet und von mir / uns getragen

41	Beiträge (abzüglich steuerfreier Zuschüsse und / oder Erstattungen) zu ausländischen Kranken- und Pflegeversicherungen des Kindes, die mit inländischen gesetzlichen Kranken- und Pflegeversicherungen vergleichbar sind (nur Basisabsicherung) – Über die Basisabsicherung hinausgehende Beiträge, die von mir / uns als Versicherungsnehmer geschuldet und getragen wurden, in Zeile 34 eintragen – (EUR)	89	,
42	In Zeile 41 enthaltene Beiträge, aus denen sich ein Anspruch auf Krankengeld ergibt	90	,

Übertragung des Kinderfreibetrags / des Freibetrags für den Betreuungs- und Erziehungs- oder Ausbildungsbedarf

43	Ich beantrage den vollen Kinderfreibetrag und den vollen Freibetrag für den Betreuungs- und Erziehungs- oder Ausbildungsbedarf, weil der andere Elternteil – seiner Unterhaltsverpflichtung nicht zu mindestens 75% nachkommt oder – mangels Leistungsfähigkeit nicht unterhaltspflichtig ist	36	1 = Ja
44	Falls die Frage in Zeile 43 mit Ja beantwortet wurde: Es wurden Unterhaltsleistungen nach dem Unterhaltsvorschussgesetz gezahlt für den Zeitraum	38 vom T T M M bis T T M M	
45	Ich beantrage den vollen Freibetrag für den Betreuungs- oder Ausbildungsbedarf, weil das minderjährige Kind bei dem anderen Elternteil nicht gemeldet war.	39 1 = Ja 43 T T M M	T T M M
46	Nur beim Stief- / Großelternteil: Ich / wir beantrage(n) die Übertragung des Kinderfreibetrags und des Freibetrags für den Betreuungs- und Erziehungs- oder Ausbildungsbedarf, weil ich / wir das Kind in meinem / unserem Haushalt aufgenommen habe(n) oder ich / wir als Großelternteil gegenüber dem Kind unterhaltspflichtig bin / sind.	Zeitraum der Haushaltszugehörigkeit / Unterhaltsverpflichtung 76 1 = Ja 77 vom T T M M bis T T M M	
47	Nur beim Stief- / Großelternteil: Der Kinderfreibetrag und der Freibetrag für den Betreuungs- und Erziehungs- oder Ausbildungsbedarf sind lt. **Anlage K** zu übertragen.	41	1 = Zustimmung eines Elternteils liegt vor 2 = Zustimmungen beider Elternteile liegen vor
48	Nur bei den berechtigten Elternteilen: Der Übertragung des Kinderfreibetrags und des Freibetrags für den Betreuungs- und Erziehungs- oder Ausbildungsbedarf an den Stief- / Großelternteil wurde lt. **Anlage K** zugestimmt.	40	1 = Ja

Entlastungsbetrag für Alleinerziehende

		vom	bis
49	Das Kind war mit mir in der gemeinsamen Wohnung gemeldet	42 T T M M	T T M M
50	Für das Kind wurde mir Kindergeld ausgezahlt	44 T T M M	T T M M
51	Außer mir war(en) in der gemeinsamen Wohnung eine / mehrere volljährige Person(en) gemeldet, für die (zeitweise) kein Anspruch auf Kindergeld oder Freibeträge für Kinder bestand.	46 1 = Ja 2 = Nein Falls ja 47 T T M M	T T M M
52	Es bestand eine Haushaltsgemeinschaft mit mindestens einer weiteren volljährigen Person, für die (zeitweise) kein Anspruch auf Kindergeld oder Freibeträge für Kinder bestand.	49 1 = Ja 2 = Nein Falls ja 50 T T M M	T T M M

Name, Vorname (weitere Personen bitte in einer gesonderten Aufstellung angeben)

53

Verwandtschaftsverhältnis	Beschäftigung / Tätigkeit
54	

Freibetrag zur Abgeltung eines Sonderbedarfs bei Berufsausbildung eines volljährigen Kindes

	1. Zeitraum		2. Zeitraum	
	vom	bis	vom	bis

61 Das Kind war auswärtig untergebracht 85 [T T M M] [T T M M] 86 [T T M M] [T T M M]

62 Es handelte sich zumindest zeitweise um eine auswärtige Unterbringung im Ausland 87 [ ] 1 = Ja

63 Anschrift(en), Staat(en) – falls im Ausland

64 **Nur bei nicht zusammen veranlagten Eltern:**
Laut gesondertem gemeinsamen Antrag ist der Freibetrag zur Abgeltung eines Sonderbedarfs bei Berufsausbildung in einem anderen Verhältnis als je zur Hälfte aufzuteilen. Der bei mir zu berücksichtigende Anteil beträgt 88 [ ] %

Schulgeld

Gesamtaufwendungen der Eltern EUR

65 für den Besuch einer Privatschule (Bezeichnung der Schule oder deren Träger) 24 [ ],—

66 **Nur bei nicht zusammen veranlagten Eltern:**
Das von mir übernommene Schulgeld beträgt 56 [ ],—

67 Laut gesondertem gemeinsamen Antrag ist für das Kind der Höchstbetrag für das Schulgeld in einem anderen Verhältnis als je zur Hälfte aufzuteilen. Der bei mir zu berücksichtigende Anteil beträgt 57 [ ] %

Übertragung des Behinderten- und / oder Hinterbliebenen-Pauschbetrags

– bei erstmaliger Beantragung / Änderung bitte Nachweis einreichen –

Die Übertragung des **Behinderten-Pauschbetrags** wird beantragt:

	Ausweis / Rentenbescheid / Bescheinigung gültig von	bis	unbefristet gültig	Grad der Behinderung
68	[M M J J]	[M M J J]	[X]	25 [ ]

69 Das Kind ist – geh- und stehbehindert (Merkzeichen „G" oder „aG") [ ] 1 = Ja

70 – blind / ständig hilflos (Merkzeichen „Bl" und / oder „H"), schwerstpflegebedürftig (Pflegegrad 4 oder 5) 55 [ ] 1 = Ja

71 Die Übertragung des **Hinterbliebenen-Pauschbetrags** wird beantragt: 26 [ ] 1 = Ja

72 **Nur bei nicht zusammen veranlagten Eltern:**
Laut gesondertem gemeinsamen Antrag sind die für das Kind zu gewährenden Pauschbeträge für Behinderte / Hinterbliebene in einem anderen Verhältnis als je zur Hälfte aufzuteilen. Der bei mir zu berücksichtigende Anteil beträgt 28 [ ] %

Kinderbetreuungskosten

Gesamtaufwendungen der Eltern EUR

73 Art der Dienstleistung, Name und Anschrift des Dienstleisters [T T M M] [T T M M] 51 [ ],—

74 Steuerfreier Ersatz (z. B. vom Arbeitgeber), Erstattungen [T T M M] [T T M M] 79 [ ],—

		vom	bis		vom	bis
75	Es bestand ein **gemeinsamer** Haushalt der Elternteile	[T T M M]	[T T M M]	Das Kind gehörte zu unserem Haushalt	[T T M M]	[T T M M]
76	Es bestand **kein gemeinsamer** Haushalt der Elternteile	[T T M M]	[T T M M]	Das Kind gehörte zu meinem Haushalt	[T T M M]	[T T M M]
77				Das Kind gehörte zum Haushalt des anderen Elternteils	[T T M M]	[T T M M]

Nur bei nicht zusammen veranlagten Eltern:

vom | bis | Aufwendungen EUR

78 Ich habe Kinderbetreuungskosten in folgender Höhe getragen [T T M M] [T T M M] [ ],—

79 Laut übereinstimmendem Antrag ist für das Kind der Höchstbetrag für die Kinderbetreuung in einem anderen Verhältnis als je zur Hälfte aufzuteilen. Der bei mir zu berücksichtigende Anteil beträgt [ ] %

Anleitung vorhanden

2020

Anlage WA-ESt

Diese Anlage ist bei Zusammenveranlagung von Ehegatten / Lebenspartnern gemeinsam auszufüllen.

1 Name

2 Vorname

3 Steuernummer

Weitere Angaben und Anträge in Fällen mit Auslandsbezug

18

Nur bei zeitweiser unbeschränkter Steuerpflicht im Kalenderjahr 2020:

			vom		bis
4	Wohnsitz oder gewöhnlicher Aufenthalt im Inland	stpfl. Person / Ehemann / Person A	140 T T M M	142 T T M M	
5		Ehefrau / Person B	141 T T M M	143 T T M M	

stpfl. Person / Ehegatten / Lebenspartner EUR

6 Ausländische Einkünfte, die außerhalb der in den Zeilen 4 und / oder 5 genannten Zeiträume bezogen wurden und nicht der deutschen Einkommensteuer unterlegen haben 122 ,—

7 In Zeile 6 enthaltene außerordentliche Einkünfte i. S. d. §§ 34, 34b EStG 177

Bei Beendigung der unbeschränkten Steuerpflicht:

		stpfl. Person / Ehemann / Person A		Ehefrau / Person B	
8	Mir gehörte im Zeitpunkt der Beendigung der unbeschränkten Steuerpflicht (Wegzug) eine Beteiligung i. S. d. § 17 EStG an einer in- oder ausländischen Kapitalgesellschaft / Genossenschaft	171	1 = Ja 2 = Nein	172	1 = Ja 2 = Nein
9	Im Zeitraum zwischen Beendigung der unbeschränkten Steuerpflicht bis zur Abgabe der Einkommensteuererklärung 2020 lag mein Wohnsitz zumindest zeitweise in einem niedrig besteuernden Gebiet i. S. d. § 2 Abs. 2 AStG	169	1 = Ja 2 = Nein	170	1 = Ja 2 = Nein

Nur bei Personen ohne Wohnsitz oder gewöhnlichen Aufenthalt im Inland, die beantragen, als unbeschränkt steuerpflichtig behandelt zu werden:

10 X Ich beantrage für die Anwendung personen- und familienbezogener Steuervergünstigungen als unbeschränkt steuerpflichtig behandelt zu werden ("Bescheinigung EU / EWR" oder "Bescheinigung außerhalb EU / EWR" bitte einreichen).

		stpfl. Person / Ehemann / Person A EUR		Ehefrau / Person B EUR	
11	Summe der nicht der deutschen Einkommensteuer unterliegenden Einkünfte (ggf. „0")	124	,—	129	,—
12	In Zeile 11 enthaltene Kapitalerträge, die der Abgeltungsteuer unterliegen oder – im Fall von ausländischen Kapitalerträgen – unterliegen würden	131	,—	133	,—

stpfl. Person / Ehegatten / Lebenspartner EUR

13 In Zeile 11 enthaltene außerordentliche Einkünfte i. S. d. §§ 34, 34b EStG 177

Nur bei im EU- / EWR-Ausland oder in der Schweiz lebenden Ehegatten / Lebenspartnern:

14 X Ich beantrage als Staatsangehöriger eines EU- / EWR-Staates die Anwendung familienbezogener Steuervergünstigungen. Nachweis ist einzureichen (z. B. „Bescheinigung EU / EWR"). Die nicht der deutschen Besteuerung unterliegenden Einkünfte beider Ehegatten / Lebenspartner sind in Zeile 11 enthalten.

Nur bei Angehörigen des deutschen öffentlichen Dienstes ohne Wohnsitz oder gewöhnlichen Aufenthalt im Inland, die im dienstlichen Auftrag außerhalb der EU oder des EWR tätig sind:

15 X Ich beantrage die Anwendung familienbezogener Steuervergünstigungen ("Bescheinigung EU / EWR" bitte einreichen).

Anzurechnende Steuern:

		stpfl. Person / Ehemann / Person A EUR	Ct	Ehefrau / Person B EUR	Ct
16	Steuerabzugsbeträge nach § 50a EStG	149	,	146	,
17	Solidaritätszuschlag zu Zeile 16	148	,	145	,

Wohnsitz im Ausland im Kalenderjahr 2020:

stpfl. Person / Ehemann / Person A (abweichend von den Zeilen 11 bis 15 des Hauptvordrucks ESt 1 A)

Anschrift	Staat	vom	bis
18		191 T T M M	192 T T M M

Ehefrau / Person B (abweichend von den Zeilen 22 bis 26 des Hauptvordrucks ESt 1 A)

Anschrift	Staat	vom	bis
19		193 T T M M	194 T T M M

Länderbezogener Bericht multinationaler Unternehmensgruppen:

		stpfl. Person / Ehemann / Person A		Ehefrau / Person B	
20	Ich habe ein inländisches Unternehmen i. S. d. § 138a AO	166	1 = Ja	167	1 = Ja

Mitteilung von grenzüberschreitenden Steuergestaltungen

31 Ich bin / Wir sind Nutzer einer grenzüberschreitenden Steuergestaltung nach §§ 138d ff. AO, deren steuerlicher Vorteil sich erstmals im Jahr 2020 auswirken soll. 168 1 = Ja

32 Registriernummer 195

33 Offenlegungsnummer 196

34 Ich habe / Wir haben im Jahr 2020 eine grenzüberschreitende Steuergestaltung verwirklicht, für die mir / uns noch keine Registriernummer und Offenlegungsnummer vorliegt. 197 1 = Ja

– Erläuterungen zur Steuergestaltung nehmen Sie in einer gesonderten Anlage mit der Überschrift „Ergänzende Angaben zur Steuererklärung" vor und tragen in Zeile 45 des Hauptvordrucks ESt 1 A eine „1" ein. –

– Bitte weiße Felder ausfüllen oder ⊠ ankreuzen –

Zeile	

Antrag auf Steuerklassenwechsel bei Ehegatten/Lebenspartnern
(Bitte Erläuterungen auf der Rückseite beachten)

Eingangsstempel

1 **Steuernummer**

2 An das Finanzamt

3 Bei Wohnsitzwechsel: bisheriges Finanzamt

A. Allgemeine Angaben

Telefonische Rücksprache unter Nummer

4 **Antragstellende Person**
Identifikationsnummer (IdNr.)

5 Geburtsdatum

Name

6

Vorname

7

Straße, Hausnummer

8

Postleitzahl   Wohnort

9

10 | Verheiratet/Verpartnert seit | Verwitwet seit | Geschieden/Lebenspart. aufgehoben seit | Dauernd getrennt lebend seit |

Ehegatte/Lebenspartner(in) nach dem Lebenspartnerschaftsgesetz
Identifikationsnummer (IdNr.)

11 Geburtsdatum

Name

12

Vorname

13

Straße, Hausnummer *(falls abweichend)*

14

PLZ *(falls abweichend)*   Wohnort *(falls abweichend)*

15

B. Steuerklassenwechsel / Faktorverfahren

16 Ausdruck der ELStAM gewünscht

17 Bisherige Steuerklassenkombination
(Antragstellende Person/Ehegatte, Lebenspartner[in])   drei/fünf   vier/vier   fünf/drei   vier/Faktor
vier/Faktor

18 Ich[1]/ Wir beantrage(n) die Steuerklassenkombination
(Antragstellende Person/Ehegatte, Lebenspartner[in])   drei/fünf   vier/vier[2]   fünf/drei   vier/Faktor bei vier/Faktor bitte
vier/Faktor Abschnitt C ausfüllen.

19 Wir haben zu dem in Zeile 10 genannten Datum geheiratet.
Die Änderung der Steuerklassenkombination in Zeile 18 soll

20 rückwirkend - grds. nur im laufenden Kalenderjahr -
ab dem Monat der Heirat gelten.   ab dem Folgemonat der Antragstellung gelten.

21 Für ein Kalenderjahr kann grundsätzlich nur ein Antrag auf Steuerklassenwechsel gestellt werden. Es kommt jedoch ein weiterer Steuerklassenwechsel für dieses Kalenderjahr in Betracht, weil

22 ein Ehegatte/Lebenspartner(in) keinen steuerpflichtigen Arbeitslohn mehr bezieht.

23 ein Dienstverhältnis wieder aufgenommen wird (z.B. nach einer Arbeitslosigkeit oder einer Elternzeit).

24 wir uns auf Dauer getrennt haben.

25 der vorherige Steuerklassenwechsel auf Grund der Eheschließung oder wegen Zuzug aus dem Ausland beantragt wurde.

26 der vorherige Steuerklassenwechsel zum 01.01. dieses Jahres auf Grund eines Antrags aus dem abgelaufenen Kalenderjahr erfolgte.

27 [1] Der Wechsel von der Steuerklasse drei oder fünf in die Steuerklasse vier ist auch auf Antrag nur eines Ehegatten/Lebenspartners
möglich. Dies hat zur Folge, dass beide Ehegatten/Lebenspartner in die Steuerklasse vier eingereiht werden.

28 [2] Bei Eheschließung wird die Steuerklassenkombination vier/vier automatisiert gebildet.

– 2 –

Zeile			

31 Ⓒ **Angaben zum Faktorverfahren für 20**☐

Die Steuerklassen IV/IV mit Faktor haben eine Gültigkeit von bis zu zwei Jahren und sind für Folgejahre neu zu beantragen.

		Antragstellende Person -EUR-	Ehegatte/Lebenspartner(in) -EUR-
32	Voraussichtlicher Jahresbruttoarbeitslohn aus dem ersten Dienstverhältnis	,—	,—
33	**bei Versorgungsempfängern:** im Jahresbruttoarbeitslohn enthaltene Versorgungsbezüge	,—	,—
34	Zahl der Monate im Antragsjahr, für die Versorgungsbezüge gezahlt wurden/werden		
35	Jahr, in dem Versorgungsbezug erstmalig gewährt wurde/wird		
36	Versorgungsbezug im Januar 2005 oder für den ersten vollen Monat	,—	,—
37	voraussichtliche Sonderzahlungen, auf die bei Versorgungsbeginn ein Rechtsanspruch bestand/besteht	,—	,—

		Antragstellende Person		Ehegatte/Lebenspartner(in)	
38	Ich bin in der gesetzlichen Rentenversicherung pflichtversichert oder in einer berufsständischen Versorgungseinrichtung versichert.	☐ Ja	☐ Nein	☐ Ja	☐ Nein
39	Ich bin in der gesetzlichen Kranken- und sozialen Pflegeversicherung versichert.	☐ Ja	Zusatzbeitrag in%	☐ Ja	Zusatzbeitrag in %

		EUR	EUR
40	monatliche Beiträge zur privaten Krankenversicherung (Basisabsicherung) und zur privaten Pflege-Pflichtversicherung	,—	,—

		Antragstellende Person		Ehegatte/Lebenspartner(in)	
41	Ich habe steuerfreie Arbeitgeberzuschüsse zur privaten Krankenversicherung und zur privaten Pflege-Pflichtversicherung erhalten.	☐ Ja	☐ Nein	☐ Ja	☐ Nein
42	Ich leiste für die Pflegeversicherung einen Beitragszuschlag für Kinderlose (§ 55 Abs. 3 SGB XI).	☐ Ja	☐ Nein	☐ Ja	☐ Nein

43

Der Antrag ist von beiden Ehegatten/Lebenspartnern zu unterschreiben (Ausnahme: vgl. Fußnote 1 auf der Vorderseite).

Bei der Ausfertigung des Antrags hat mitgewirkt:

Datum **Unterschrift** antragstellende Person **Unterschrift** Ehegatte/Lebenspartner(in)

44 Verfügung des Finanzamts

45		Steuerklassen / Faktor		Steuerklassen / Faktor	Gültig ab	Im Trennungsjahr:
	1. Änderung der		in			Gültig bis 31.12.20____

46	2. Änderung der ELStAM veranlasst ☐	3. Vormerkung für ESt-Veranlagung ☐	4. z.d.A.

47

Sachgebietsleiter	Datum	Sachbearbeiter

Erläuterungen:

48

Die Eintragungsmöglichkeiten für Lebenspartner beziehen sich nur auf Lebenspartner nach dem Lebenspartnerschaftsgesetz. Anstelle der Steuerklassenkombination III/V oder IV/IV kann die Berücksichtigung der Steuerklasse IV in Verbindung mit einem Faktor beantragt werden. Dies hat zur Folge, dass die einzubehaltende Lohnsteuer in Anlehnung an das Splittingverfahren ermittelt wird. Falls zusätzlich Werbungskosten, Sonderausgaben, außergewöhnliche Belastungen oder andere steuermindernde Beträge beim Lohnsteuerabzug berücksichtigt werden sollen, reichen Sie bitte zusätzlich den „Antrag auf Lohnsteuer-Ermäßigung" ein. Ein bereits für das Antragsjahr gültiger Freibetrag wird vom Finanzamt in die Berechnung des Faktors einbezogen und für beide Jahre der Gültigkeit des Faktorverfahrens berücksichtigt.

Der Steuerklassenwechsel wird grundsätzlich zu Beginn des Kalendermonats wirksam, der auf die Antragstellung folgt.

Der Antrag auf Steuerklassenwechsel kann grundsätzlich nur bearbeitet werden, wenn ihn beide Ehegatten/Lebenspartner unterschrieben haben. Abweichend hiervon reicht die Unterschrift eines Ehegatten/Lebenspartner aus, wenn von ihm ein Wechsel von der Steuerklasse III oder V in die Steuerklasse IV beantragt wird.

Sie sind verpflichtet, nach Ablauf des Kalenderjahres eine Einkommensteuererklärung abzugeben, wenn beide Ehegatten/Lebenspartner Arbeitslohn bezogen haben und im laufenden Kalenderjahr die Steuerklassenkombinationen III/V oder IV/IV mit Faktor vorlag (§ 46 Abs. 2 Nr. 3a des Einkommensteuergesetzes - EStG).

Nach den Vorschriften der Datenschutzgesetze wird darauf hingewiesen, dass die Angabe der Telefonnummer freiwillig im Sinne dieser Gesetze ist und im Übrigen die mit diesem Antrag angeforderten Daten auf Grund der §§ 149, 150 der Abgabenordnung und der §§ 39 Abs. 6, 39e, 39f EStG erhoben werden. Informationen über die Verarbeitung personenbezogener Daten in der Steuerverwaltung und über Ihre Rechte nach der Datenschutz-Grundverordnung sowie über Ihre Ansprechpartner in Datenschutzfragen entnehmen Sie bitte dem allgemeinen Informationsschreiben der Finanzverwaltung. Dieses Informationsschreiben finden Sie unter www.finanzamt.de (unter der Rubrik „Datenschutz") oder erhalten Sie bei Ihrem Finanzamt.

Zeile		
1	**An das Finanzamt**	Eingangsstempel

Antrag auf Ausstellung einer Nichtveranlagungs- (NV-) Bescheinigung
(§ 44a Abs. 2 Satz 1 Nr. 2 EStG)

Dieser Antrag ist nur erforderlich, wenn Ihre steuerpflichtigen Kapitalerträge 801 € (bei Ehegatten / Lebenspartnern 1.602 €) jährlich übersteigen. Ansonsten reicht ein **Freistellungsauftrag** an Ihr Kreditinstitut aus. Eine Bescheinigung wird nicht erteilt in Fällen des Verlustabzugs.

2	Die NV-Bescheinigung soll erstmals für das Jahr 20 ____ gelten.

Allgemeine Angaben ①

Antragstellende Person, bei Ehegatten: Ehemann oder Person A (Ehegatte A / Lebenspartner[in] A nach dem LPartG) ②

3	Identifikationsnummer (IdNr.)	
4	Name	Geburtsdatum
5	Vorname	Ausgeübter Beruf
6	Straße, Hausnummer	Telefonische Rückfragen tagsüber unter Nr.
7	Postleitzahl Wohnort	

8	Verheiratet / Lebenspartnerschaft begründet seit dem	Verwitwet seit dem	Geschieden / Lebenspartnerschaft aufgehoben seit dem	Dauernd getrennt lebend seit dem

Ehefrau oder Person B (Ehegatte B / Lebenspartner[in] B nach dem LPartG)

9	IdNr.	
10	Vorname	Geburtsdatum
11	Name	Ausgeübter Beruf
12	Straße, Hausnummer (falls von Zeile 6 abweichend)	Telefonische Rückfragen tagsüber unter Nr.
13	Postleitzahl Wohnort (falls von Zeile 7 abweichend)	

Steuerlich zu berücksichtigende Kinder

	Vorname des Kindes (ggf. auch abweichender Familienname)	Geburtsdatum	Bei Kindern ab 18 Jahren: steuerlich zu berücksichtigen, weil
14			
15			
16			

Die NV-Bescheinigung soll nicht mir / uns zugesandt werden, sondern:

17	Name	
18	Vorname	
19	Straße, Hausnummer	
20	Postleitzahl Wohnort	

21	Wurden Sie bisher zur Einkommensteuer veranlagt? [ ] Nein	Wurde (Wird) für das Vorjahr ein Antrag auf Veranlagung zur Einkommensteuer gestellt? [ ] Nein
22	Ja, beim Finanzamt	Ja, beim Finanzamt
23	Steuernummer	Steuernummer

Wurde bereits früher eine NV-Bescheinigung erteilt?

		Nein	Ja, vom Finanzamt	Ordnungsnummer	gültig bis
24	Für die antragstellende Person / Ehegatten / Lebenspartner	[ ]			31.12. ____

Benötigte NV-Bescheinigungen

25	Anzahl der benötigten Bescheinigungen ____ der antragstellenden Person / Ehegatten / Lebenspartner

NV 1 A – Okt. 2018

–2–

Zeile	**Bitte unbedingt ausfüllen. Ihr Antrag kann sonst nicht bearbeitet werden!**		
	Angaben zum voraussichtlich zu versteuernden Einkommen ① ③	Antragstellende Person / Ehemann / Person A EUR	Ehefrau / Person B EUR
31	(für das in Zeile 2 genannte Jahr) **20** ☐		
32	**Einkünfte aus Land- und Forstwirtschaft**		
33	**Einkünfte aus Gewerbebetrieb**		
34	**Einkünfte aus selbständiger Arbeit**		
	Einkünfte aus nichtselbständiger Arbeit		
35	**Bruttoarbeitslohn** (ohne Versorgungsbezüge) aus allen Dienstverhältnissen		
36	**Werbungskosten,** wenn mehr als 1.000 €		
37	**Versorgungsbezüge** (Ruhegehälter, Pensionen)		

		Antragstellende Person / Ehemann / Person A	Ehefrau / Person B	
38	Beginn des Versorgungsbezugs			
39	**Werbungskosten,** wenn mehr als 102 €			

	Einkünfte aus Kapitalvermögen – Sparer-Pauschbetrag wird vom Finanzamt berücksichtigt –		
40	a) Dividenden, Zinsen usw. ④		
41	b) Veräußerungsgewinne ④		
42	c) Investmenterträge nach Teilfreistellung i. S. d. §§ 20, 21 InvStG ⑤		
43	**Einkünfte aus Vermietung und Verpachtung**		
44	**Sonstige Einkünfte,** ⑥ insbesondere a) Rentenbeträge (einschließlich Einmalzahlungen und Leistungen) aus gesetzlichen Rentenversicherungen, aus der landwirtschaftlichen Alterskasse und aus berufsständischen Versorgungseinrichtungen		

		Antragstellende Person / Ehemann / Person A	Ehefrau / Person B	
45	Beginn der Rente			
46	b) Rentenbeträge aus übrigen Renten (z. B. private Rentenversicherungen)			
47	Beginn der Rente			
48	Die Rente erlischt mit dem Tod von			
49	Die Rente erlischt / wird umgewandelt spätestens am			

50	c) Leistungen aus Altersvorsorgeverträgen und aus der betrieblichen Altersversorgung		
51	d) Einnahmen aus **anderen wiederkehrenden Bezügen**		

	Weitere Angaben (z. B. Sonderausgaben, außergewöhnliche Belastungen) – Voraussichtliche Änderungen in den beiden auf das o. a. Kalenderjahr folgenden Jahren. – ggf. auf besonderem Blatt –
52	
53	

Hinweis: Das Bundeszentralamt für Steuern ist berechtigt, die Höhe Ihrer Kapitalerträge dem für Sie zuständigen Finanzamt und den Sozialleistungsträgern mitzuteilen.

Unterschrift

Datenschutzhinweis:
Die angeforderten Daten werden auf Grund des § 150 der Abgabenordnung in Verbindung mit § 44a Abs. 2 EStG verlangt.

Informationen über die Verarbeitung personenbezogener Daten in der Steuerverwaltung und über Ihre Rechte nach der Datenschutz-Grundverordnung sowie über Ihre Ansprechpartner in Datenschutzfragen entnehmen Sie bitte dem allgemeinen Informationsschreiben der Finanzverwaltung. Dieses Informationsschreiben finden Sie unter www.finanzamt.de (unter der Rubrik „Datenschutz") oder erhalten Sie bei Ihrem Finanzamt.

Mir ist bekannt, dass ich verpflichtet bin, die ausgestellte NV-Bescheinigung an das Finanzamt zurückzugeben, wenn die Voraussetzungen für ihre Erteilung weggefallen sind.

54		Bei der Anfertigung dieses Antrags hat mitgewirkt: (Name, Anschrift, Telefon)
	Datum, Unterschrift(en) Der Antrag ist eigenhändig – bei Ehegatten / Lebenspartnern von beiden – zu unterschreiben. Bei minderjährigen Kindern: Unterschrift des gesetzlichen Vertreters	

Sie haben grundsätzlich Anspruch auf die Ausstellung einer NV-Bescheinigung, wenn Ihr Einkommen einschließlich der Kapitalerträge im Kalenderjahr den Grundfreibetrag je Person nicht übersteigt. Die NV-Bescheinigung wird regelmäßig für drei Jahre ausgestellt.

① Für jedes minderjährige Kind mit eigenen Einnahmen aus Kapitalvermögen, für das eine NV-Bescheinigung ausgestellt werden soll, ist ein eigener Vordruck NV 1 A auszufüllen.
② Bei gleichgeschlechtlichen Ehegatten und bei Lebenspartnern nach dem Lebenspartnerschaftsgesetz (LPartG) hat sich als Person A die Person einzutragen, bei der alphabetischer Reihenfolge des Nachnamens an erster Stelle steht; bei Namensgleichheit nach alphabetischer Reihenfolge des Vornamens; bei Gleichheit des Vornamens nach dem Alter der Personen (ältere Person).
③ Auch Einkünfte, die voraussichtlich negativ sind, sind hier einzutragen.
④ Anzugeben sind die Bruttoeinnahmen, also einschließlich einer etwa einzubehaltenden Kapitalertragsteuer.
⑤ Einschließlich einer etwa einzubehaltenden Kapitalertragsteuer.
⑥ Anzugeben sind die Bruttoeinnahmen, also einschließlich der bei der Auszahlung einbehaltenen Beitragsanteile zur Kranken- und Pflegeversicherung.

2020

Anleitung vorhanden

1 Name

2 Vorname

Anlage Unterhalt

Diese Anlage ist bei Zusammenveranlagung von Ehegatten / Lebenspartnern gemeinsam auszufüllen.

3 Steuernummer | lfd. Nr. der Anlage

Für jeden unterstützten Haushalt bitte eine eigene Anlage Unterhalt abgeben.

Angaben zu Unterhaltsleistungen an bedürftige Personen

Haushalt, in dem die unterstützte(n) Person(en) lebte(n)

53

4 Anschrift dieses Haushaltes

5 Wohnsitzstaat, wenn Ausland

Die Eintragungen in den Zeilen 6 bis 10 und 17 bis 26 sind nur in der ersten Anlage Unterhalt je Haushalt erforderlich.

6 Anzahl der Personen, die in dem Haushalt lt. Zeile 4 lebten | Anzahl

Aufwendungen für den Unterhalt

7 Erster Unterstützungszeitraum, für den Unterhalt geleistet wurde, und Höhe der Aufwendungen (einschließlich von mir getragener Beträge lt. den Zeilen 11 bis 25) | vom | bis | Gesamtaufwendungen EUR

8 Zeitpunkt der ersten Unterhaltsleistung für den ersten Unterstützungszeitraum im Kalenderjahr

9 Zweiter Unterstützungszeitraum, für den Unterhalt geleistet wurde, und Höhe der Aufwendungen (einschließlich von mir getragener Beträge lt. den Zeilen 11 bis 25) | vom | bis | Gesamtaufwendungen EUR

10 Zeitpunkt der ersten Unterhaltsleistung für den zweiten Unterstützungszeitraum im Kalenderjahr

Beiträge zu Basis-Kranken- und gesetzlichen Pflegeversicherungen, die von der / den unterstützten Person(en) als Versicherungsnehmer geschuldet wurden.

	Auf den ersten Unterstützungszeitraum entfallen EUR	Auf den zweiten Unterstützungszeitraum entfallen EUR
11 Basis-Kranken- und gesetzliche Pflegeversicherungsbeiträge (abzüglich steuerfreier Zuschüsse und erstatteter Beiträge) für die unterstützte Person lt. Zeile 32		
12 in Zeile 11 enthaltene Beiträge, aus denen sich ein Anspruch auf Krankengeld ergibt		
13 Basis-Kranken- und gesetzliche Pflegeversicherungsbeiträge (abzüglich steuerfreier Zuschüsse und erstatteter Beiträge) für die unterstützte Person lt. Zeile 62		
14 In Zeile 13 enthaltene Beiträge, aus denen sich ein Anspruch auf Krankengeld ergibt		
15 Basis-Kranken- und gesetzliche Pflegeversicherungsbeiträge (abzüglich steuerfreier Zuschüsse und erstatteter Beiträge) für die unterstützte Person lt. Zeile 92		
16 In Zeile 15 enthaltene Beiträge, aus denen sich ein Anspruch auf Krankengeld ergibt		

Unterhaltsleistungen an im Ausland lebende Personen

EUR

17 X Unterhaltszahlungen durch Bank- oder Postüberweisung

18 X Unterhaltszahlungen durch Übergabe von Bargeld

	Einreisedatum	Übergabedatum	
19 Mitgenommene Beträge			
20			

21 X Unterhaltszahlungen im Rahmen von Familienheimfahrten zum Ehegatten / Lebenspartner

22

23

24

25

26 Nettomonatslohn der unterstützenden stpfl. Person

Allgemeine Angaben zur unterstützten Person

31 Identifikationsnummer

Ifd. Nr.

32 Name, Vorname | Geburtsdatum T T M M J J J J | wenn 2020 verstorben | Sterbedatum T T M M J J J J

Verwandtschaftsverhältnis zur unterstützenden Person

33 Beruf, Familienstand

34 **Bei Unterhaltsempfängern im Ausland:**
Die von der Heimatbehörde und der unterstützten Person bestätigte Unterhaltserklärung über die Bedürftigkeit liegt mir vor.
1 = Ja
2 = Nein

35 Name, Vorname des im selben Haushalt lebenden Ehegatten / Lebenspartners
Name, Vorname

vom — bis

36 Die unterstützte Person lebte in meinem inländischen Haushalt.
1 = Ja
2 = Nein
Falls ja (wenn nicht ganzjährig)
T T M M — T T M M

37 Hatte jemand für diese Person Anspruch auf Kindergeld oder Freibeträge für Kinder?
1 = Ja
2 = Nein
Falls ja (wenn nicht ganzjährig)
T T M M / T T M M

38 Die unterstützte Person ist mein
– geschiedener Ehegatte
– Lebenspartner einer aufgehobenen Lebenspartnerschaft
– dauernd getrennt lebender Ehegatte / Lebenspartner
(kein Abzug von Sonderausgaben nach § 10 Abs. 1a Nr. 1 EStG, keine Zusammenveranlagung).
1 = Ja
2 = Nein

39 Die unterstützte Person ist mein nicht dauernd getrennt lebender und nicht unbeschränkt einkommensteuerpflichtiger Ehegatte / Lebenspartner
1 = Ja
2 = Nein

40 Die unterstützte Person ist als Kindesmutter / Kindesvater gesetzlich unterhaltsberechtigt
(bis zur Vollendung des dritten Lebensjahres des Kindes).
1 = Ja
2 = Nein
Falls ja (wenn nicht ganzjährig)
T T M M — T T M M

41 Die unterstützte Person ist nicht unterhaltsberechtigt, jedoch wurden oder würden bei ihr wegen der Unterhaltszahlungen öffentliche Mittel gekürzt oder nicht gewährt.
1 = Ja
2 = Nein
Falls ja (wenn nicht ganzjährig)
T T M M — T T M M

42 Gesamtwert des Vermögens der unterstützten Person
EUR ,—

Zum Unterhalt der bedürftigen Person haben auch beigetragen (Name, Anschrift)

43

44 vom T T M M — bis T T M M | Betrag EUR ,—

Einkünfte und Bezüge der unterstützten Person

Diese Person hatte		Bruttoarbeitslohn	darauf entfallende Werbungskosten (ohne Werbungskosten zu Versorgungsbezügen)	Versorgungsbezüge – im Arbeitslohn enthalten –	Bemessungsgrundlage für den Versorgungsfreibetrag	Werbungskosten zu Versorgungsbezügen
vom	bis	EUR	EUR	EUR	EUR	EUR
45 T T M M	T T M M					
46 T T M M	T T M M					

maßgebendes Kalenderjahr des Versorgungsbeginns Jahr				Renten	steuerpflichtiger Teil der Rente	Werbungskosten zu Renten
		vom	bis	EUR	EUR	EUR
47		T T M M	T T M M			
48		T T M M	T T M M			

		Einkünfte aus Kapitalvermögen (tarifliche Einkommensteuer)				Übrige Einkünfte
vom	bis	EUR		vom	bis	EUR
49 T T M M	T T M M			T T M M	T T M M	
50 T T M M	T T M M			T T M M	T T M M	

		Erträge aus Kapitalvermögen (Abgeltungsteuer)				Sozialleistungen / übrige Bezüge (z. B. aus Minijobs)
vom	bis	EUR		vom	bis	EUR
51 T T M M	T T M M			T T M M	T T M M	
52 T T M M	T T M M			T T M M	T T M M	

		Kosten zu allen Bezügen				Öffentliche Ausbildungshilfen
vom	bis	EUR		vom	bis	EUR
53 T T M M	T T M M			T T M M	T T M M	
54 T T M M	T T M M			T T M M	T T M M	

Erklärung zum dauernden Getrenntleben

Eingangsstempel

1 Steuernummer

2 Identifikationsnummer — Antragstellende Person — Ehegatte/Lebenspartner

3 An das Finanzamt

4 Bei Wohnsitzwechsel: bisheriges Finanzamt

Angaben zur Person

5 Antragstellende Person / Name — Geburtsdatum

6 Vorname

7 Straße, Hausnummer

8 Postleitzahl, Wohnort

9 Telefon: Vorwahl — Rufnummer

10 Ich erkläre, dass ich von meinem Ehegatten/Lebenspartner nach dem Lebenspartnerschaftsgesetz dauernd getrennt lebe. **Tag der Trennung**

11 Ehegatte/Lebenspartner Name — Geburtsdatum

12 Vorname

13 Straße, Hausnummer *(falls abweichend)*

14 Postleitzahl, Wohnort *(falls abweichend)*

15 Ein **dauerndes Getrenntleben** ist anzunehmen, wenn die zum Wesen der Ehe/Lebenspartnerschaft gehörende Lebens- und Wirtschaftsgemeinschaft nach dem Gesamtbild der Verhältnisse auf die Dauer **nicht** mehr besteht. Dabei ist unter Lebensgemeinschaft die räumliche, persönliche und geistige Gemeinschaft der Ehegatten/Lebenspartner, unter Wirtschaftsgemeinschaft die gemeinsame Erledigung der die Ehegatten/Lebenspartner gemeinsam berührenden wirtschaftlichen Fragen ihres Zusammenlebens zu verstehen.

Ich bestätige, dass die vorstehenden Voraussetzungen des dauernd Getrenntlebens in meiner Ehe/Lebenspartnerschaft vorliegen. Ein Getrenntleben aus anderen Gründen (z.B. räumliche Trennung wegen verschiedener Arbeitsorte oder wegen Fehlens einer gemeinsamen Wohnung) liegt nicht vor.

16

_____ (Datum, Unterschrift)

17 Verfügung des Finanzamts

18 1. Anhörung des anderen Ehegatten/Lebenspartners durchgeführt | 2. Steuerlicher Familienstand „Dauernd getrennt lebend" gespeichert | Gültig ab

19 3. Kopie an das Wohnsitzfinanzamt des anderen Ehegatten/Lebenspartners abgesandt | 4. z.d.A.

_____ (Sachgebietsleiter) _____ (Datum) _____ (Sachbearbeiter)

Kontaktdaten Verbraucher- zentralen

**Verbraucherzentrale
Baden-Württemberg e. V.**
Telefon: 07 11/ 66 91-10
www.verbraucherzentrale-bawue.de

Verbraucherzentrale Bayern e. V.
Telefon: 0 89/5 52 79 4-0
www.verbraucherzentrale-bayern.de

Verbraucherzentrale Berlin e. V.
Telefon: 0 30/2 14 85-0
www.verbraucherzentrale-berlin.de

**Verbraucherzentrale
Brandenburg e. V.**
Telefon: 03 31/2 98 71-0
www.verbraucherzentrale-brandenburg.de

Verbraucherzentrale Bremen e. V.
Telefon: 04 21/1 60 77-7
www.verbraucherzentrale-bremen.de

Verbraucherzentrale Hamburg e. V.
Telefon: 0 40/2 48 32-0
www.vzhh.de

Verbraucherzentrale Hessen e. V.
Telefon: 0 69/97 20 10-900
www.verbraucherzentrale-hessen.de

**Verbraucherzentrale
Mecklenburg-Vorpommern e. V.**
Telefon: 03 81/2 08 70-50
www.verbraucherzentrale-mv.eu

**Verbraucherzentrale
Niedersachsen e. V.**
Telefon: 05 11/9 11 96-0
www.verbraucherzentrale-niedersachsen.de

**Verbraucherzentrale
Nordrhein-Westfalen e. V.**
Telefon: 02 11/38 09-0
www.verbraucherzentrale.nrw

**Verbraucherzentrale
Rheinland-Pfalz e. V.**
Telefon: 0 61 31/28 48-0
www.verbraucherzentrale-rlp.de

**Verbraucherzentrale des
Saarlandes e. V.**
Telefon: 06 81/5 00 89-0
www.verbraucherzentrale-saarland.de

Verbraucherzentrale Sachsen e. V.
Telefon: 03 41/69 62 90
www.verbraucherzentrale-sachsen.de

**Verbraucherzentrale
Sachsen-Anhalt e. V.**
Telefon: 03 45/2 98 03-29
www.verbraucherzentrale-sachsen-anhalt.de

**Verbraucherzentrale
Schleswig-Holstein e. V.**
Telefon: 04 31/5 90 99-0
www.verbraucherzentrale.sh

Verbraucherzentrale Thüringen e. V.
Telefon: 03 61/5 55 14-0
www.vzth.de

**Verbraucherzentrale
Bundesverband e. V.**
Telefon: 0 30/2 58 00-0
www.vzbv.de

Stichwortverzeichnis

➡

Bildnachweis

Seite 5: Patrick Temme, Dortmund
Seite 63, 110, 149: Jasmin Cheema
Seite 85: obs/ZDF/Frank Dicks

fotolia/Adobe Stock
S. 24: weyo / S. 30: contrastwerkstatt / S. 33: Björn Wylezich / S. 43: stadtratte / S. 56: Wolfilser / S. 80: Andrey Popov / S. 93: StockRocket / S. 96: Robert Kneschke / S. 110: Andrey Popov /S. 113: Victoria M / S. 116: Erwin Wodicka / S. 124: Kzenon / S. 128: Janina Dierks / S. 136: jd-photodesign / S. 149: ivanko80 / S. 157: markos86

shutterstock
S. 12: stockfour / S. 17: Andrey_Popov / S. 19: Brian A Jackson / S. 28: VGstockstudio / S. 46: FotoDuets / S. 50: Rido / S. 52: LightField Studios / S. 58: Dima Sidelnikov / S. 71: Daniel Myjones / S. 74: goodluz / S. 79: Sofiaworld / S. 88: Brian A Jackson / S. 90: Dmytro Vietrov / S. 94: Aleksandar Karanov / S. 98: Syda Productions / S. 102: Dmytro Zinkevych / S. 129: Photographee.eu / S. 132: Mikael Damkier / S. 139: magicoven / S. 144: Javier Brosch / S. 146: Yulia Grigoryeva / S. 151: Africa Studio / S. 154: preecha2531 / S. 163: pathdoc / S. 176: sirtravelalot / S. 181: corosukechan3
123RF S. 104: matimix   **iStock** S. 168 Rob Daly

Umschlagfoto
electriceye – Fotolia.com

Expertenfotos
Patrick Cheema: privat
Ulrich Danner: Aktuell Lohnsteuerhilfeverein e. V.
Birgit Köpke: privat
Burkhard Majewski: privat
Uwe Rauhöft: Bundesverband Lohnsteuerhilfevereine e. V.
Franz-Josef Schröer: Jasmin Cheema
Christian Staller: Aktuell Lohnsteuerhilfeverein e. V.

1. Auflage, Januar 2021

Impressum

Herausgeber
Verbraucherzentrale
Nordrhein-Westfalen e. V.
Mintropstraße 27, 40215 Düsseldorf
www.verbraucherzentrale.nrw

Text
Gabriele Waldau-Cheema, Arnsberg

Lektorat
Heike Plank, Werl
Mitarbeit: Patrick Cheema, Ense

Fachliche Beratung
Ingrid Wenisch, Eggenfelden

Koordination
Frank Wolsiffer

Gestaltungskonzept
Lichten Kommunikation und
Gestaltung, Hamburg
www.lichten.com

Layout und Satz
Dagmar Herrmann für two-up
www.two-up.de

Umschlaggestaltung
Ute Lübbeke, Köln
www.LNT-design.de

Druck
AZ Druck-Datentechnik GmbH, Kempten

Wir drucken unsere Bücher auf Recyclingpapier aus 100% Altpapier. Druck und Weiterverarbeitung erfolgen ausschließlich in Deutschland. So schonen wir Ressourcen und begrenzen die CO_2-Emissionen durch kurze Transportwege.

Redaktionsschluss: Oktober 2020

ISBN 978-3-86336-144-0
Printed in Germany